税理士事務所の
個人情報保護
マイナンバー
対応マニュアル

青木 丈・荒木哲郎 【共著】

ぎょうせい

はしがき

　本書は、個人情報と特定個人情報等に関して、税理士事務所における実務上の留意点を解説する実務書である。

　周知でないかもしれないが、個人情報の有用性に配慮しつつ個人の権利利益を保護するための法律である個人情報保護法は、平成27年9月に制定以来の大幅な見直しが講じられた。その改正内容は多岐にわたるが、税理士事務所にとって最も重要なことは、同法の規制の対象が拡大され、全ての税理士事務所（及びそのクライアント）が同法の規制下に置かれることとなったことである（いわゆる5,000件要件の撤廃）。

　一方、特定個人情報等とは、要はマイナンバーのことである（正確には、個人番号をその内容に含む個人情報のことを「特定個人情報」といい、これに死者の個人番号を含めて「特定個人情報等」という。）。マイナンバー制度の根拠法である番号法は、平成27年10月に施行され、既に昨年から税理士業務においてもその利用が始まっている。

　すなわち、多くの税理士事務所とそのクライアントの多数を占める中小企業にとっては、ここ数年で、唐突かつ矢継ぎ早に、長年の実務上馴染みのなかった個人情報と特定個人情報等の法令に基づく適正な取扱いに対応せざるを得なくなったわけである。ただし、個人情報及び特定個人情報等の安全管理措置について最初は厄介に感じるかもしれないが、税理士（その使用人等を含む。）にはもともと守秘義務等が課されていること（税理士38、41の2、54）に鑑みれば、この対応は容易にできるはずである。

　上記の個人情報保護法の改正は、本年の5月30日に全面施行されること

が決まり、ガイドラインなどの運用上の指針も概ね出揃った。そこで、この絶好のタイミングを見計らって本書を上梓することとした。

ただ、私がきわめて多忙であるため、期限までの執筆がどうしてもできなかった。そこで、この分野に明るい友人の荒木哲郎氏に執筆協力を依頼したところ、ご快諾いただけた。

私は、マイナンバー制度が施行される前の平成27年6月に『税理士事務所のマイナンバー完全マニュアル』（ぎょうせい）を上梓しており、本書中、特定個人情報等に関する部分は、前著に大幅な加筆修正を加えたものである。そして、個人情報に関する部分の多くは、荒木氏の書下ろしである。短い期間に充実した原稿を寄せていただいた荒木氏に、厚く御礼申し上げたい。

なお、本書の執筆に当たっては、現時点で得られる最新の正確な情報に基づき、できるだけ具体的かつ客観的な解説を心掛けたが、制度改革のいまだ只中にあるため、今後、取扱いが更新・変更され得る点にご留意いただきたい。

平成29年3月

青　木　　丈

目　次

はしがき ………………………………………………………………… i
様式等目次 ……………………………………………………………… vi
凡　例 …………………………………………………………………… vii
参考文献 ………………………………………………………………… x

第1章　個人情報保護法とマイナンバー制度の概要
- Ⅰ　個人情報保護法の概要 ………………………………………… 2
- Ⅱ　マイナンバー制度の概要 ……………………………………… 13
- Ⅲ　個人情報保護法とマイナンバー制度の関係 ………………… 22

第2章　個人情報、個人番号等に関する基本知識
- Ⅰ　個人情報とは …………………………………………………… 24
- Ⅱ　マイナンバー制度とは ………………………………………… 43
- Ⅲ　個人情報保護委員会及び認定個人情報保護団体 …………… 62

第3章　個人情報の取得及び利用に関する注意点
- Ⅰ　個人情報の取得 ………………………………………………… 68
- Ⅱ　利用目的の通知・公表等 ……………………………………… 75

第4章　個人番号の取得と本人確認
- Ⅰ　個人番号取得の際の本人確認 ………………………………… 81
- Ⅱ　個人番号取得の際の注意点 …………………………………… 109

第5章 個人番号の利用―税務書類等への番号記載と行政機関への提出

- I 個人番号の記載を要する国税関係書類の一覧 ……………… 122
- II 各種申告書等の作成 …………………………………………… 135
- III 法定調書等の作成 ……………………………………………… 149
- IV クライアント等から個人番号を取得できない場合 ………… 171
- V 税務署等に提出する際の本人確認 …………………………… 172

第6章 個人データ・特定個人情報の情報管理における注意点

- I 概　要 …………………………………………………………… 184
- II 事前準備事項 …………………………………………………… 188
- III 基本方針の策定 ………………………………………………… 192
- IV 取扱規定等の策定 ……………………………………………… 196
- V 組織的安全管理措置 …………………………………………… 224
- VI 物理的安全管理措置 …………………………………………… 236
- VII 技術的安全管理措置 …………………………………………… 243
- VIII 人的安全管理措置 ……………………………………………… 246
- IX 従業者の監督 …………………………………………………… 268
- X 委託先等の監督 ………………………………………………… 270
- XI 委託契約等の見直し …………………………………………… 276
- XII 個人データ、個人番号の廃棄 ………………………………… 285

第7章 個人データの第三者提供の制限

- I 原　則 …………………………………………………………… 292
- II 適用除外 ………………………………………………………… 294
- III オプトアウト …………………………………………………… 295
- IV 提供先が第三者に該当しないもの …………………………… 298

Ⅴ　トレーサビリティの確保 …………………………………………… 299

第8章　保有個人データに関する通知・請求等への対応における注意点

　　Ⅰ　総　論 …………………………………………………………………… 302
　　Ⅱ　保有個人データに関する事項の公表等 ……………………………… 302
　　Ⅲ　利用目的等の通知 ……………………………………………………… 303
　　Ⅳ　開示請求等 ……………………………………………………………… 304
　　Ⅴ　訂正・利用停止の請求 ………………………………………………… 305
　　Ⅵ　手続等 …………………………………………………………………… 307

第9章　漏えい等事案が発生した場合の対応

　　Ⅰ　個人データの漏えい等の事案が発生した場合等の対応について … 310
　　Ⅱ　特定個人情報の漏えい等事案が発生した場合の対応について … 311
　　Ⅲ　講ずべき具体的措置について ………………………………………… 312

第10章　匿名加工情報

　　Ⅰ　匿名加工情報とは ……………………………………………………… 318
　　Ⅱ　匿名加工情報取扱事業者 ……………………………………………… 321

第11章　グローバル化に関する規定

　　Ⅰ　グローバル化の必要性 ………………………………………………… 324
　　Ⅱ　第三者提供の制限 ……………………………………………………… 324
　　Ⅲ　域外適用される規定 …………………………………………………… 325
　　Ⅳ　外国執行当局への情報提供 …………………………………………… 326
　　Ⅴ　国外犯処罰範囲の拡大 ………………………………………………… 326

　索　引 ………………………………………………………………………… 327

様式等目次

第4章　個人番号の取得と本人確認

自身の個人番号に相違ない旨の申立書／89
法人の従業員である旨の証明書／94
顧問先従業員の番号取得に係る通知文（税理士→顧問先）／111
顧問先従業員の番号取得に係る通知文（顧問先→顧問先従業員）／112
顧問先従業員の番号取得に係る通知文（税理士→顧問先従業員）／113
有識者等の番号取得に係る通知文／115
有識者等の番号取得に係る通知文（個人識別事項プレ印字）／116
番号提供の委任状／118

第5章　個人番号の利用　―税務書類等への番号記載と行政機関への提出

確定申告書B／135
相続税の申告書／136
相続税の申告書（続）／138
贈与税の申告書（第一表）／139
死亡した者の贈与税の申告書付表／140
消費税及び地方消費税の確定申告書／142
個人事業の開業・廃業等届出書／144
給与支払事務所等の開設・移転・廃止届出書／145
消費税課税事業者届出書／146
所得税及び復興特別所得税の確定申告書A（控え）／147
相続税の申告書（続）（控え）／148
給与所得者の扶養控除等（異動）申告書／150
報酬、料金、契約金及び賞金の支払調書／166
不動産の使用料等の支払調書／167
給与所得の源泉徴収票等の法定調書合計表／169

第6章　個人データ・特定個人情報の情報管理における注意点

個人情報の適正な取扱いに関する基本方針（ひな型）／193
特定個人情報等の適正な取扱いに関する基本方針（ひな型）／194
〇〇税理士事務所（税理士法人）個人情報等取扱規程（ひな型）／197
〇〇税理士事務所（税理士法人）特定個人情報等取扱規程（ひな型）／207
〇〇税理士事務所（税理士法人）特定個人情報等取扱規程（ひな型）［大規模事務所用］／215
特定個人情報等取扱規程に関する事務所管理体制チェックリスト（サンプル）／226
特定個人情報等の取扱いに関する事務チェックリスト（サンプル）／227
特定個人情報関係執務記録（簡易版：記載例）／230
特定個人情報関係執務記録（詳細版：記載例）／231
特定個人情報ファイル管理簿（記載例）／232
〇〇〇〇税理士事務所（税理士法人）就業規則モデル／248
誓約書（モデル）／266
業務契約書／277
特定個人情報等の外部委託に関する合意書（ひな型）／280
特定個人情報等の取扱いに関する覚書（ひな型）／282
【参考】策定が必要な書類／284

凡　例

1　法令等の略語

個人情報保護法（個人情報）	個人情報の保護に関する法律（平成15年法律57号）
個人情報保護法施行令（個人情報令）	個人情報の保護に関する法律施行令（平成15年政令507号）
個人情報保護法施行規則（個人情報則）	個人情報の保護に関する法律施行規則（平成28年個人情報保護委員会規則第三号）
行政機関個人情報保護法（行政個人情報）	行政機関の保有する個人情報の保護に関する法律（平成15年法律58号）
独法等個人情報保護法（独行個人情報）	独立行政法人等の保有する個人情報の保護に関する法律（平成15年法律59号）
番号法（番号）	行政手続における特定の個人を識別するための番号の利用等に関する法律（平成25年法律27号）
番号法施行令（番号令）	行政手続における特定の個人を識別するための番号の利用等に関する法律施行令（平成26年政令155号）
番号法施行規則（番号則）	行政手続における特定の個人を識別するための番号の利用等に関する法律施行規則（平成26年内閣府・総務省令3号）
カード省令	行政手続における特定の個人を識別するための番号の利用等に関する法律の規定による通知カード及び個人番号カード並びに情報提供ネットワークシステムによる特定個人情報の提供等に関する省令（平成26年総務省令第85号）
税通	国税通則法（昭和37年法律66号）
所税	所得税法（昭和40年法律33号）
所税令	所得税法施行令（昭和40年政令96号）
所税則	所得法施行規則（昭和40年大蔵省令11号）
法税	法人税法（昭和40年法律第34号）
消税	消費税法（昭和63年法律第108号）
法人番号省令	法人番号の指定等に関する省令（平成26年財務省令第70号）
刑訴	刑事訴訟法（昭和23年法律第131号）
地税	地方税法（昭和25年法律第226号）

税通則	国税通則法（昭和37年法律第66号）
税理士	税理士法（昭和26年法律第237号）
国税庁告示2号	行政手続における特定の個人を識別するための番号の利用等に関する法律施行規則に基づく国税関係手続に係る個人番号利用事務実施者が適当と認める書類等を定める件（平成27年国税庁告示第2号（最終改正：平成28年5月25日・国税庁告示第10号））

2 文献等の略語

個人情報ガイドライン（通）	個人情報保護委員会『個人情報の保護に関する法律についてのガイドライン（通則編）』（平成28年11月）
個人情報ガイドライン（匿）	個人情報保護委員会『個人情報の保護に関する法律についてのガイドライン（匿名加工情報編）』（平成28年11月）
個人情報ガイドライン（外）	個人情報保護委員会『個人情報の保護に関する法律についてのガイドライン（外国にある第三者への提供編）』（平成28年11月）
マイナンバーガイドライン	個人情報保護委員会『特定個人情報の適正な取扱いに関するガイドライン（事業者編）』（平成26年12月11日（平成28年1月1日一部改正））※平成27年1月28日〜2月27日にかけて一部改正案の意見公募手続を実施
マイナンバーガイドラインQA	個人情報保護委員会『「特定個人情報の適正な取扱いに関するガイドライン（事業者編）」及び「（別冊）金融業務における特定個人情報の適正な取扱いに関するガイドライン」に関するQ＆A』（平成26年12月11日（平成28年6月21日更新））
国税分野における本人確認	国税庁『国税分野における番号法に基づく本人確認方法【事業者向け】』（平成28年5月）
国税庁FAQ（制度概要）	国税庁『社会保障・税番号制度＜マイナンバー＞FAQ（平成29年1月4日現在）番号制度概要に関するFAQ』
国税庁FAQ（本人確認）	国税庁『社会保障・税番号制度＜マイナンバー＞FAQ（平成29年1月4日現在）本人確認に関するFAQ』
国税庁FAQ（調書）	国税庁『社会保障・税番号制度＜マイナンバー＞FAQ（平成29年1月4日現在）法定調書に関するFAQ』
国税庁FAQ（源泉関係）	国税庁『社会保障・税番号制度＜マイナンバー＞FAQ（平成29年1月4日現在）源泉所得税関係に関するFAQ』

国税庁FAQ（相続・贈与）	国税庁『社会保障・税番号制度＜マイナンバー＞FAQ（平成29年1月4日現在）相続税・贈与税に関するFAQ』
税理士ガイドブック	日本税理士会連合会『税理士のためのマイナンバー対応ガイドブック』（平成28年8月）
経産省改正パンフ	経済産業省『「個人情報」の「取扱いのルール」が改正されます！』
個人データ漏えい告示	個人情報保護委員会『個人データの漏えい等の事案が発生した場合等の対応について』（平成29年個人情報保護委員会告示第1号）（平成29年2月）
マイナンバー漏えい告示	個人情報保護委員会『事業者における特定個人情報の漏えい事案等が発生した場合の対応について』（平成27年特定個人情報保護委員会告示第2号）（平成27年9月）

＜参考文献＞

（発行年順）

「凡例」で掲げたものの他、主に以下の文献を参考にした。

- 岡村久道＝鈴木正朝『これだけは守りたい個人情報保護』（日本経済新聞出版社、平成 21 年）
- 青木丈『税理士事務所のマイナンバー完全マニュアル』（ぎょうせい、平成 27 年）
- 青木丈（監修）『大事なことだけすぐにわかる　マイナンバー制度』（講談社、平成 27 年）
- 牧野二郎『新個人情報保護法とマイナンバー法への対応はこうする！』（日本実業出版社、平成 27 年）
- 鈴木涼介『中小企業とマイナンバー Q&A　これだけは知っておきたい実務対応』（清文社、平成 27 年）
- 青木丈『コンパクト版　中小企業のためのマイナンバー実務講座』（大蔵財務協会、平成 28 年）
- 青木丈『中小企業のための改正個人情報保護法　超要点整理』（日本法令、平成 28 年）
- 岡村久道『個人情報保護法の知識〔第 3 版〕』（日本経済新聞出版社、平成 28 年）
- 鈴木涼介＝福田あづさ『事業者・税理士の疑問を解決！　Q&A マイナンバーの本人確認』（清文社、平成 28 年）
- 宇賀克也『個人情報保護法の逐条解説〔第 5 版〕』（有斐閣、平成 28 年）
- 宇賀克也『番号法の逐条解説〔第 2 版〕』（有斐閣、平成 28 年）
- 戸塚美砂『すぐに役立つ入門図解　改正対応！個人情報保護法とマイナンバー法のしくみ』（三修社、平成 28 年）

第1章

個人情報保護法とマイナンバー制度の概要

Ⅰ 個人情報保護法の概要

❶ 個人情報保護法の制定の経緯

　現代社会は、コンピュータや、それを利用した情報ネットワークの発展・普及により、行政又は民間の業務効率は向上したが、その一方で、プライバシー侵害の危険が増大するようになった。

　そこで、プライバシー権などの個人の権利利益の保護を図るために個人情報保護の必要性が叫ばれるようになり、昭和45年頃から、欧州やアメリカで個人情報に関する保護法が制定されるようになった。

　その後、昭和55年には、プライバシー保護と国際的な個人データの流通との調和のため、「プライバシー保護と個人データの国際流通についてのガイドラインに関するOECD理事会勧告」（通称OECDプライバシーガイドライン）が採択され、その中でOECD8原則と呼ばれる個人情報保護の基本原則[*1]が示された。

　その後、欧州諸国を中心に個人情報保護に関する法律の制定が多くなされるようになり、アメリカにおいても包括的な個人情報保護に関する法律はないものの、業種ごと又は州ごとの法規制により個人情報の保護が図られるようになった[*2]。

　そのような中、日本でも、昭和50年頃から地方自治体において、個人情報保護条例が制定されるようになっていたが、特に平成7年頃に個人情報の大量漏えい事件[*3]が頻発したことが社会問題となり、また、同じ頃、地方公共団

---

*1　①収集制限の原則、②データ内容の原則（データの正確性・最新性を保つべきとするもの）、③目的明確化の原則、④利用制限の原則、⑤安全保護の原則、⑥公開の原則（個人データの開発、運用及び方針については、その利用を前提として公開政策が必要とするもの）、⑦個人参加の原則（本人が自己のデータに関与することができるとするもの）及び⑧責任の原則（管理者が①から⑦について責任を負うとするもの）の8つの原則である。
*2　公的部門を対象としたプライバシー法（昭和49年）はある。
*3　平成7年の京都府宇治市役所からの住民基本データ流出事件が有名である。

体と国の行政機関で国民を特定する情報を共有・利用することを目的として構築する「住民基本台帳ネットワークシステム」の導入が政府で検討されていたことから、このような流れが大きな契機となって、個人情報保護法制を整備する機運が高まり、平成15年5月に、「個人情報の保護に関する法律」（法律57号。以下、「個人情報保護法」という。）を含む個人情報保護3法（⇒8ページ）が国会で可決成立した（公布は同月30日）。

個人情報保護法については、官民双方に適用される部分（1章～3章）が公布日に即日施行され、その余の部分については、準備期間が置かれ、平成17年4月1日に全面施行された。

❷ 平成27年改正の経緯

個人情報保護法が平成17年4月に全面施行されて以降の10年の間に、ICTの発達などにより、個人情報を取り巻く環境は大きく変わってきた。

すなわち、スマートフォンやタブレットなどの端末やSNS・クラウドの普及による、個人情報の流通量の変化による情報流出の危険性の増加や、いわゆるビッグデータの解析・利用といった個人情報の新たな利用の可能性が模索される時代が到来している。

このような状況変化に対応するべく、個人情報の保護を図りつつ、パーソナルデータの利活用を促進することによる新産業・新サービスの創出と国民の安全・安心の向上の実現を目的として、平成27年9月に個人情報保護法は制定以来初となる大幅な改正がなされたのである（同月3日成立、同月9日公布）。

この改正の内容は多岐にわたるが（改正の概要は、図表1-2参照）、税理士にとって重要な内容は、取り扱う個人情報が5,000人分以下の事業者に対しても法を適用することとされたことである（⇒38ページ）。この改正法の施行により、税理士等の小規模事業者も含めてほとんど全ての事業者が個人情報保護法の適用対象とされることとなった。

改正法の施行期日は、公布の日から2年以内とされており、早ければ平成29年の春先にも施行されるものと推測されていたが、個人情報保護委員会（⇒62ページ）から平成28年11月30日にガイドラインが公表され、その後、

全面施行は平成29年5月30日となることが決定された[*4]（平成28年12月20日閣議決定）。

　なお、本書で引用する個人情報保護法等の条文については、特に断りのない限り、この平成29年5月30日施行後のものとする。

●図表1-1　個人情報保護法成立及び改正までの経緯

昭和55年9月23日	プライバシー保護と個人データの国際流通についてのガイドラインに関するOECD理事会勧告採択
昭和63年12月16日	「行政機関の保有する電子計算機処理に係る個人情報の保護に関する法律」公布
平成11年7月	高度情報通信社会推進本部「個人情報保護検討部会」設置
平成12年1月	個人情報保護法制化専門委員会設置
平成12年10月11日	個人情報保護法制化専門委員会「個人情報保護基本法制に関する大綱」
平成13年3月27日	「個人情報の保護に関する法律案」提出（第151回国会）
平成14年3月15日	「行政機関の保有する個人情報の保護に関する法律案」等4法案提出（第154回国会）
平成14年12月13日	「個人情報の保護に関する法律案」等5法案審議未了廃案（第155回国会）
平成15年3月7日	「個人情報の保護に関する法律案」等5法案再提出（第156回国会）
平成15年5月23日	「個人情報の保護に関する法律案」等5法案成立
平成15年5月30日	「個人情報の保護に関する法律」等5法公布、「個人情報の保護に関する法律」一部施行
平成16年4月2日	「個人情報の保護に関する基本方針」閣議決定
平成17年4月1日	「個人情報の保護に関する法律」全面施行
平成21年9月1日	個人情報保護法の所管が内閣府から消費者庁に移行
平成25年6月14日	「パーソナルデータに関する検討会」設置
平成26年6月24日	「パーソナルデータの利活用に関する制度改正大綱」
平成27年9月3日	「個人情報の保護に関する法律及び行政手続における特定の個人を識別するための番号の利用等に関する法律の一部を改正する法律案」成立（9日公布）
平成28年1月1日	「個人情報の保護に関する法律及び行政手続における特定の個人を識別するための番号の利用等に関する法律の一部を改正する法律」一部施行

（出典）個人情報保護委員会HP「個人情報保護法の成立及び改正に関する主な経緯」を基に作成

[*4]　オプトアウトによる第三者提供（個人情報23②⇒295ページ）に関する個人情報保護委員会への届出は平成29年3月1日からである。

● 図表 1-2　平成 27 年改正の主な内容

1. 定義の明確化等	個人情報の定義の明確化 （2条1項・2項） ⇒25ページ	特定の個人の身体的特徴を変換したもの（例：顔認識データ）等は特定の個人を識別する情報であるため、これを個人情報として明確化。
	要配慮個人情報 （2条3項） ⇒31ページ	本人に対する不当な差別又は偏見が生じないように、人種、信条、病歴等が含まれる個人情報については、本人の同意を得て取得することを原則義務化し、本人の同意を得ない第三者提供の特例（オプトアウト）を禁止。
	個人情報データベース等の除外 （2条4項） ⇒35ページ	個人情報データベース等から利用方法からみて個人の権利利益を害するおそれが少ないものを除外。
	小規模取扱事業者への対応 （2条5項） ⇒41ページ	取り扱う個人情報が 5,000 人分以下の事業者へも本法を適用。
2. 適切な規律の下で個人情報等の有用性を確保	匿名加工情報 （2条9項・10項、36条～39条） ⇒318ページ	特定の個人を識別することができないように個人情報を加工したものを匿名加工情報と定義し、その加工方法を定めるとともに、事業者による公表などその取扱いに関する規律を設ける。
	利用目的の制限の緩和 （15条2項） ⇒72ページ	個人情報を取得した時の利用目的から新たな利用目的へ変更することを制限する規定の緩和。
	個人情報保護指針 （53条）	認定個人情報保護団体が個人情報保護指針を作成する際には、消費者の意見等を聴くとともに個人情報保護委員会に届出。個人情報保護委員会は、その内容を公表。
3. 個人情報の流通の適正さを確保（名簿屋対策）	オプトアウト規定の厳格化 （23条2項～4項） ⇒295ページ	オプトアウト規定による第三者提供をしようとする場合、データの項目等を個人情報保護委員会へ届出。個人情報保護委員会は、その内容を公表。
	トレーサビリティの確保 （25条、26条） ⇒299ページ	受託者は提供者の氏名やデータの取得経緯等を確認、記録し、一定期間その内容を保存。また、提供者も、受領者の氏名等を記録し、一定期間保存。
	データベース提供罪 （83条） ⇒315ページ	個人情報データベース等を取り扱う事務に従事する者又は従事していた者が、不正な利益を図る目的でその個人情報データベース等を第三者に提供し、又は盗用する行為を処罰。

4. 個人情報 保護委員会 の新設及び その権限	個人情報保護委員会 H28.1.1施行時点 （50条～65条） 全面施行時点 （40条～44条、 59条～74条） ⇒62ページ	内閣府の外局として個人情報保護委員会を新設（番号法の特定個人情報保護委員会を改組）し、現行の主務大臣の有する権限を集約するとともに、立入検査の権限等を追加。（なお、報告徴収及び立入検査の権限は事業所管大臣等に委任可。）
5. 個人情報の 取扱いのグ ローバル化	外国事業者への 第三者提供 （24条） ⇒324ページ	個人情報保護委員会の規則に則った方法、または個人情報保護委員会が認めた国、または本人同意により外国への第三者提供が可能。
	国境を越えた適用 と外国執行当局へ の情報提供 （75条、78条） ⇒326ページ	物品やサービスの提供に伴い、日本の居住者等の個人情報を取得した外国の個人情報取扱事業者についても本法を原則適用。また、執行に際して外国執行当局への情報提供を可能とする。
6. 請求権	開示、訂正等、 利用停止等 （28条～34条） ⇒304ページ	本人による開示、訂正等、利用停止等の求めは、裁判所に訴えを提起できる請求権であることを明確化。

（出典）経産省改正パンフ10～11ページを基に作成。

❸ 個人情報保護法の目的

個人情報保護法の目的規定（個人情報1）には、さまざまなことが述べられているが、図式化すると以下のようになる。

●図表1-3　個人情報保護法の目的（1条）

背　景：	高度情報通信社会の進展に伴い個人情報の利用が著しく拡大
規定事項：	個人情報の適正な取扱いに関し、 ○個人情報保護に関する施策の基本となる事項 ○国・地方公共団体の責務等　　　　　　　　　　　　　　　｝を規定 ○個人情報を取り扱う事業者の遵守すべき義務等

これにより

目　的：	○個人情報の有用性に配慮 ○個人の権利利益を保護

（出典）著者作成

「個人情報の保護に関する法律」という題名（法律の名称）から、個人情報を保護することを目的とする法律であると捉えがちだが、その1条では「個人情報の有用性に配慮しつつ、個人の権利利益を保護すること」が目的であると明記されている。

つまり、個人情報保護法の目的は、①個人情報の有用性への配慮と②個人の権利利益の保護の2点である。

ここで、「個人情報の有用性」とは、例えば、「個人情報の適正かつ効果的な活用が新たな産業の創出並びに活力ある経済社会及び豊かな国民生活の実現に資するものであること」を示すことも1条に明記されている。なお、この部分は、平成27年改正で挿入されたものである。

また、個人情報保護法が定める内容については、個人情報の適正な取扱いに関して、①基本理念及び政府による基本方針の作成その他の個人情報の保護に関する施策の基本となる事項を定め、②国及び地方公共団体の責務等を明らかにするとともに、③個人情報を取り扱う事業者の遵守すべき義務等を定めるということも1条に明記されている。

このうち、①及び②については、官民双方に適用される個人情報保護法制の基本的事項を定める部分であり、③は民間事業者を対象とする部分である（個人情報保護法の具体的な構成は、図表1-4参照）。

❹ 個人情報保護法の構成と適用対象

平成27年改正後の個人情報保護法は、図表1-4に示すように、全7章88か条から成る本則及び附則により構成されている。

●図表1-4　改正個人情報保護法の構成

第1章　総則（第1条～第3条） 第2章　国及び地方公共団体の責務等（第4条～第6条） 第3章　個人情報の保護に関する施策等 　第1節　個人情報の保護に関する基本方針（第7条） 　第2節　国の施策（第8条～第10条） 　第3節　地方公共団体の施策（第11条～第13条） 　第4節　国及び地方公共団体の協力（第14条）	第1章～第3章 <u>官民双方に適用</u>

Ⅰ　個人情報保護法の概要

```
第4章　個人情報取扱事業者の義務等
　第1節　個人情報取扱事業者の義務（第15条～第35条）
　第2節　匿名加工情報取扱事業者等の義務（第36条～第39条）
　第3節　監督（第40条～第46条）
　第4節　民間団体による個人情報の保護の推進（第47条～第58条）
第5章　個人情報保護委員会（第59条～第74条）
第6章　雑則（第75条～第81条）
第7章　罰則（第82条～第88条）
附　則
```
　　　　　　　　　　　　　　　　　　　　　　　　　　　　（出典）著者作成

※第4章～第7章 民間事業者に適用

　前述のように、個人情報保護法の本則の構成は、官民双方に適用される部分（第1章～第3章）と民間事業者に適用される部分（第4章～第7章）に区分することができる。

　次項でも述べるが、個人情報保護法の第1章から第3章については、民間事業者、行政機関及び独立行政法人等、並びに個人情報保護条例の適用対象である地方公共団体についても適用される。

　本書では、税理士（税理士法人を含む。以下「税理士等」という。）は民間事業者（個人情報取扱事業者⇒38ページ参照）であることから、以上のうち、民間事業者を対象とする第4章以下を中心に解説する。

❺　関係法令・ガイドライン等

(1) 個人情報保護3法

　我が国では、現在、個人情報の取扱いに関して、①個人情報保護法の他に、②行政機関個人情報保護法及び③独法等個人情報保護法の3つの法律が制定されている。これら3つの法律をあわせて、「個人情報保護3法」と呼ぶ。

```
　　　　　　　　　　　　　　　（規則の主たる対象）
　　　　　　　　　┌ ○個人情報保護法（個人情報取扱事業者）
個人情報保護3法 ┤ ○行政機関
　　　　　　　　　│　　個人情報保護法（行政機関）
　　　　　　　　　│ ○独法等
　　　　　　　　　└　　個人情報保護法（独立行政法人等）
```

　個人情報保護3法のうち、②と③は行政機関等を対象にするものであるが、

税理士等は民間事業者であることから、①の「個人情報保護法」の規制の対象となる。

ただ、前述のように、個人情報保護法の第1章から第3章については、民間事業者、行政機関及び独立行政法人等、並びに個人情報保護条例の適用対象である地方公共団体についても適用される。

●図表1-5　個人情報保護3法等の適用関係

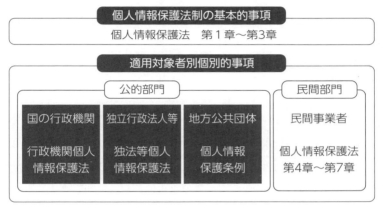

(出典) 著者作成

(2) 個人情報保護に関する基本方針

「個人情報保護に関する基本方針」(以下「基本方針」という。)は、個人情報保護法が全面施行される前の平成16年4月2日に閣議決定された。

基本方針は、政府が、官民に対して、個人情報の保護、及び適正かつ効果的な活用の促進のための具体的な実践に取り組むことを要請するものであるが、何回か内容が一部変更され、現時点での最新の変更は、平成28年10月28日に閣議決定され、改正個人情報保護法の全面施行の日である平成29年5月30日から施行されることになっている。

この中で、基本方針は、「個人情報の適正かつ効果的な活用が新たな産業の創出並びに活力ある経済社会及び豊かな国民生活の実現に資するものであることその他の個人情報の有用性に配慮しつつ、個人の権利利益を保護するという法の目的を実現するため、個人情報の保護に関する施策の推進の基本的な方向及び国が講ずべき措置を定めるとともに、地方公共団体、個人情報取

扱事業者等が講ずべき措置の方向性を示すもの」と自らを定義づけている。
(3) 政令、規則等
　① 個人情報の保護に関する法律施行令
　　「個人情報の保護に関する法律施行令」(平成15年政令507号。以下、「個人情報保護法施行令」という。)は、個人情報保護法の中で、それ自体には規定されず、政令に委ねられている部分について具体的に定めているものである。
　　改正個人情報保護法に基づく最新の改正は、平成28年10月5日に公布され、これも改正個人情報保護法の全面施行の日である平成29年5月30日から施行されることになっている。
　② 個人情報の保護に関する法律施行規則
　　「個人情報の保護に関する法律施行規則」(平成28年10月5日個人情報保護委員会規則3号。以下「個人情報保護法施行規則」という。)は、個人情報保護法及び個人情報保護法施行令の規定に基づき、これらを実施するため、定められたものである。
　　改正個人情報保護法に基づく最新の改正は、個人情報保護委員会(62ページ)の規則とされ、平成28年10月5日に公布されたものであり、これも改正個人情報保護法の全面施行の日である平成29年5月30日から施行されることになっている。
(4) ガイドライン等
　平成27年改正前の個人情報保護法では、各事業分野を所管する主務大臣が、当該事業分野の事業者に対して、監督権限を行使することになっており、その運用については、これまで省庁や分野ごとにあったガイドラインに委ねられ、平成27年11月25日現在、民間事業者向けに27分野について38のガイドラインが策定されているような状況であった。
　今回の改正により、監督権限は個人情報保護委員会に一元化されることとなり、これに伴い、これまで省庁や分野ごとにあったガイドラインも、全ての分野に共通に適用される汎用的なものに一元化されることになった。
　前述のように、平成28年11月30日にガイドラインが公表されたが、それは、以下の4つのガイドラインである。

① 個人情報の保護に関する法律についてのガイドライン（通則編）（平成28年個人情報保護委員会告示6号。以下「個人情報ガイドライン（通）」という。）
② 個人情報の保護に関する法律についてのガイドライン（外国にある第三者への提供編）（平成28年個人情報保護委員会告示7号）
③ 個人情報の保護に関する法律についてのガイドライン（第三者提供時の確認・記録義務編）（平成28年個人情報保護委員会告示8号）
④ 個人情報の保護に関する法律についてのガイドライン（匿名加工情報編）（平成28年個人情報保護委員会告示9号）

　①の個人情報ガイドライン（通）の「1-1目的」には、これらのガイドラインは、事業者が個人情報の適正な取扱いの確保に関して行う活動を支援すること、及び当該支援により事業者が講ずる措置が適切かつ有効に実施されることを目的として、具体的な指針として定められたものであるとされるとともに、「本ガイドラインの中で、『しなければならない』及び『してはならない』と記述している事項については、これらに従わなかった場合、法違反と判断される可能性がある。一方、『努めなければならない』、『望ましい』等と記述している事項については、これらに従わなかったことをもって直ちに法違反と判断されることはないが（中略）、『個人情報は、個人の人格尊重の理念の下に慎重に取り扱われるべきものであることにかんがみ、その適正な取扱いが図られなければならない。』とする法の基本理念（個人情報3）を踏まえ、事業者の特性や規模に応じ可能な限り対応することが望まれるものである。もっとも、法の目的（個人情報1）の趣旨に照らして、公益上必要な活動や正当な事業活動等までも制限するものではない。」とされている[*5]。
　なお、今回の改正によっても、一部の分野については、個人情報の性質及び利用方法並びに現行の規律の特殊性等を踏まえて、上記のガイドラインを基礎として、当該分野において更に必要となる別途の規律を定める方向とされており、別途の規律が必要と考えられる分野の例としては、医療関連、金

[*5] 個人情報ガイドライン（通）1ページ。

融関連(信用等含む)及び情報通信関連が挙げられている。

　また、個人情報ガイドライン(通)では、漏えい事案が発生した場合の対応については「別に定める」こととされており[*6]、別途「個人データの漏えい等の事案が発生した場合等の対応について」(平成29年個人情報保護委員会告示1号)が平成29年2月16日に公表されている。

(5) Q&A等

① 個人情報保護委員会「よくある質問」

　個人情報保護法全般について、個人情報保護委員会のウェブサイトの「個人情報保護法について」のコーナーに「よくある質問」が掲載されている。

② 個人情報保護法質問ダイヤル

　個人情報保護委員会には、個人情報保護制度に関する問い合わせを受け付ける個人情報保護法質問ダイヤル(電話番号:03-6457-9849)も開設されている(受付時間:土日祝日及び年末年始を除く9:30〜17:30)。

③ 「個人情報の保護に関する法律についてのガイドライン」及び「個人データの漏えい等の事案が発生した場合等の対応について」に関するQ&A

　前述の個人情報保護法に関するガイドライン等に関するQ&Aが、個人情報保護委員会ウェブサイトに平成29年2月16日付で掲載されている(以下、これを「個人情報ガイドラインQA」という。)。

[*6] 個人情報ガイドライン(通)79ページ。

Ⅱ マイナンバー制度の概要

❶ 経　緯

　我が国では、古くは40数年前から、コンピュータが初めて行政の世界に入ってくるというところから行政管理の番号として国民一人ひとりに番号を付けようという検討が始められている。

　税制とのかかわりでは、昭和55年の所得税法の一部改正でいわゆるグリーンカード（少額貯蓄等利用者カード）制度について、一度改正法案が成立している。郵便貯金のいわゆるマル優という非課税制度が相当悪用されているのではないか、ということが指摘され、マル優をきちんと管理するために、番号を付してグリーンカードを提出しなければ優遇口座を開けないことにして管理しようという試みであったが、改正法案が一度成立したものの、一部の議員が議員立法で執行を停止するための廃止法案を提出して、それが可決成立し、グリーンカード制度はとん挫してしまう。

　以来、その時代、時代において国民総背番号制度あるいは納税者番号制度（いわゆる「納番」）、また最近では社会保障番号や社会保障カード（仮称）という構想もあったが、グリーンカード制度のトラウマが長い間、永田町や霞が関で蔓延しており、なかなか実現は困難であった（これまでの政府における構想につき、図表1-6（⇒14ページ）参照）。

　その我が国における番号制度に対する後ろ向きな雰囲気が一変したのが平成19年に発覚したいわゆる「消えた年金問題」である。すなわち、番号できちんと管理できる仕組みができていれば、「消えた年金問題」は起こらなかったのではないかということが提起され、番号制度導入の機運が一気に高まったのである。

　その後、平成21年夏に、「消えた年金問題」が大きな原動力となって、我が国ではじめての本格的な政権交代が実現した。

　新たな民主党を中心とする政権の発足から3か月後の平成21年末に「平成22年度税制改正大綱〜納税者主権の確立へ向けて〜」が閣議決定された後、

● 図表1-6　番号制度に関する過去の検討

◆過去の検討事項

過去の検討事項	結果
グリーンカード（少額貯蓄等利用者カード） 【概要】 ・少額貯蓄・公債非課税制度の利用希望者に対し、申請によりカードを交付する。 ・課税貯蓄の利子及び配当については、金融機関等はカードにより本人確認を行い、支払調書にカードの番号を記載する。カードのない者への本人確認は運転免許証等一定の書類の提出を求めて行う。	改正法が成立したが、導入されないまま、昭和60年3月に廃止。
社会保障番号 【概要】 ・「経済財政運営及び経済社会の構造改革に関する基本方針」（平成13年6月26日閣議決定）において、「分かりやすくて信頼される社会保障制度」を目的とした「社会保障番号制」の導入、「社会保障個人会計（仮称）」の構築が盛り込まれた。また、「改革工程表」（平成13年9月26日閣議決定）において、平成14年3月までに制度導入に向け調査・具体化のスケジュールが定められた。	工程表の決定後、具体的な検討は進まず。
「社会保障カード」（仮称） 【概要】 ・年金記録問題を発端に、導入が検討された。 ・銀行通帳のような方式ではなく、個人情報を保護する観点から十分なセキュリティ確保を行った上で、1人1枚の「社会保障カード」（仮称）を導入する。 ・カードは年金手帳だけでなく、健康保険証、さらには介護保険証の役割を果たす。また、希望があった場合には、写真を添付し身分証明書として使用可能。年金の記録については、自宅においても常時、確認できるようになる。 参照：「年金記録に対する信頼の回復と新たな年金記録管理体制の確立について」（平成19年7月5日政府・与党合意）	与党合意を受けて、厚生労働省に検討会が設置され、報告書が取りまとめられているが、導入には至らず。
納税者番号制度 【概要】 ・平成21年度自民党税制改正大綱（平成20年12月12日）において、①今後の税制や社会保障のあり方の議論と併せて、現行の住民票コードの活用や、いわゆる社会保障番号との関係の整理等を含め、早期かつ円滑な導入を目指す、②与党内に納税者番号制度に関する検討会を立上げ、制度の導入に向けて精力的に議論を行うこととされた。	具体的な検討は行われないまま、平成21年9月に政権交代。

（出典）日本税理士会連合会資料を基に作成

政府に設置された各種検討会において番号制度の導入に向けた議論が進められ、かかる検討会での議論を踏まえて、平成23年6月に政府・与党社会保障改革検討本部において「社会保障・税番号大綱―主権者たる国民の視点に立

った番号制度の構築─」が決定され、その翌年2月に番号関連3法案が閣議決定、国会提出されたものの、同年11月の衆議院解散により、同法案は審議未了のまま廃案となった。

しかし、民主党を中心とする政権の下においても水面下で当時野党であった自由民主党及び公明党と成案に向けた協議が進められていたこともあり、再度の政権交代後の第2次安倍内閣による自公政権において、自民・公明・民主の3党による修正協議を経て、いわゆる政府CIO法案（内閣法等の一部を改正する法律案）を加えた番号関連4法案（①行政手続における特定の個人を識別するための番号の利用等に関する法律案、②①の施行に伴う関係法律の整備等に関する法律案、③地方公共団体情報システム機構法案及び④政府CIO法案）が平成25年3月に国会提出された。番号関連4法案は、衆参両議院の内閣委員会、本会議において審議、一部修正を受けて、同年5月24日に同法案が可決・成立、同月31日に番号関連4法が公布された。

その後、今回の平成27年の個人情報保護法の改正と同時に番号法も一部改正されている。

❷ 番号法の目的

番号法の目的規定（番号1）は、非常に長文で難解であるが、そこで言わんとしていることを図示すれば、図表1-7のようになる。

●図表1-7　番号法の目的

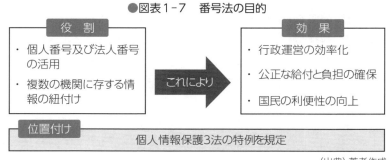

(出典) 著者作成

(1) 個人番号及び法人番号の活用

マイナンバー制度は、国民一人ひとりに対し個人番号を、企業等に対し法

人番号を付番し、個人番号及び法人番号の活用及び保護を図るためのものである。ここで、まず、マイナンバー制度には「個人番号」と「法人番号」という全く性格の異なる２種類の番号があることが重要である。この２つの番号の違いは、単に付番の対象が異なるということだけではなく、プライバシー保護の観点から個人番号については、利用範囲の限定をはじめとする各種の制限が設けられているのに対して、法人番号については、法人には基本的にプライバシー保護の問題はないとの考えから一切の制限が設けられていないということである。

なお、「個人番号」が「マイナンバー」と呼称されることがあるが、本書では一貫して「個人番号」と称する（本書では、「社会保障・税番号制度」を「マイナンバー制度」と称する。）。

(2) 複数の機関に存する情報の紐付け

マイナンバー制度は、国や市区町村など複数の機関に登録されている個人情報を同一人の情報であると確認するための社会基盤（インフラ）である。実は、平成27年10月から始まったマイナンバー制度が行おうとしていることはこの点に尽きるといっても過言ではない。

すなわち、各行政機関が保有する個人の情報の完全な紐付けが可能となれば、より正確な所得情報（税務上の各種控除の情報を含む。）の捕捉により、より適正な徴税と社会保障の給付が可能になるのである。

この背景には、日本人の氏名及び住所表記の特徴から、完全な名寄せが不可能という事情がある。氏名に関しては、同じ読みの漢字の表記が旧字や外字等も含めて何種類もあり、住所表記も丁目及び番地又はマンション名を表記したりしなかったりと様々である。このような事情から、日本人の氏名及び住所に生年月日や性別を併せても完全な名寄せは不可能であった。これが、番号があれば一発で紐付・突合が可能になるというわけである。

このことから、マイナンバー制度には、以下に述べるような様々な効果が期待されているのであるが、番号法によって特段税制が変わるというものではなく、現状の実務的には各種提出書類に番号を付さなければならなくなるということに原則としてとどまるものであるといってよい。

❸ マイナンバー制度の効果

マイナンバー制度においては、以上の「個人番号及び法人番号の活用」並びに「複数の機関に存する情報の紐付け」を実現することにより、次に掲げる3点の効果が期待されている（番号1。図表1－7参照）。

（1）行政運営の効率化

新たに構築される情報提供ネットワークシステム（⇒55ページ）を通じて、行政機関や地方公共団体間の情報連携を可能とし、各種申請に必要な住民票の写し、所得証明書などの添付書類の取得など、無駄な手続負担が省かれることになる。また、添付書類をデータで受け取ることにより、情報の転記・入力ミス、計算ミス等の削減により、行政手続全体の効率化・簡素化が図られる。

（2）公正な給付と負担の確保

個人番号をキーとした名寄せ、突合が可能となり、納税者のより正確な所得情報に基づく適正な所得再分配を実現することができることになる。これをもって、国民が社会保障給付を適切に受ける権利が保護される。

（3）国民の利便性の向上

各種申請における添付書類の省略、源泉徴収票・給与支払報告書の電子的提出先の一元化、及び新たに設置されるマイナポータル（⇒57ページ）の活用並びに本人確認（自らが本人であることを証明すること）の簡易な手段等により、行政手続における国民の利便性向上が図られる。

❹ 今後のスケジュール

平成28年1月から一定の行政機関において個人番号の利用が始まっているが、当年は税関係や雇用保険関係の届出書類への記載に利用される程度で、本格的な制度の効果が発揮されるのは、平成29年以降である。

平成29年からは、まず、情報提供ネットワークシステムの運用が始まり、複数の行政機関がオンラインで情報をやり取りすることができるようになる。また、個人番号を含む自身の情報がどのように利用されているかを確認できるマイナポータル（⇒56ページ）も同年7月以降に稼働予定である。

前述のように平成27年の個人情報保護法の改正と同時に番号法も改正がな

されたが、改正個人情報保護法に伴う改正以外の改正内容は以下のとおりである。

(1) 預貯金口座の個人番号の付番
　① 預金保険機構等によるペイオフのための預貯金額の合算において、個人番号の利用を可能とする。
　② 金融機関に対する社会保障制度における資力調査や税務調査で個人番号が付された預金情報を効率的に利用できるようにする。

(2) 医療等分野における利用範囲等の拡充等
　① 健康保険組合等が行う被保険者の特定健康診査（いわゆるメタボ検診）情報の管理等に、個人番号の利用を可能とする。
　② 予防接種履歴について、地方公共団体間での情報提供ネットワークシステムを利用した情報連携を可能とする。

(3) 地方公共団体の要望を踏まえた利用範囲の拡充等
　すでに個人番号利用事務とされている公営住宅（低所得者向け）の管理に加えて、特定優良賃貸住宅（中所得者向け）の管理において、個人番号の利用を可能とする等が予定されている。

　よって、個人番号の利用は、現時点では、前述のように行政機関や地方公共団体の利用に限られているが、平成30年にはペイオフに備えるために銀行口座への個人番号の登録が可能になり、将来的には民間にも利用範囲が広げられる可能性もある。また、医療機関間のカルテや処方箋の連携やマイナポータルを用いた官民のサービスのワンストップ化など、幅広い活用方法が期待されている。

●図表1-8　マイナンバー制度実施のスケジュール

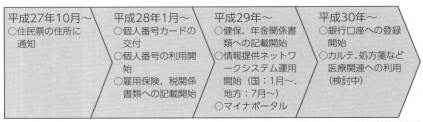

(出典) 著者作成

❺ ガイドライン・Q&A 等

(1) ガイドライン等

① 逐条解説

内閣府大臣官房番号制度担当室による番号法の逐条解説が内閣官房ウェブサイトの「社会保障・税番号制度」のコーナーに掲載されている。

② マイナンバーガイドライン

番号法の規定及びその解釈について、具体例を用いて分かりやすく解説し、個人番号が民間事業者の実務の現場で適正に取り扱われるための具体的な指針を示すために、当時の特定個人情報保護委員会(現在の個人情報保護委員会。以下本項において「委員会」という。)から平成26年12月11日にマイナンバーガイドラインが公表された。

なお、事業者のうち金融機関が行う金融業務に関しては、マイナンバーガイドラインと併せて委員会から公表された「(別冊)金融業務における特定個人情報の適正な取扱いに関するガイドライン」に拠ることとなる。また、「特定個人情報の適正な取扱いに関するガイドライン(行政機関等・地方公共団体等編)」も平成26年12月18日に委員会から公表されている。

なお、これらのガイドラインは、現在、委員会のウェブサイトの「マイナンバーについて」の「ガイドライン」コーナーに掲載されているが、今回の平成27年個人情報保護法の改正に伴い、マイナンバーガイドラインは改正される予定であり、平成29年2月時点で改正案がパブリックコメントの手続に付されている

③ 国税分野における本人確認

国税関係手続において個人番号を取り扱うこととなる民間事業者のために、顧客や従業員等から個人番号の提供を受ける際の本人確認の実施方法等について、具体例を含めて説明する『国税分野における番号法に基づく本人確認方法【事業者向け】』(平成28年5月)が、国税庁ウェブサイトの「社会保障・税番号制度〈マイナンバー〉について」のコーナーに掲載されている。

④ 税理士ガイドブック

日本税理士会連合会(以下「日税連」という。)は、先に公表されたマイ

ナンバーガイドラインを踏まえながら、関係省庁の協力を得て、『税理士のためのマイナンバー対応ガイドブック』(以下「税理士ガイドブック」という。)を策定した。税理士ガイドブックは、税理士等が個人番号を取り扱う事務を適正に遂行するとともに、クライアント[*7]への適切な指導を行えるよう、個人番号等の利用が開始されるまでに行うべき準備作業から、必要となる事務手続の具体的手順や留意事項について、税理士事務所における業務を中心に取りまとめ、わかり易く解説するものである。平成27年4月7日に日税連のウェブサイト上で公表され(閲覧は会員のみ)、同年5月初旬から順次、単位税理士会を通じて全会員に配布されている(現時点での最新版は平成28年8月改訂版[*8]である。)。

税理士ガイドブックには、各種書式例や税務及び社会保険関係書類の様式も掲載されている。日税連が作成した各種書式例については、日税連のウェブサイトにおいて、ワード又はエクセル形式の加工可能なデータが提供されている。

(2) Q&A等

① 内閣官房「よくある質問(FAQ)」

マイナンバー制度全般について、内閣官房ウェブサイトの「社会保障・税番号制度」のコーナーに「よくある質問(FAQ)」が掲載されている。

② 個人情報保護委員会「マイナンバー総合フリーダイヤル」・「番号制度ヒヤリハット事例集」

個人情報保護委員会には、マイナンバー制度に関する問い合わせを受け付けるマイナンバー総合フリーダイヤル(電話番号:0120-95-0178[*9])が開設され、また、同ウェブサイトの「マイナンバーについて」の「マイナンバーヒヤリハットコーナー」には、「番号制度ヒヤリハット事例集」等が掲載

---

*7 税理士等の顧客については、「依頼者」又は「顧問先」と称されることもあるが、本書では一貫して「クライアント」と称する。

*8 この改訂版については製本の上会員には配布はされておらず、日税連のウェブサイトからダウンロードする必要がある。

*9 受付時間:平日9:30〜20:00、土日祝9:30〜17:30(年末年始を除く。)また、外国語対応(英語・中国語・韓国語・スペイン語・ポルトガル語)は、0120-0178-26。

されている。
③　個人情報保護委員会「マイナンバーガイドラインに関するQA」

　個人情報保護委員会のウェブサイトの「マイナンバーについて」の「ガイドラインについて」のコーナーには、19ページで解説したマイナンバーガイドラインと併せて、マイナンバーガイドラインQAが公表されている。これには、税務におけるマイナンバーの取扱いや安全管理措置の手法について、税理士業務においても重要な個別具体的な様々な疑問に対する回答も示されている。

④　国税庁「社会保障・税番号制度〈マイナンバー〉について」

　申告書等の税務関係書類に個人番号・法人番号を記載しなければならない対象者、申告書等の税務関係書類への個人番号・法人番号の記載時期、法定調書提出義務者等（個人番号関係事務実施者）における本人確認方法など、「番号制度概要に関するFAQ」、「本人確認に関するFAQ」、「法定調書に関するFAQ」、「源泉所得税に関するFAQ」、「相続税・贈与税に関するFAQ」、「e-Taxに関するFAQ」及び「法人番号に関するFAQ」が、国税庁ウェブサイトの「社会保障・税番号制度〈マイナンバー〉について」のコーナーに「社会保障・税番号制度〈マイナンバー〉FAQ」として掲載されている。その他、同コーナーには、国税にかかわるマイナンバー制度についての多種多様な情報が掲載されているので、是非確認されたい。

Ⅲ 個人情報保護法とマイナンバー制度の関係

　マイナンバー制度は、国や地方公共団体など複数の機関に登録されている個人情報を、同一人の情報であると確認するための社会基盤（インフラ）であり、すなわち、個人番号は重要な個人情報として取り扱われることになる（個人番号をその内容に含む個人情報を「特定個人情報」という（番号2⑧）。この点に関して、詳しくは44ページ）。そのため、番号法は、個人情報保護3法（一般法）の特例を定める法律（特別法）として位置づけられている（番号1。図表1-7（⇒15ページ）、図表1-9参照）。

　したがって、全ての事業者は、番号法が特定個人情報について規定している部分の適用を受けることとなる。そして、個人情報取扱事業者（⇒38ページ）は、番号法30条により適用除外となる部分を除き、特定個人情報について、一般法である個人情報保護法の規定の適用も受けることになる。

●図表1-9　個人情報保護3法と番号法の関係

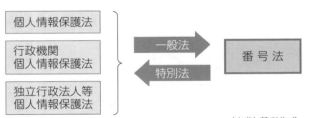

（出典）著者作成

第2章

個人情報、個人番号等に関する基本知識

I　個人情報とは

❶　個人情報保護法及び番号法における個人情報の種類

　従前の個人情報保護法においては、「個人情報」は特定の個人を識別するために必要な情報として、単一の概念であった。

　しかし、今回の改正によって、「要配慮個人情報」と「匿名加工情報」という新たな概念が加えられ、個人情報保護法における個人情報の種類は3種類となった。

　要配慮個人情報は、従前から、センシティブ情報などとも呼ばれ、人種、社会的身分、犯罪歴等、特にその取扱いについて配慮すべき情報である（個人情報2③）。

　また、匿名加工情報は、個人情報に個人を特定できないような加工を施した上で、利活用することを前提とした情報である（個人情報2⑨）。

　一方、番号法にも「特定個人情報」という用語があり、これは個人番号をその内容に含む個人情報と定義されている（番号2⑧）。

　よって、個人情報保護法及び番号法における個人情報の概念は、今後、①特定個人情報、②要配慮個人情報、③（一般）個人情報及び④匿名加工情報の4種類に分類され、それぞれ異なる扱いをすることになる。

　個々の用語の内容は、この後に詳述するが*¹、基本的には、上記の①から④の順番で規制が緩やかになっていくと考えてよい。

---

*1　④の匿名加工情報については、税理士等が主体的に関わる可能性が低いため、第10章で別途説明する。

❷ 個人情報の要件

(1) 生存する個人の情報

以下で、個人情報の具体的な要件を見ていくが、定義として「個人情報」とは、生存する個人に関する情報であって、当該情報に含まれる氏名、生年月日その他の記述等により特定の個人を識別することができるもの、又は個人識別符号が含まれるものをいう（個人情報2①）。

```
           ┌ 生存する個人の情報
           │         ＋
個人情報 ┤   ┌ ①氏名、生年月日その他の記述等により特定の
           │   │   個人を識別することができるもの
           └　│           OR
               └ ②個人識別符号が含まれるもの
```

まず、個人情報は、「生存する個人に関する情報」に限られる（個人情報2①柱書）。

したがって、死者や架空の人物に関する情報は、個人情報に該当しないが、死者に関する情報が、同時に、遺族等の生存する個人に関する情報でもある場合には、その生存する個人に関する情報となる。

また、「生存する個人」は日本国民に限られず、外国人も含まれる。

そして、ここでいう「個人に関する情報」とは、個人情報ガイドライン（通）では、「氏名、住所、性別、生年月日、顔画像等個人を識別する情報に限られず、個人の身体、財産、職種、肩書等の属性に関して、事実、判断、評価を表す全ての情報であり、評価情報、公刊物等によって公にされている情報や、映像、音声による情報も含まれ、暗号化等によって秘匿化されているかどうかを問わない。」とされている[*2]。

法人その他の団体は「個人」に該当しないので、法人等の団体そのものに関する情報は個人情報には含まれない。

[*2] 個人情報ガイドライン（通）5ページ。

I 個人情報とは

ただし、法人等の役員や従業員[*3]等に関する情報は個人情報である。
また、外国に居住する外国人の個人情報についても、個人情報保護法による規制の対象になり得る[*4]。

(2) 特定の個人を識別することができるもの

次に、個人情報は、この生存する個人の情報に加え、特定の個人を識別することができるもの、又は個人識別符号が含まれるものである必要がある。

「特定の個人を識別することができる」とは、社会通念上、一般人の判断力や理解力をもって、生存する具体的な人物と情報との間に同一性を認めるに至ることができることをいう[*5]。

この典型は、「氏名、生年月日その他の記述等」であるが、「記述等」の媒体は、文書、図画又はデータに記載・記録され、又は音声、動作その他の方法を用いて表された一切の事項（個人識別符号を除く。）が該当する（個人情報2①一）。

したがって、氏名等が記載された文書やデータはもちろんのこと、特定の個人が判別できる顔の映像や音声も含まれる。

また、以上のような記述等により直接識別できなくても、「他の情報と容易に照合することができ、それにより特定の個人を識別することができることとなるもの」についても、個人情報に含まれる（個人情報2①一括弧内）。

例えば、移動履歴や購買履歴と紐づけて、特定の個人の識別が容易に可能であれば、そのような履歴の情報も含まれるということである。

ただし、個人情報ガイドライン（通）では、「他の情報と容易に照合することができ」るとは、「通常の業務における一般的な方法で、他の情報と容易に照合することができる状態をいい、例えば、他の事業者への照会を要する場合等であって照合が困難な状態は、一般に、容易に照合することができない状態であると解される。」としている[*6]。

これに対し、同じ事業者間であっても、事業者の各取扱部門が独自に取得

[*3]　個人情報ガイドラインQA・A1-17。
[*4]　個人情報ガイドラインQA・A1-6。
[*5]　個人情報ガイドラインQA・A1-1。
[*6]　個人情報ガイドライン（通）6ページ。

した個人情報を取扱部門ごとに設置されているデータベースにそれぞれ別々に保管している場合において、双方の取扱部門やこれらを統括すべき立場の者等が、規程上・運用上、双方のデータベースを取り扱うことが厳格に禁止されていて、特別の費用や手間をかけることなく、通常の業務における一般的な方法で双方のデータベース上の情報を照合することができない状態である場合は、「容易に照合することができ」ない状態であると考えられる[*7]。

(3) 個人情報に該当するか否かの事例

個人情報ガイドライン（通）では、個人情報に該当する事例として、以下のものが挙げられている[*8]。

【個人情報に該当する事例】
① 本人の氏名
② 生年月日、連絡先（住所・居所・電話番号・メールアドレス）、会社における職位又は所属に関する情報について、それらと本人の氏名を組み合わせた情報
③ 防犯カメラに記録された情報等本人が判別できる映像情報
④ 本人の氏名が含まれる等の理由により、特定の個人を識別できる音声録音情報
⑤ 特定の個人を識別できるメールアドレス（kojin_ichiro@example.com 等のようにメールアドレスだけの情報の場合であっても、example 社に所属するコジンイチロウのメールアドレスであることが分かるような場合等）
⑥ 個人情報を取得後に当該情報に付加された個人に関する情報（取得時に生存する特定の個人を識別することができなかったとしても、取得後、新たな情報が付加され、又は照合された結果、生存する特定の個人を識別できる場合は、その時点で個人情報に該当する。）
⑦ 官報、電話帳、職員録、法定開示書類（有価証券報告書等）、新聞、ホームページ、SNS（ソーシャル・ネットワーク・サービス）等で公にされている特定の個人を識別できる情報[*9]

また、個人情報ガイドラインQAでは、個人情報に該当しない事例として、以下のものが挙げられている[*10]。

[*7] 個人情報ガイドラインQA・A1-15。
[*8] 個人情報ガイドライン（通）5～6ページ。
[*9] 公知の情報であっても、その利用目的や他の個人情報との照合など取扱いの態様によっては個人の権利利益の侵害につながるおそれがあることから保護の対象とされている（個人情報ガイドラインQA・A1-5）。
[*10] 個人情報ガイドラインQA・A1-7。

> 【個人情報に該当しない事例】
> ① 企業の財務情報等、法人等の団体そのものに関する情報（団体情報）
> ② 統計情報（複数人の情報から共通要素にかかる項目を抽出して同じ分類ごとに集計して得られる情報）

（4）個人識別符号が含まれるもの

以上のほか、生存する個人の情報のうち、個人識別符号が含まれるものについても、個人情報となる。

「個人識別符号」とは、次のいずれかに該当する文字、番号、記号その他の符号をいう（個人情報2②、個人情報令1、個人情報則3、4）。

これは、従来、当該情報単体から特定の個人を識別できるものとして、個人情報の範囲に含まれるものと解されていたが、今回の改正により明確化されたものである。

個人識別符号には、以下の2種類がある（図表2-1参照）。

① **身体の一部の特徴をコンピュータ（電子計算機）の用に供するために変換した文字、番号、記号その他の符号であって、特定の個人が識別できるもの**（個人情報2②一、個人情報令1一）

これは、いわゆる生体認証等により特定の個人を認識できる情報であり、具体的には、以下のいわゆるDNA情報、指紋等が挙げられている。

　イ　細胞から採取されたデオキシリボ核酸（別名DNA）を構成する塩基の配列
　ロ　顔の骨格及び皮膚の色並びに目、鼻、口その他の顔の部位の位置及び形状によって定まる容貌
　ハ　虹彩の表面の起伏により形成される線状の模様
　ニ　発声の際の声帯の振動、声門の開閉並びに声道の形状及びその変化
　ホ　歩行の際の姿勢及び両腕の動作、歩幅その他の歩行の態様
　ヘ　手のひら又は手の甲若しくは指の皮下の静脈の分岐及び端点によって定まるその静脈の形状
　ト　指紋又は掌紋

② **個人に割り当てられた一意の文字、番号、記号などの符号であって、特定の利用者等を識別できるもの**（個人情報2②二）

これには、具体的には以下に掲げるような、運転免許証番号、旅券番号、基礎年金番号、保険証番号、個人番号（マイナンバー）等が該当する[*11]。

 イ 旅券法（昭和26年法律267号）6条1項1号の旅券の番号
 ロ 国民年金法（昭和34年法律141号）14条に規定する基礎年金番号
 ハ 道路交通法（昭和35年法律105号）93条1項1号の免許の番号
 ニ 住民基本台帳法（昭和42年法律81号）7条13号に規定する住民票コード
 ホ 番号法2条5項に規定する個人番号
 ヘ 次に掲げる証明書にその発行を受ける者ごとに異なるものとなるように記載された個人情報保護委員会規則で定める文字、番号、記号その他の符号
（イ）国民健康保険法（昭和33年法律192号）9条2項の被保険者証
（ロ）高齢者の医療の確保に関する法律（昭和57年法律80号）54条3項の被保険者証
（ハ）介護保険法（平成9年法律123号）12条3項の被保険者証
 ト その他準ずるものとして個人情報保護委員会規則で定める文字、番号、記号その他の符号[*12]

[*11] これに対し、携帯電話番号やクレジットカード番号は、様々な契約形態や運用実態があり、およそいかなる場合においても特定の個人を識別することができるとは限らないこと等から、個人識別符号に位置付けられていないが、このような番号も、氏名等の他の情報と容易に照合することができ、それにより特定の個人を識別することができることとなる場合には、個人情報に該当する（個人情報ガイドラインQA・A1-22）。

[*12] これには、いわゆる船員保険法や私立学校教職員共済法、国家公務員共済組合法における被保険者証、高齢者受給者証等が該当する（個人情報規則4）。

●図表2-1　個人識別符号の例

① 特定の個人の身体の一部の特徴をコンピュータのために変換した符号
〈例〉

指紋認識データ

顔認識データ

② 対象者ごとに異なるものとなるように役務の利用、商品の購入又は書類に付される符号
〈例〉

旅券番号

免許証番号

個人番号

(出典)著者作成

　特に、①の類型の個人識別符号に関しては、「特定の個人を識別するに足りるものとして個人情報保護委員会規則で定める基準に適合するもの」(個人情報令1)が個人識別符号に該当するとされているが、この基準は「特定の個人を識別することができる水準が確保されるよう、適切な範囲を適切な手法により電子計算機の用に供するために変換することとする。」(個人情報則2)と定められている。

　この「適切な手法」について、個人情報ガイドライン(通)では、上記①イのいわゆるDNAを構成する塩基の配列については、ゲノムデータ(DNAを構成する塩基の配列を文字列で表記したもの)のうち、遺伝型情報により本人を認証することができるようにしたものとされ、その他のものについては、それらから何らかの方法(たとえば、赤外光や可視光等)を用い抽出した特徴情報を(単体またはその組合せにより)本人を認証することを目的とした装置やソフトウェアにより、本人を認証することができるようにしたものがこ

の基準に適合し、個人識別符号に該当することとなるものとされている[*13]。

❸ 要配慮個人情報

「要配慮個人情報」とは、前述のように従前から、センシティブ情報などとも呼ばれ、人種、社会的身分、犯罪歴等、特にその取扱いについて配慮すべき情報をいい、不当な差別や偏見その他の不利益が生じないようにその取扱いに特に配慮を要する記述等が含まれる個人情報をいう。

なお、それらの情報を推知させる情報にすぎないもの（例：宗教に関する書籍の購買や貸出しに係る情報等）は、要配慮個人情報には含まない。

主なものとしては、以下のものが挙げられる[*14]（個人情報2③）。

① 人種[*15]
② 信条[*16]
③ 社会的身分[*17]
④ 病歴
⑤ 犯罪の経歴
⑥ 犯罪により害を被った事実[*18]
⑦ 身体障害、知的障害、精神障害（発達障害を含む。）その他の個人情報保護法施行規則5条各号で定める心身の機能の障害があること（個人情

[*13] 個人情報ガイドライン（通）9〜10ページ。

[*14] その他に、健康診断等の結果やそれに基づく医師等の指導等、刑事事件に関する手続が行われたこと、及び少年の保護事件に関する手続が行われたこと、が挙げられる（個人情報令2二〜五）。

[*15] 単純な国籍や「外国人」という情報は法的地位であり、それだけでは人種には含まない。また、肌の色は、人種を推知させる情報にすぎないため、人種には含まない（個人情報保護ガイドライン（通）12ページ）。

[*16] 「信条」とは、個人の基本的なものの見方、考え方を意味し、思想と信仰の双方を含むものである（個人情報保護ガイドライン（通）12ページ）。

[*17] 「社会的身分」とは、ある個人にその境遇として固着していて、一生の間、自らの力によって容易にそれから脱し得ないような地位を意味し、単なる職業的地位や学歴は含まない（個人情報保護ガイドライン（通）12ページ）。

[*18] 「犯罪により害を被った事実」とは、身体的被害、精神的被害及び金銭的被害の別を問わず、犯罪の被害を受けた事実を意味する（個人情報保護ガイドライン（通）13ページ）。

報令2一)[*19]、

　要配慮個人情報に対する規制としては、要配慮個人情報の取得や第三者提供には、原則として本人の同意が必要であり、個人情報保護法23条2項の規定による第三者提供（オプトアウトによる第三者提供（⇒295ページ））は認められない。

　税理士等がこの要配慮個人情報を取得する必要がある場合は、ほとんどないとも思われるが、医療費控除や障害者控除等に関する資料（領収書等）に病歴や障害等の情報が含まれている可能性や、従業員に関して取得する場合等も考えられるので、注意が必要である[*20]。

❹ 個人情報に関する3つの概念

　今まで、個人情報（要配慮個人情報を含む。）の要件を見てきたが、個人情報保護法では、個人情報のうち、個人情報データベース等を構成する個人情報を、特に「個人データ」とし（個人情報2⑥）、そのうち、個人情報取扱事業者が開示、訂正、消去等の権限を有し、かつ、6か月を超えて保有するものを特に「保有個人データ」（個人情報2⑦、個人情報令5）として、区別している。

　そして、同法は、保護の対象となる情報を、このように「個人情報」、「個人データ」及び「保有個人データ」という3つの概念に分けた上で、これらの概念ごとに、実施しなければならない義務を規定している。

　そして、 個人情報 ＜ 個人データ ＜ 保有個人データ という関係で、遵守すべき義務の範囲が広がる関係にある。

---

*19 この心身の機能の障害があることには、当該障害があること又は過去にあったことを特定させる情報も含む（個人情報保護ガイドライン（通）13ページ）。
*20 もし、意図せずに同意なく取得した場合は、廃棄等が必要である。

●図表2-2　3つの概念と義務の範囲

①**個人情報**：生存する個人に関する情報であって、特定の個人を識別できるもの

②**個人データ**：①のうち、個人情報データベース等を構成する個人情報

③**保有個人データ**：②のうち、個人情報取扱事業者が開示、訂正、削除等の権限を有する個人データ

①個人情報
- 利用目的の特定（15条）⇒68ページ
- 利用目的による制限（16条）⇒69ページ
- 適正な取得（17条）⇒72ページ
- 利用目的の通知等（18条）⇒75ページ
- 苦情処理（35条）⇒308ページ

②個人データ
- データ内容の正確性の確保等（19条）⇒184ページ
- 安全管理措置（20条）⇒224ページ
- 従業者の監督（21条）⇒268ページ
- 委託先の監督（22条）⇒270ページ
- 第三者提供の制限（23条）⇒292ページ
- 外国にある第三者への提供の制限（24条）⇒324ページ
- 第三者提供に係る記録の作成等（25条）⇒299ページ
- 第三者提供を受ける際の確認等（26条）⇒300ページ

③保有個人データ
- 保有個人データに関する事項の公表等（27条）⇒302ページ
- 開示（28条）⇒304ページ
- 訂正等（29条）⇒305ページ
- 利用停止等（30条）⇒306ページ
- 理由の説明（31条）⇒307ページ
- 開示等の請求等に応じる手続（32条）⇒307ページ
- 手数料（33条）⇒308ページ

(出所) 経産省改正パンフ2ページ等を基に作成

そこで、以下では、「個人データ」及び「保有個人データ」の内容について、見ていく。

❺　個人データとは

「個人データ」とは、個人情報データベース等を構成する個人情報のことをいう（個人情報2⑥）。ここで「個人情報データベース等」とは、紙媒体又は電子媒体を問わず、検索性があり、体系的に構成されている個人情報の集合物をいう（個人情報2④。ただし、利用方法からみて個人の権利利益を害するおそれが少ないものとして政令で定めるものを除く（同項柱書括弧内、個

Ⅰ　個人情報とは　　**33**

人情報令3①)。)。

　まず、個人情報データベース等となるのは、個人情報をコンピュータを用いて検索することができるように体系的に構成した、個人情報を含む情報の集合物である。また、コンピュータを用いていない場合であっても、紙面で処理した個人情報を一定の規則（例えば、50音順等）に従って整理・分類し、特定の個人情報を容易に検索することができるよう、目次、索引、符号等を付し、他人によっても容易に検索可能な状態に置いているものも該当する[21]（図表2-3）。

●図表2-3　個人情報データベース等

(出典) 著者作成

　個人情報ガイドライン（通）では、個人情報データベース等に該当する事例として以下のものを挙げている[22]。

【個人情報データベース等に該当する事例】
① 電子メールソフトに保管されているメールアドレス帳（メールアドレスと氏名を組み合わせた情報を入力している場合）[23]
② インターネットサービスにおいて、ユーザーが利用したサービスに係るログ情報がユーザーIDによって整理され保管されている電子ファイル（ユーザーIDと個人情報を容易に照合することができる場合）

---

*21　個人情報ガイドライン（通）17ページ。
*22　個人情報ガイドライン（通）17ページ。
*23　独自の分類方法によりメールアドレスを分類した状態であっても、一般的には、当該アドレス帳の検索機能を使うことにより第三者でも特定のメールアドレスの検索が容易に行うことができ、「他人には容易に検索できない独自の分類方法」となっていないと考えられるため、この場合は個人情報データベース等に該当すると解される（個人情報ガイドラインQA・A1-36）。

> ③ 従業者が、名刺の情報を業務用パソコン（所有者を問わない。）の表計算ソフト等を用いて入力・整理している場合
> ④ 人材派遣会社が登録カードを、氏名の五十音順に整理し、五十音順のインデックスを付してファイルしている場合

　その他、従業者が業務上使用している携帯電話等の電話帳に氏名と電話番号のデータが登録されている場合は、特定の個人情報を検索できるように個人情報を体系的に構成されているといえるため、個人情報データベース等に該当すると解される[24]。

　これに対し、利用方法からみて個人の権利利益を害するおそれが少ないと認められる以下のものについては、個人情報データベース等から除外される（個人情報２④柱書括弧内、個人情報令３①各号）。

① 不特定かつ多数の者に販売することを目的として発行されたものであって、かつ、その発行が法又は法に基づく命令の規定に違反して行われたものでないこと。
② 不特定かつ多数の者により随時に購入することができ、又はできたものであること。
③ 生存する個人に関する他の情報を加えることなくその本来の用途に供しているものであること。

　個人情報ガイドライン（通）では、個人情報データベース等に該当しない事例として以下のものを挙げている[25]。

> 【個人情報データベース等に該当しない事例】
> ① 従業者が、自己の名刺入れについて他人が自由に閲覧できる状況に置いていても、他人には容易に検索できない独自の分類方法により名刺を分類した状態である場合
> ② アンケートの戻りはがきが、氏名、住所等により分類整理されていない状態である場合
> ③ 市販の電話帳、住宅地図、職員録、カーナビゲーションシステム等[26]

＊24　個人情報ガイドラインQA・A1-35。
＊25　個人情報ガイドライン（通）17ページ。
＊26　市販されている名簿等であれば、販売形態の違いをもって区別する制度上の合理性はない

Ⅰ　個人情報とは

その他、文書作成ソフトで作成された議事録は、会議出席者の氏名が記録されているとしても、特定の個人情報を検索することができるように「体系的に構成」されているものとはいえないため、個人情報データベース等には該当しないと解されており[27]、また、個人情報データベース等に入力する前の帳票等であっても、それに記載された個人情報を50音順に整理している場合など、特定の個人情報を容易に検索することができるように体系的に構成している場合には、それ自体が個人情報データベース等に該当する[28]。

❻ 保有個人データとは

今まで見てきた個人データのうち、事業者が開示、訂正、消去等の権限を有し、かつ、6か月を超えて保有するものを、特に「保有個人データ」という（個人情報2⑦、個人情報令4、5）。

ただし、個人データのうち、次に掲げるもの、又は6か月以内に消去する（更新することは除く。）こととなるものは、「保有個人データ」からは除外されている（個人情報2⑦、個人情報令4、5）[29]。

(1) 当該個人データの存否が明らかになることにより、本人又は第三者の生命、身体又は財産に危害が及ぶおそれがあるもの

この具体例としては、個人情報ガイドライン（通）は以下のものを挙げている[30]。

> ● 家庭内暴力、児童虐待の被害者の支援団体が保有している、加害者（配偶者又は親権者）及び被害者（配偶者又は子）を本人とする個人データ

(2) 当該個人データの存否が明らかになることにより、違法又は不当な行為を助長し、又は誘発するおそれがあるもの

ことから、市販の職員録等の電子データをダウンロードして購入した場合であっても、当該データは個人情報データベース等から除外される（個人情報ガイドラインQA・A1-42）。

[27] 個人情報ガイドラインQA・A1-37。
[28] 個人情報ガイドラインQA・A1-45。
[29] 6か月の起算点は、当該個人データを取得した時である（個人情報ガイドラインQA・A1-51）。
[30] 個人情報ガイドライン（通）20ページ。

この具体例としては、個人情報ガイドライン（通）は以下のものを挙げている[*31]。

> ① 暴力団等の反社会的勢力による不当要求の被害等を防止するために事業者が保有している、当該反社会的勢力に該当する人物を本人とする個人データ
> ② 不審者や悪質なクレーマー等による不当要求の被害等を防止するために事業者が保有している、当該行為を行った者を本人とする個人データ

(3) 当該個人データの存否が明らかになることにより、国の安全が害されるおそれ、他国若しくは国際機関との信頼関係が損なわれるおそれ又は他国若しくは国際機関との交渉上不利益を被るおそれがあるもの

この具体例としては、個人情報ガイドライン（通）は以下のものを挙げている[*32]。

> ① 製造業者、情報サービス事業者等が保有している、防衛に関連する兵器・設備・機器・ソフトウェア等の設計又は開発の担当者名が記録された、当該担当者を本人とする個人データ
> ② 要人の訪問先やその警備会社が保有している、当該要人を本人とする行動予定等の個人データ

(4) 当該個人データの存否が明らかになることにより、犯罪の予防、鎮圧又は捜査その他の公共の安全と秩序の維持に支障が及ぶおそれがあるもの

この具体例としては、個人情報ガイドライン（通）は以下のものを挙げている[*33]。

> ① 警察から捜査関係事項照会等がなされることにより初めて取得した個人データ
> ② 警察から契約者情報等について捜査関係事項照会等を受けた事業者が、その対応の過程で作成した照会受理簿・回答発信簿、照会対象者リスト等の個人データ（当該契約者情報自体は「保有個人データ」に該当する。）
> ③ 犯罪による収益の移転防止に関する法律（平成19年法律22号）8条1項に基づく疑わしい取引の届出の有無及び届出に際して新たに作成した個人データ
> ④ 振り込め詐欺に利用された口座に関する情報に含まれる個人データ

[*31] 個人情報ガイドライン（通）20ページ。
[*32] 個人情報ガイドライン（通）20ページ。
[*33] 個人情報ガイドライン（通）20ページ。

この保有個人データについて、個人情報取扱事業者は、後述のように、保有個人データの事項の公表や開示請求等に対応する義務を負うことになっている。

しかし、税理士等が扱うクライアントの個人情報はそれ自体の開示、訂正、消去等の権限を有していないことが通常であり[*34]、保有個人データについて問題が生じることはほとんどないものと思われる。

❼ 「個人情報取扱事業者」とは

(1) 個人情報取扱事業者とは

個人情報保護法上のさまざまな義務を負う「個人情報取扱事業者」とは、原則として、個人情報データベース等を事業の用に供している事業者をいう（個人情報2⑤本文）。

個人情報取扱事業者の対象は、法人に限定されず、法人格のない権利能力無き社団（任意団体）又は個人であっても、個人情報データベース等を事業の用に供している場合は個人情報取扱事業者に該当する。

また、ここでいう「事業」とは、一定の目的をもって反復継続して遂行される同種の行為であって、かつ、社会通念上事業と認められるものをいい、営利・非営利の別は問わないので、NPO等の非営利組織も含まれる。

また、「事業の用に供している」とは、事業者がその行う事業のために個人情報を利用していることをいい、特にその方法は限定されない。

よって、個人情報データベース等を作成、加工、分析又は提供することだけでなく事業を行う上で必要となる顧客情報、従業員情報、配達先情報などをデータベースとして利用している場合のみであっても、事業の用に供している者は個人情報取扱事業者に該当する[*35]。

平成27年改正前は、過去6か月間で5,000人分以下の個人情報を取り扱う

[*34] 委託元が、個人データを受託処理する個人情報取扱事業者である委託先に対し、自らの判断で当該個人データの開示等を行う権限を付与していないとき（委託元・委託先間で何ら取決めがなく委託先が自らの判断で開示等をすることができない場合も含む。）は、本人に対する開示等の権限を有しているのは委託元であるため、当該個人データは委託元の「保有個人データ」となる（個人情報ガイドラインQA・A1-52）。

[*35] 個人情報ガイドラインQA・A1-47。

● 図表2-4　5,000件要件の撤廃

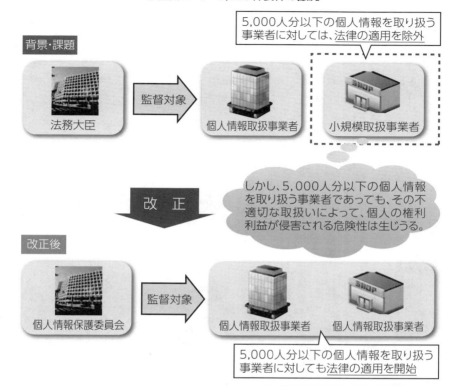

(出典)個人情報保護委員会資料を基に作成

● 図表2-5　個人情報取扱事業者の義務

1　利用目的の特定(15)
2　利用目的による取り扱い制限(16)　　　個人情報に関する義務
3　不正手段による取得の禁止(17)　　　　(第3章)
4　利用目的の通知・公表(18)
5　データ内容の正確性の確保等(19)
6　安全管理措置を講じる義務(20)　　　　個人データに関する義務
7　第三者提供における規制(23〜26)　　　(第6、7章)
8　保有個人データに関する事項の公表 27①　保有個人データに関する
9　開示請求等に対する対応(27②〜 34)　　義務(第8章)

(出典)著者作成

事業者（以下「小規模取扱事業者」という。）に対しては、法律の適用を除外していた（旧個人情報2③五、旧個人情報令2）。

しかし、小規模取扱事業者であっても、その不適切な取扱いによって、個人の権利利益が侵害される危険性が生じ得ることに変わりはなく、特に近年は、ICTの急速な普及などにより、その危険性は一層高まっている。

そこで、平成27年改正によって、小規模取扱事業者への措置を廃止して、それらの事業者についても法を適用することとされた（図表2-4）。

この5,000件要件が撤廃されたことにより、実際には、税理士等を含む、ほとんど全ての事業者が該当することになるものと考えられる[*36]。

(2) 個人情報取扱事業者の義務の全体像

個人情報取扱事業者は、個人情報保護法において、図表2-5に掲げた義務

●図表2-6　中小規模事業者の対応方法

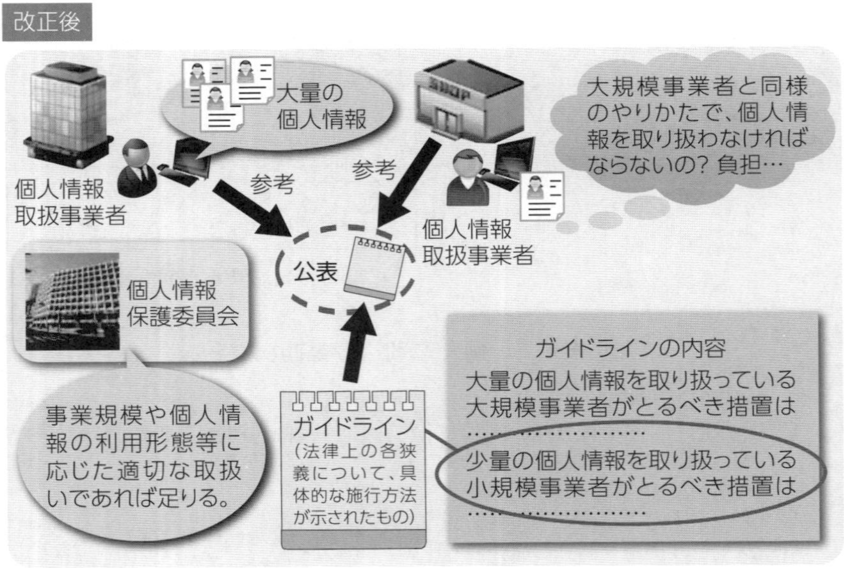

(出所) 個人情報保護委員会資料を基に作成

[*36] 例えば、スマートフォンや携帯電話の中の「電話帳」が個人情報データベース等に該当するため、ほとんど全ての事業者が個人情報取扱事業者に該当するものと考えられる（⇒35ページ）。

を負うことになる。

詳細については、各々の章で解説する。

(3) 小規模取扱事業者への対応

5,000件要件が撤廃されたことにより、事業規模の比較的小さな事業者（以下「中小規模事業者」）についても、改正法施行後は、個人情報データベース等を事業の用に供していれば、個人情報取扱事業者に該当し、さまざまな義務を遵守しなければならない。

しかしながら、中小規模事業者が大規模事業者と同じルールで個人情報を取り扱うことは困難であり、本来、個人情報保護法上の各義務規定の具体的な履行方法は、事業規模や個人情報の利用の態様に応じた適切な方法であれば足りるはずである。

そこで、平成27年改正個人情報保護法附則11条では、「個人情報保護委員会は、新個人情報保護法第8条に規定する事業者等が講ずべき措置の適切かつ有効な実施を図るための指針を策定するに当たっては、この法律の施行により旧個人情報保護法第2条3項5号に掲げる者が新たに個人情報取扱事業者となることに鑑み、特に小規模の事業者の事業活動が円滑に行われるよう配慮するものとする。」としている。

この規定を受けて、中小規模事業者の具体的な対応方法については、個人情報保護ガイドライン（通）の中の「8（別添）講ずべき安全管理措置の内容」において、示されている。

この中小規模事業者の範囲は、原則として、従業員の数が100人以下の個人情報取扱事業者をいうが、例外的に以下に掲げるものは除かれる[37]。

① その事業の用に供する個人情報データベース等を構成する個人情報によって識別される特定の個人の数の合計が過去6か月以内のいずれかの日において5,000を超える者

② 委託を受けて個人データを取り扱う者

そのため、税理士等については、②の委託を受けて個人データを取り扱う者に該当するので、税理士事務所の規模や業務形態に関わらず、中小規模事

---

[37] 個人情報ガイドライン（通）86ページ。

業者には該当せず、個人情報ガイドライン（通）に示される原則的な対応方法に従わなければならない[*38]。

　税理士事務所における（原則的な）対応方法については、第6章で具体的に見ていく。

＊38　委託元の個人情報データベース等を加工・分析等をせずにそのまま利用する場合でも、委託された業務を行うために利用するのであれば「事業の用に供している」ことになり、委託先も個人情報取扱事業者に該当する（個人情報ガイドラインQA・A1−49）。

Ⅱ マイナンバー制度とは

❶ 利用範囲

「個人番号」(マイナンバー)とは、住民票コードを変換して得られる番号であって、その住民票コードが記載された住民票に係る者を識別するために指定されるものをいう(番号2⑤)。

個人番号は、基本的に、社会保障、税及び災害対策の3分野で利用される。その中でも法律で定められた行政手続と、地方公共団体が条例で定める事務に限られ、これら以外で利用することはできない(番号9、別表第一)。

●図表2-7 個人番号の利用範囲

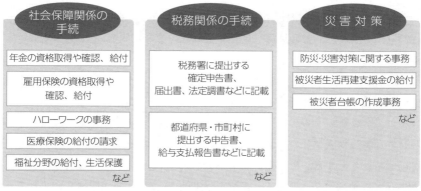

※このほか、社会保障、地方税、災害対策に関する事務やこれらに類する事務で、地方公共団体が条例で定める事務に個人番号を利用することができます。

(出典)政府広報『いよいよマイナンバー制度が始まります』

❷ 重要な用語の整理

マイナンバー制度では、特に個人番号について、プライバシーへの配慮から、さまざまな制限が置かれているが、マイナンバーは新しい制度であり、番号法には従来にない新たな用語が多数存在し、その中には、重要な用語であるにも関わらずその名称が紛らわしく理解しづらいものが少なくない。

特に、特定個人情報、個人番号利用事務・個人番号関係事務といった用語は重要であり、これらの用語の定義や趣旨を理解していないと、個人番号を取り扱う実務への対応のための基本的な考え方を誤りかねない。そこで、個人番号の諸制限の解説に入る前に、これらの用語の定義等を整理しておく。

(1) 本人

番号法上、本人とは、「個人番号によって識別される特定の個人」と定義づけられている（番号2⑥）。つまり、それぞれの個人番号の持ち主のことを本人という。

(2) 個人情報・特定個人情報

25ページで解説したように「個人情報」とは、生存する個人に関する情報で、当該情報に含まれる氏名、生年月日その他の記述等により特定の個人を識別することができるもの又は個人識別符号が含まれるものをいう（個人情報2①、番号2③）。

そして、この個人情報に個人番号[39]が含まれると「特定個人情報」になる（番号2⑧）。なお、番号単体（生存する個人の番号に限る。）であっても特定個人情報に該当する。

「個人情報」が一般法である個人情報保護法上の概念であるのに対し、「特定個人情報」はその特別法である番号法上の概念である。

また、マイナンバーガイドラインでは、「個人番号及び特定個人情報」をあわせて「特定個人情報等」と称しているので[40]、本書においても同様の定義を用いることとする。この用語の意義は、特定個人情報は個人情報であるため生存者の情報に限られるが、特定個人情報等には死者の情報も含まれるということである（個人番号には死者の番号を含む）[41]。

---

[39] ここでいう個人番号とは、「個人番号に対応し、当該個人番号に代わって用いられる番号、記号その他の符号であって、住民票コード以外のものを含む。」（番号2⑧）ものであり、「住民票コードを変換して得られる番号」（番号2⑤）としての個人番号よりも広い概念である。番号法上の保護措置の大半は、この広い概念の個人番号を対象としている。

[40] マイナンバーガイドライン22ページ。

[41] この点、税理士事務所には死者の個人番号も保管されることになると考えられるので「特定個人情報等」という用語の理解は重要である。

それでは、なぜ、特定個人情報という定義が置かれているのであろうか。個人番号を取り扱う行政機関、地方公共団体、独立行政法人、地方独立行政法人等（以下、「行政機関等」という。）や民間事業者では、個人番号は特定個人情報という状態（例えば、源泉徴収票のデータ）で保管されていることがほとんどである。そのため、番号法は、個人番号を取り扱う行政機関等や民間事業者に対して、特定個人情報を適正に取り扱い、安全に管理するよう義務付けているのである。

(3) 個人番号利用事務・個人番号利用事務実施者

　行政機関等が、番号法に規定される社会保障、税及び災害対策に関する特定の事務において、保有している個人情報の検索及び管理のために個人番号を利用する事務のことを「個人番号利用事務」という（番号2⑩）。また、個人番号利用事務を処理する者（個人番号利用事務の全部又は一部の委託を受けた者を含む。）を「個人番号利用事務実施者」という（番号2⑫）。

(4) 個人情報ファイル・特定個人情報ファイル

　「個人情報ファイル」とは、前述の個人情報データベース等（⇒33ページ）であって、行政機関等以外の者が保有するものをいう（番号2④）。

　そして、「特定個人情報ファイル」とは、個人番号をその内容に含む個人情報ファイルをいう（番号2⑨）。

(5) 個人番号関係事務・個人番号関係事務実施者

　個人番号利用事務に関して行われる他人の個人番号を必要な限度で利用して行う事務を「個人番号関係事務」という（番号2⑪）。

　個人番号関係事務のポイントは"他人の個人番号を取り扱う"ということであり、具体的には、事業者が、法令に基づき、従業員など他人の個人番号を源泉徴収票、支払調書、健康保険・厚生年金保険被保険者資格取得届等の書類に記載して、行政機関等（健康保険組合等を含む。）に提出する事務が該当する。また、個人番号関係事務を処理する者を「個人番号関係事務実施者」といい、これには個人番号関係事務の全部又は一部の委託を受けた者が含まれる（番号2⑬）。

(6) 個人番号利用事務等・個人番号利用事務等実施者

　個人番号利用事務又は個人番号関係事務を「個人番号利用事務等」といい

（番号10①括弧内）、個人番号利用事務実施者と個人番号関係事務実施者を併せて、「個人番号利用事務等実施者」という（それぞれ「等」が付いている。番号12括弧内）。

(7) 個人番号関係事務・個人番号利用事務の例とポイント

　個人番号の典型的な流通過程である民－民－官の関係においては、図表2－8のように、従業員等の本人から個人番号を取得して「個人番号関係事務」を処理する民間事業者等が「個人番号関係事務実施者」に該当し、民間事業者等から個人番号の提供を受けて「個人番号利用事務」を処理する行政機関等が「個人番号利用事務実施者」に該当することになる。

　税理士業務においては、通常、クライアントが図表2－8中の個人番号関係事務実施者（民間事業者等）に該当し、税理士等はそのクライアントに係る個人番号関係事務の委託を受けた個人番号関係事務実施者に該当することになる[*42]。

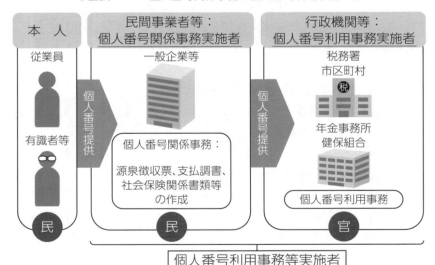

●図表2-8　個人番号関係事務・個人番号利用事務の例

（出典）著者作成

---

*42　45ページで述べたように、個人番号関係事務の全部又は一部の委託を受けた者も個人番号関係事務実施者に含まれる。

❸ 個人番号の概要

(1) 個人番号の構成

個人番号は、既存の住民票コードを変換して得られる11桁の番号プラスその後に付される1桁のチェックデジットから構成される12桁の数字となる。

（※）個人番号のチェックデジットは、個人番号の入力誤りを防止するための検査用数字で、11桁の番号を基礎として総務省令で定める算式により算出される0から9までの整数となる（番号令8、カード省令5）。このチェックデジットにより、例えば、法定調書作成ソフトウェア等のシステムで、誤った12桁の個人番号を入力するとエラー表示されることになり、誤入力が防止される。

(2) 基本4情報

個人番号と関連付けられる基本4情報は、氏名、住所、性別及び生年月日である。

(3) 付番の対象

個人番号が付番される対象者は、日本国内に住民票を有する者である（番号7）。

したがって、国内に在住する日本国民はもちろんのこと、住民基本台帳法（昭和42年法律81条）上、住民票が作成されることとなる日本に90日を超えて滞在する中長期在留者や特別永住者等の外国人についても付番の対象となる。そのため、日本で働いている外国人労働者はもちろんのこと、留学生に

も個人番号が付されているということである。

また、日本国民であっても、海外赴任等により国外に居住している期間は付番の対象外となる（帰国すれば、海外転出前と同じ番号を利用する。）。

(4) 番号生成機関

後述のように、個人番号を指定し通知するのはそれぞれの住所地の市区町村長であるが、11桁の個人番号の生成は、二重付番を防止するために、「地方公共団体情報システム機構」*43（以下「機構」という。）が一括して行う。

この生成の手続として、まず、市区町村長は、個人番号を指定するときは、あらかじめ機構に対し、その指定しようとする者に係る住民票コードを通知して、番号の生成を求める（番号8①）。次に、市区町村長から番号の生成を求められた機構は、次に掲げる要件に該当する番号を生成し、速やかに、市区町村長に対し、通知することとなる（番号8②）。

① 他のいずれの個人番号とも異なること。
② 住民票コードを変換して得られるものであること。
③ 住民票コードを復元することのできる規則性を備えるものでないこと。

(5) 付番時期・通知

付番の時期は、住民票に住民票コードが記載されたときである。市区町村長は、住民票に住民票コードを記載したときは、速やかに、機構から通知された番号をその者の個人番号として指定し、その者に対して、後述の「通知カード」により通知しなければならないこととされている（番号7①）。

もっとも、平成27年10月の番号法施行時に、既に住民票に住民票コードが記載されている者については、その施行日時点における住民票コードにより機構が番号を生成し、市区町村長によって個人番号の指定及び通知が行われた（番号附則3①④）。したがって、番号法が施行された同月5日以降、順次、そ

---

*43 「地方公共団体情報システム機構」は、地方公共団体情報システム機構法（平成25年法律29号）に基づき、地方公共団体が共同で運営する組織として、地方公共団体の情報システムに関する事務を地方公共団体に代わって行うとともに、地方公共団体に対してその情報システムに関する支援を行い、もって地方公共団体の行政事務の合理化及び住民の福祉の増進に寄与することを目的として、平成26年4月1日に設置されている（通称、「J-LIS（ジェイリス。Japan Agency for Local Authority Information Systemsの略）」）。

の時点で日本国内に住民票を有する者全員に通知カードが届いているはずである。

(6) 変更

　個人番号は、生涯一つの番号であり、原則として、一度指定された番号は変更することはできない。ただし、「漏えいして不正に用いられるおそれがあると認められるとき」のみに限って、漏えいが認められた本人の請求又は市区町村長の職権により、個人番号を変更することができる（番号7②、番号令3）。

❹　通知カード・個人番号カード

(1) 通知カード

　個人番号が付番されると住所地の市区町村の委託を受けた機構から「通知カード」が郵送される。

(出典)総務省

　通知カードの券面には、個人番号及び基本4情報（氏名、住所、性別及び生年月日）が記載され、顔写真はない。全ての付番対象者に郵送で送付される（世帯ごとに簡易書留で送付）。後述する個人番号カードの交付を受けるまでの間、有効とされ（個人番号カードの交付を受ける際に通知カードは返納）、勤務先や行政機関の窓口等で、個人番号の提供を求められた際に利用することとなる。

(2) 個人番号カード

「個人番号カード」とは、個人番号が記載された、自分が本人であることを証明するためのカードである[*44]。

① 作成・交付

個人番号カードは、本人の交付申請により、市区町村が作成・交付するものである（番号17①本文）。交付申請書（通知カード送付の際に同封）に本人の顔写真を添付して、原則として、郵送により提出し（返信用封筒に入れて機構に返送）、市区町村窓口で交付（顔写真確認等）を受けることとなる（パソコンやスマートフォンによる申請、及びまちなかに設置されている証明用写真機からの申請も可能。番号令13①②、カード省令20～22）。

(出典)総務省

＊44 個人番号カードは「マイナンバーカード」と呼称されることもあるが、本書では法令に従い「個人番号カード」と表記する。

② 記載事項

　個人番号カードの券面には、個人番号、基本4情報（氏名、住所、生年月日及び性別）及び本人の顔写真（以下「券面記載事項」という。）が記載され、かつ、これらの事項等が記録されたICチップも搭載されている（番号2⑦）。ICチップには、プライバシー性の高い個人情報は記録されない。すなわち、ICチップに記録されるのは、券面記載事項のほか、公的個人認証に係る電子証明書や市区町村が条例で定めた事項等に限られ、地方税や年金といったプライバシー性の高い情報は記録されないということである。

　また、基本4情報及び顔写真はカードの表面に、個人番号は裏面に記載される（前ページのイメージ図参照）。この理由は主として、カードをコピーするときのためである。すなわち、個人番号が記載されていないカードの表面は、一般的な写真付きの身分証明書として利用され、本人の同意等があれば、コピーできる者は制限されない。一方、個人番号が記載されるカードの裏面をコピーできる者は、行政機関や雇用主など、法令で規定された者に限定されることとなる。

③ 利便性

　個人番号カードは、一般的な身分証明書として利用されるほか、番号法に基づく本人確認の措置において利用される。

　また、個人番号カードのICチップに搭載された電子証明書を用いて、e-Taxなどの各種電子申請が行えるようになった[*45]。また、地方公共団体は、個人番号カードを地域住民の利便性の向上に資するものとして条例で定める事務（例えば図書館利用証や印鑑登録証など）に利用することができることとされている（番号18①）。

　さらに、後述するマイナポータルへのログイン手段として、個人番号カードによる公的個人認証に利用される。

---

*45　個人番号カードを利用して、e-Tax等により申告手続等を行う場合は、個人番号カードの電子証明書をe-Tax等に登録する必要がある。また、既に住民基本台帳カードの電子証明書をe-Tax等に登録している場合についても、新たに取得した個人番号カードの電子証明書をe-Taxに再登録する必要がある。

④　変更等の届出

　個人番号カードの記録事項に変更があったときは、その変更があった日から14日以内に、その旨を住所地市区町村長に届け出るとともに、その個人番号カードを提出しなければならない（番号17④）。

　また、個人番号カードを紛失したときは、直ちに、その旨を住所地市区町村長に届け出なければならない（番号17⑤）。

⑤　有効期間・効力

　個人番号カードの有効期限は、20歳以上は10年、20歳未満は5年である（カード省令26①）。この有効期間を満了したり、個人番号カードの交付を受けている者が国外に転出、死亡した場合等は、個人番号カードはその効力を失う（番号17⑥、番号令14）。

❺　法人番号の概要

(1) 利用範囲

　法人には基本的にプライバシー保護の問題はないとの考えから、法人番号については、利用制限はなく、官民を問わず様々な用途で利活用することとされている。法人番号は、個人番号と異なり、その利用範囲に制限がないことから、民間による利活用を促進することにより、番号を活用した新たな価値の創出が期待されている。

(2) 基本3情報

　法人番号と関連付けられる基本3情報は、①商号又は名称（以下「名称」という。）、②本店又は主たる事務所の所在地（以下「所在地」という。）及び③法人番号である。

　なお、個人番号の基本4情報（氏名、住所、性別及び生年月日）に個人番号は含まれていないが、法人番号の基本3情報には法人番号が含まれているので、やや紛らわしい。

(3) 付番

① 法人番号の構成

　法人番号は、12桁の基礎番号プラスその前に付された1桁のチェックデジットから構成される13桁の数字となる（個人番号より1桁多い。番号令35①）。

　設立登記法人の基礎番号は、商業登記簿に記載されている12桁の会社法人等番号となる。また、設立登記法人以外の基礎番号は、財務省令で定める方法により国税庁長官が定める。

〈法人番号13桁〉

チェックデジット（※）

会社法人等番号（設立登記法人）

〔（※）法人番号のチェックデジットは、法人番号をパソコン等に入力するときに誤りのないことを確認するための検査用数字で、基礎番号を基礎として財務省令で定める算式により算出される1から9までの整数となる（番号令35①、法人番号省令2）〕

② 付番の対象

　法人番号は、以下に掲げる法人等に対して、国税庁長官がそれぞれ1つずつ番号を指定し（番号39、番号令37・39①、法人番号省令5）、個人番号と同様に平成27年10月から通知が始まっている。

（イ）　国の機関及び地方公共団体

（ロ）　会社法その他の法令の規定により設立の登記をした法人（以下「設立登記法人」という。）

（ハ）　（イ）（ロ）以外の法人又は人格のない社団等で、以下の届出書を提出することとされているもの

　　イ　給与等の支払をする事務所の開設等の届出書（所税230）

　　ロ　内国普通法人等の設立の届出書（法税148）

　　ハ　外国普通法人となった旨の届出書（法税149）

　　ニ　収益事業の開始等の届出書（法税150）

ホ　消費税課税事業者届出書等（消税57）
(ニ)　(イ)～(ハ) 以外の法人又は人格のない社団等であって、その名称及び所在地その他の一定の事項を国税庁長官に届け出た以下のもの
　　　イ　国税に関する法律の規定に基づき税務署長その他行政機関の長やその職員に申告書等を提出する者又はその者からその申告書等に記載するため必要があるとして法人番号の提供を求められる者
　　　ロ　国内に本店や主たる事務所を有する法人

　　　なお、法人番号は、1つの法人につき1つの番号のみが付されることとなる。
　　　したがって、法人番号は法人の支店や事業所等には付番されないが、独自に任意の番号を1桁追加して支店等を管理することは可能である。

③　公表
　番号の指定を受けた法人の①名称、②所在地及び③法人番号の基本3情報が、国税庁のウェブサイトで公表され、誰でも検索・閲覧することができる（番号39④、番号令41①）。
　また、法人番号の指定を受けた後に、名称又は所在地に変更があった場合や清算の結了又は合併による解散等の事由が生じた場合には、国税庁長官の確認を経て、公表情報が更新され、変更履歴も併せて公表されている（番号令41②③、法人番号省令9～11）。
　以上のことから、設立登記法人の基本3情報については、法人の登記事項証明書（登記簿謄本）を入手することなく容易に確認することが可能となり、名称及び所在地を容易に検索できることとなるので、従来よりも容易に法人の登記事項証明書（登記簿謄本）を取得することができるようになった。
　これに対し、人格のない社団等については、国税庁長官がその代表者又は管理人の同意を得た場合に限り、基本3情報が公表される（番号39④ただし書）。
　なお、一度指定を受けた法人番号は、いかなる理由によっても変更する

ことはできない。

❻　情報連携とマイナポータル

（1）情報連携の概要

16ページで述べたように、各行政機関が保有する個人の情報の紐付けがマイナンバー制度の主たる目的であるから、機関ごとに個人番号で正確に情報の名寄せを行い、その情報を法定の機関間で共用する情報連携の仕組みは、制度の根幹をなす部分である。

情報連携の概要は、図表2-9に示すとおりであるが、個人情報保護（情報漏えいの防止等）の観点から、複雑な仕組みとなっている。以下では、技術的な点には触れず、ポイントのみ述べることとする。

まず、情報連携の第一のポイントは、複数の機関間で情報を紐付け、相互に活用する仕組みであるということである。すなわち、中央の巨大データベースで情報を一元管理するということはせずに、従来それぞれの行政機関が保有していた情報は、引き続き、それぞれの機関で分散管理されるということである。そして、それぞれの機関間での相互活用の手法としては、個人番号そのもので紐付けするということはせずに、情報連携のコアシステムとなる情報提供ネットワークシステム[*46]が機関ごとに別々に振り出す暗号化された符号を用いて、各機関間の紐付けを行い、個人番号が悪用され芋づる式に情報漏えいすることのない仕組みとなっている。このように、情報漏えいの防止に極力配慮されている。

また、平成26年1月に設置された特定個人情報保護委員会から平成28年1月に改組された個人情報保護委員会（⇒62ページ参照）が、この情報連携システム全体に対して、番号法に基づく特定個人情報の適正な取扱いに資するために、システム構築から運用時の段階まで常に監視監督の目を光らせている。

情報提供ネットワークシステムは、平成29年1月より国の行政機関間の情報連携が開始され、平成29年7月を目途に地方公共団体等との連携を開始す

[*46]「情報提供ネットワークシステム」とは、個人番号を用いたオンラインによる情報連携のコアシステムであり（番号2⑭）、総務大臣が個人情報保護委員会と協議して、設置及び管理することとされている（番号21①）。

●図表2-9　情報連携の概要

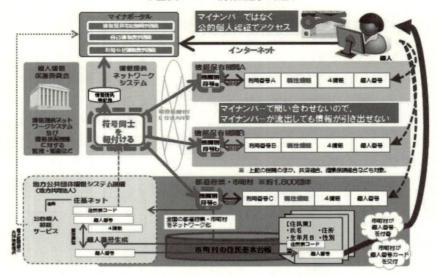

(出典)内閣官房社会保障改革担当室・内閣府大臣官房番号制度担当室作成資料

る予定となっている。

　情報提供ネットワークシステムを通じることとなる機関（情報照会者及び情報提供者）は、番号法別表第二に限定列挙されているが、ここで列挙されている機関は、個人番号の利用範囲で列挙されている機関（⇒43ページ参照）よりも限定されていることに注意を要する。すなわち、国税庁長官は、個人番号の利用者としては列挙されているが（番号別表第一）、情報提供ネットワークシステムを活用した情報連携の主体にはならない（国税庁長官は、番号法別表第二の情報照会者及び情報提供者のいずれにも該当せず。）。つまり、国税庁は、上記の情報提供ネットワークシステムを核とする情報連携には関わらないのである（国税庁は、住民基本台帳ネットワークシステムに接続して住民票情報を活用することは可能）。したがって、例えば、国税庁は、社会保険料控除の対象となる社会保険料の払込額等の情報について、当該事務をつかさどる行政機関等（医療保険者や年金機構等）から情報提供ネットワークシステムを通じて取得することはできない。

(2)　マイナポータル

「マイナポータル」は当初、個人番号を付番された一人ひとりに対しカスタマイズされた情報を提供するウェブサイトである「マイポータル（情報提供等記録開示システム）」と呼ばれ、その後、各種の行政手続や行政情報の提供、官民の連携サービスの提供を目的とした「マイガバメント」と呼ぶ概念が加わったが、平成27年4月にこれらを合わせて正式名称「マイナポータル」に決定した。
　マイナポータルは、当初は平成29年1月に新設される予定であったが、平成27年5月に起きた日本年金機構に対するサイバー攻撃の影響等により、平成29年7月に本格稼動が延期となった。
　マイナポータルは、①情報提供等記録表示、②自己情報表示、③お知らせ情報表示、④民間送達サービスとの連携、⑤子育てワンストップサービス（サービス検索・電子申請機能）及び⑥公金決済サービスの6つの機能を搭載している。マイナポータルは、自宅のパソコンなどで利用することができるが、パソコンを所有しない者にも配慮するため、公的機関等への端末設置も予定されている[47]（図表2-10）。
　マイナポータルへのログイン方法は、個人番号カードによる公的個人認証

●図表2-10　マイナポータルで提供されるサービス

	マイナポータルで提供される具体的なサービスは以下を予定しております。		
A	情報提供等記録表示（やりとり履歴）	情報提供ネットワークシステムを通じた住民の情報のやり取りの記録を確認できる	平成29年より順次サービス開始予定
B	自己情報表示（あなたの情報）	行政機関などが持っている自分の特定個人情報が確認できる	
C	お知らせ	行政機関などから個人に合ったきめ細やかなお知らせを確認できる	
D	民間送達サービスとの連携	行政機関や民間企業等からのお知らせなどを民間の送達サービスを活用して受け取ることができる	
E	子育てワンストップサービス（サービス検索・電子申請機能）	地方公共団体の子育てに関するサービスの検索やオンライン申請ができる	
F	公金決済サービス	マイナポータルのお知らせを使い、ネットバンキング（ペイジー）やクレジットカードでの公金決済ができる	

（出典）内閣官房社会保障改革担当室パンフレット

＊47　内閣官房「よくある質問（FAQ）」A6-2（平成27年4月回答）参照。

(個人番号カードの機械的な読み取り＋パスワード入力）が想定されている。

❼ 個人番号の諸制限

(1) 利用範囲の制限

　前述のように、個人番号は、基本的に、社会保障、税及び災害対策の３分野で利用され、その中でも法律で定められた行政手続と、地方公共団体が条例で定める事務に限られ、これら以外で利用することはできない。

　そして、この制限された利用範囲内で個人番号を利用することができるのは、原則として、個人番号利用事務及び個人番号関係事務に限られる（番号９①～③）。ただし、これらに該当しなくても、①金融機関が激甚災害時に金銭の支払いをする場合、又は②人の生命、身体若しくは財産の保護のために必要のある場合には、例外的に事業者は個人番号を利用することができる（番号９④）。

(2) 特定個人情報ファイルの作成制限

　事業者にとっての「特定個人情報ファイル」とは、個人番号をその内容に含む個人情報データベース等（検索性があり体系的に構成されている個人情報の集合物）のことをいう（番号２④。⇒45ページ）。

　事業者は、特定個人情報ファイルを、原則として、個人番号関係事務を処理するために必要な範囲内でのみ作成することができる（番号29）。必要な範囲を超えて特定個人情報ファイルを作成すると番号法違反になる可能性が高いので、注意すべきである。

　事業者は通常、源泉徴収票、支払調書、健康保険・厚生年金保険被保険者資格取得届等の書類作成事務等の個人番号関係事務で特定個人情報を取り扱うこととなるため、それらの事務を行う範囲内でのみ特定個人情報ファイルを作成することになる。例えば、従業員や取引先を管理する目的で特定個人情報ファイルを作成することはできない。

(3) 提供制限

　特定個人情報は、本人等の判断で誰にでも提供できるものではなく、提供できる場合は、番号法で限定されている（特定個人情報の提供制限。番号19）。

まず、本人又は代理人は、原則として、個人番号利用事務実施者か個人番号関係事務実施者に対してのみ、その本人の個人番号を含む特定個人情報を提供することができる（番号19三）。つまり、自分の個人番号を提供することができるのは、勤務先等の個人番号関係事務実施者か、行政機関等の個人番号利用事務実施者のみということである。

　このいずれにも該当しない者に対して自分の個人番号を提供すると番号法違反になる可能性が高いので、注意が必要である。

　自分の個人番号を誰かに提供するときには、提供先が個人番号利用事務実施者か個人番号関係事務実施者のいずれかに該当しているのかどうかを常に意識すべきである。

　次に、税理士等のクライアントや税理士事務所が該当する個人番号関係事務実施者がその従業員等の個人番号を含む特定個人情報を提供することができるのは、原則としては、①個人番号を記載した書類の提出先である個人番号利用事務実施者と、②特定個人情報の取扱い又は個人番号関係事務の全部又は一部を委託、承継等するときの委託・承継等先（個人番号関係事務の全部又は一部の委託を受けた者も個人番号関係事務実施者となる。）のみである（番号19二・五）。つまり、たとえば、クライアントや税理士事務所（個人番号関係事務実施者）が、上記①にも②にも該当しない者に特定個人情報を提供すると番号法違反になる可能性が高い。

(4) 提供の求め・収集制限

　上記提供制限と同様に、番号法が限定して認めている場合（番号19各号）を除いては、何人も個人番号の提供を求めたり（個人番号の提供の求めの制限。番号15）、特定個人情報を収集してはならない（特定個人情報の収集制限。番号20）。例えば、税理士等のクライアントや税理士事務所が該当する個人番号関係事務実施者が個人番号の提供を求めたり、特定個人情報を収集できるのは、原則として、法定調書の作成等の個人番号関係事務のために必要な場合に限られる。なお、本人が自分の特定個人情報を入手してこれを保管することは、当然認められる。

　ここで、「収集」とは、「集める意思をもって自己の占有におくこと」をい

う*48。そのため例えば、他人の個人番号を記載したメモを受け取ること、他人の個人番号をメモすること、他人の特定個人情報のデータをパソコン等で表示させ書き写すことやプリントアウトすること等が「収集」に該当する。もっとも、特定個人情報の提示を受けただけでは「収集」には当たらない。具体的には、個人番号カードの裏面に記載されている個人番号を見るだけなら問題ないが、その個人番号を書き写したり、コピーしたりすることは収集にあたり、番号法で限定的に明記された場合以外ではしてはならないこととなる。

(5) 保管制限

特定個人情報は、上記の提供・提供の求め・収集制限と同様に、番号法が限定して認めている事務（番号19各号）を行う必要がある場合に限って保管し続けることができる（特定個人情報の保管制限。番号20）。

そのため、個人番号が記載された書類等のうち所管法令によって一定期間保存が義務付けられているものは、その期間に限って保管することとなり、期間経過後、その事務を処理する必要がなくなった場合は、できるだけ速やかに個人番号を削除、又は書類等を廃棄しなければならない。ただし、個人番号部分を復元できない程度にマスキング又は削除した上で他の情報の保管を継続することは可能である。

例えば、年末調整のときに従業員から回収する扶養控除等申告書は、法令上7年間保存することとされていることから（所税則76の3）、当該期間を経過した場合には、当該申告書に記載された個人番号を保管しておく必要はなく、原則として、個人番号が記載された扶養控除等申告書をできるだけ速やかに廃棄するか、扶養控除等申告書の個人番号部分を復元できない程度にマスキング又は削除しなければならない。

また、継続的に保管できる場合の事例として、雇用契約等の継続的な契約関係にある場合には、従業員等から提供を受けた個人番号を給与の源泉徴収事務、健康保険・厚生年金保険届出事務等のために翌年度以降も継続的に利用する必要が認められることから、特定個人情報を継続的に保管できる。

従業員等が休職している場合には、復職が未定であっても雇用契約が継続

---

*48 内閣府大臣官房番号制度担当室『行政手続における特定の個人を識別するための番号の利用等に関する法律【逐条解説】』48ページ。

していることから、特定個人情報を継続的に保管できる。不動産の賃貸借契約等の継続的な契約関係にある場合も同様に、支払調書の作成事務のために継続的に個人番号を利用する必要が認められることから、特定個人情報を継続的に保管できる。

(6) 自己と同一の世帯に属する者への制限の例外

　以上のように、原則として、何人に対しても、個人番号の提供の求めの制限及び収集等の制限の適用があるが、例外的に、子や配偶者等の自己と同一の世帯に属する者に対しては、これらの制限は適用されず、番号法で限定的に明記された場合以外の場合でも、個人番号の提供を求め、収集又は保管することも可能である（番号15、20）。

　なお、国勢調査令（昭和55年政令第98号）2条2項において、「世帯」とは「住居及び生計を共にする者の集まり又は独立して住居を維持する単身者」と定義されるが、番号法においては前者を指すものと解されている[*49]。

[*49] マイナンバーガイドラインQA・A5-1。

Ⅲ 個人情報保護委員会及び認定個人情報保護団体

❶ 個人情報保護委員会

(1) 個人情報保護委員会とは

「個人情報保護委員会」(以下本章において「委員会」という。)は、個人情報(個人番号を含む。)の有用性に配慮しつつ、その適正な取扱いを確保することを目的として(個人情報59)、平成27年改正個人情報保護法に基づき、平成28年1月1日に内閣総理大臣の所轄下に新たに設置された機関である。

委員会の前身は、番号法に基づき平成26年1月1日に設置された特定個人情報保護委員会である。

この個人情報保護委員会の設置により、従来、その事業を管轄する主務大臣が行なっていた個人情報取扱事業者の監督等の個人情報及び個人番号の保護体制が一元化されることになった

(2) 委員会の組織

委員会は、内閣府外局として、独立性の高い第三者機関であって、委員長1名・委員8名（うち4名は非常勤）から成る合計9名の合議制であり、委員長及び委員は独立して職権を行使する（個人情報63①・②、62）。委員長及び委員は、国会同意人事により任命される（個人情報63③）。

(3) 委員会の役割

委員会は、特定個人情報保護委員会が担ってきた個人番号（マイナンバー）の適正な取扱いの確保を図るための業務を全部引き継ぐとともに、新たに個人情報保護法を所管し、個人情報の有用性に配慮しつつ、その適正な取扱いの確保を図るための業務を行う（個人情報60）。

●図表2-11　個人情報保護委員会の業務

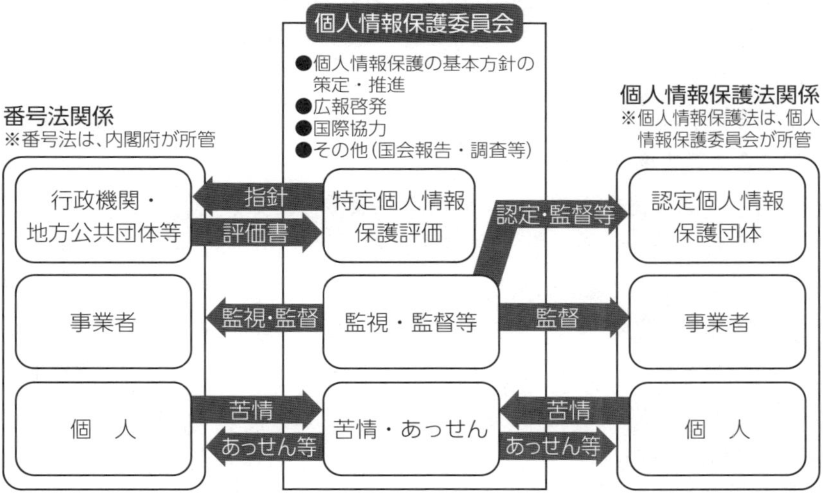

```
                          個人情報保護委員会
                   ●個人情報保護の基本方針の
                     策定・推進
                   ●広報啓発
                   ●国際協力
                   ●その他（国会報告・調査等）

番号法関係                                          個人情報保護法関係
※番号法は、内閣府が所管                              ※個人情報保護法は、個人
                                                  情報保護委員会が所管

┌──────────┐  指針   ┌──────────┐  認定・監督等  ┌──────────┐
│行政機関・  │←──── │特定個人情報│ ──────→ │認定個人情報│
│地方公共団体等│ ────→ │保護評価   │              │保護団体    │
│            │ 評価書  │            │              │            │
└──────────┘         └──────────┘              └──────────┘

┌──────────┐ 監視・監督 ┌──────────┐  監督   ┌──────────┐
│事業者      │←──────│監視・監督等│──────→│事業者      │
└──────────┘            └──────────┘          └──────────┘

┌──────────┐  苦情   ┌──────────┐  苦情   ┌──────────┐
│個　人      │ ────→ │苦情・あっせん│←────│個　人      │
│            │←────│            │ あっせん等│            │
│            │あっせん等│            │          │            │
└──────────┘         └──────────┘          └──────────┘
```

(出所)個人情報保護委員会資料を基に作成

その主な役割としては、個人情報保護法に基づく「個人情報の保護に関する基本方針」の策定・推進等や、個人情報の保護及び適正かつ効果的な活用についての広報・啓発活動の他に、①指導・監督、②勧告・命令、③

立入調査*50、④苦情あっせん等が挙げられる（個人情報61。図表2-11）。

① 指導・監督権限

個人情報保護委員会は、個人情報取扱業者に対して、個人情報の取扱いに関し必要な指導及び助言をすることができる（個人情報41）。

これについては、従わなかったとしても罰則は科されない。

② 勧告・命令権限

個人情報保護委員会は、個人情報取扱業者が個人情報保護法の各規定に違反している場合には、その個人情報取扱業者に対して、その違反行為の中止その他違反を是正するための措置をとるべき旨を勧告することができる（個人情報42①）。

この勧告に個人情報取扱業者が従わなかった場合において、個人の重大な権利利益の侵害が切迫していると認めるときは、個人情報保護委員会は、個人情報取扱業者に対して、その勧告にかかる措置をとるべきことを命じることができる（個人情報42②）*51。

この命令は行政命令であり、違反には行政罰がある（個人情報84）。

③ 立入調査権限

個人情報保護委員会は、個人情報取扱業者及び匿名加工情報取扱業者（⇒321ページ参照）に対して、その義務を守らせる等の必要がある場合には、必要な報告又は資料の提出を求めたり、その個人情報取扱業者等の事務所等に立入りをして、質問や帳簿書類等の検査をしたりすることができる（個人情報40）。この権限は、政令で定める事情があれば、事業所管大臣に委任することができる（個人情報44①、個人情報令12）。

④ 苦情あっせん等

その他、個人情報保護委員会は、特定個人情報の取扱い等に関する苦情

---

*50 ただし、これら①ないし③の権限行使も表現の自由、学問の自由等を妨げてはならないこととされており（個人情報43①）、また、個人情報取扱業者が、新聞社、報道機関、大学などに個人情報等を提供する場合には、権限を行使しないものとされている（個人情報43②）。

*51 さらに、この命令にも従わない場合で、個人の重大な権利利益を害する事実があるため、緊急に措置をとる必要があると認めるときには、緊急措置を命ずることができる（個人情報42③）。これに対しても違反には行政罰がある（個人情報84）。

の申出についての必要なあっせんを行うため、苦情あっせん相談窓口を設置して相談を受け付けており、また、個人情報保護法の解釈や制度一般に関する疑問に関して、問合せ窓口を設置して質問を受け付けている。

❷ 認定個人情報保護団体

「認定個人情報保護団体」とは、個人情報取扱事業者等の個人情報等の適正な取扱いの確保を目的として、支援業務等を行おうとする民間団体で、個人情報保護委員会の認定を受けたものをいう（個人情報47①）。

具体的には、一定の業界に関して、個人情報保護指針の策定等の指導を行なったり、また、その業界の属する個人情報取扱事業者が、顧客から苦情を受けたような場合に、事業者と顧客の調整を行なったりする形で業務を行なっている。

改正前においては、この団体の苦情処理業務に対して、報告や是正を命じたりすることになっていたが、前述のように、今回の改正により、個人情報保護委員会が直接個人情報取扱業者を指導・監督する権限を持つことになった。

よって、今後、個人情報取扱事業者は、二重の監督を受けることになる。

第3章

個人情報の取得及び利用に関する注意点

Ⅰ 個人情報の取得

❶ 利用目的の特定

　個人情報取扱事業者は、個人情報を取り扱うときは、その利用の目的（以下「利用目的」という。）をできる限り特定しなければならない（個人情報15①）[*1]。

　ここで、「利用」とは、取得及び廃棄を除く全般を意味し、保管しているだけでも利用に該当するとされる[*2]。

　また、「できる限り特定しなければならない。」について、個人情報ガイドライン（通）は、「利用目的の特定に当たっては、利用目的を単に抽象的、一般的に特定するのではなく、個人情報が個人情報取扱事業者において、最終的にどのような事業の用に供され、どのような目的で個人情報を利用されるのかが、本人にとって一般的かつ合理的に想定できる程度に具体的に特定することが望ましい。」としており、さらに、「定款等に規定されている事業の内容に照らして、個人情報によって識別される本人からみて、自分の個人情報が利用される範囲が合理的に予想できる程度に特定されている場合や業種を明示することで利用目的の範囲が想定される場合には、これで足りるとされることもあり得るが、多くの場合、業種の明示だけでは利用目的をできる限り具体的に特定したことにはならないと解される。」としている[*3]。

　個人情報ガイドライン（通）に挙げられている具体例は次のとおりである[*4]。

[*1] 特定個人情報を取得するに当たっても、利用目的を特定する必要があるが、個人番号は、あらかじめ限定的に定められた事務の範囲の中から具体的な利用目的を特定することになる（番号9）。
[*2] 個人情報ガイドラインQA・A2-3
[*3] 個人情報ガイドライン（通）26ページ。
[*4] 個人情報ガイドライン（通）26ページ。

> 【具体的に利用目的を特定している事例】
> 　事業者が商品の販売に伴い、個人から氏名・住所・メールアドレス等を取得するに当たり、「〇〇事業における商品の発送、関連するアフターサービス、新商品・サービスに関する情報のお知らせのために利用いたします。」等の利用目的を明示している場合
>
> 【具体的に利用目的を特定していない事例】
> ①「事業活動に用いるため」
> ②「マーケティング活動に用いるため」

　税理士等の場合、税理士法上の業務が定められており（税理士2、2の2）、その限りにおいて利用目的の範囲も想定されると考えられるが、「税務代理」、「税務書類の作成」等の記載程度はすべきものと考えられる。

❷　利用目的による制限

(1) 原則

　個人情報取扱事業者は、原則として、あらかじめ本人[*5]の同意を得ないで、前項により特定された利用目的の達成に必要な範囲を超えて、個人情報を取り扱ってはならない（個人情報16①）[*6]。

　個人情報ガイドライン（通）では、本人からの同意を得る方法としては、以下の例が挙げられている[*7]。

> 【本人の同意を得ている事例】
> ①　本人からの同意する旨の口頭による意思表示
> ②　本人からの同意する旨の書面（電磁的記録を含む。）の受領
> ③　本人からの同意する旨のメールの受信
> ④　本人による同意する旨の確認欄へのチェック
> ⑤　本人による同意する旨のホームページ上のボタンのクリック

[*5]　「本人」とは、個人情報によって識別される特定の個人のことをいう（個人情報2⑧）。すなわち、その個人情報の主体となる者である。

[*6]　ただし、当該同意を得るために個人情報を利用すること（メールの送信や電話をかけること等）は、当初特定した利用目的として記載されていない場合でも、目的外利用には該当しない（個人情報ガイドライン（通）28ページ）。
　　また、特定個人情報の場合は、本人の同意があったとしても、利用目的を超えて利用することはできない（番号29③）。

[*7]　個人情報ガイドライン（通）24ページ。

Ⅰ　個人情報の取得

⑥　本人による同意する旨の音声入力、タッチパネルへのタッチ、ボタンやスイッチ等による入力

　税理士等が、税理士業務において、特定された利用目的外の取扱いをすることはあまり考えられないが、する場合には、記録に残す関係上、②の方法によることが通常であろう。

(2) 例外

　利用目的による制限には例外があり、まず、合併その他の事由により他の個人情報取扱事業者から事業を承継することに伴って個人情報を取得した場合は、あらかじめ本人の同意を得ないで、承継前における当該個人情報の利用目的の達成に必要な範囲であれば、当該個人情報を取り扱うことができる（個人情報16②）。

　税理士等においても、事務所の合併や事業承継はあり得るので、その場合は、この例外事由に該当する。ただし、いわゆるワンストップサービス等の、税理士等が他の士業等とグループを形成するような場合は、第三者提供の問題（第7章（⇒291ページ）参照）になると考えられる。

　また、以下の場合についても、制限の例外とされており、法令に基づく場合は、個人情報保護法16条1項又は2項の適用を受けず、あらかじめ本人の同意を得ることなく、特定された利用目的の達成に必要な範囲を超えて個人情報を取り扱うことができる（個人情報16③）。

①　法令に基づく場合
②　人の生命、身体又は財産の保護のために必要がある場合であって、本人の同意を得ることが困難であるとき[*8]
③　公衆衛生の向上又は児童の健全な育成の推進のために特に必要がある場合であって、本人の同意を得ることが困難であるとき
④　国の機関若しくは地方公共団体又はその委託を受けた者が法令の定める事務を遂行することに対して協力する必要がある場合であって、本人

---

*8　ここで「本人の同意を得ることが困難なとき」とは、本人の連絡先が不明等により、本人に同意を求めるまでもなく本人の同意を得ることが物理的にできない場合や、本人の連絡先の特定のための費用が極めて膨大で時間的余裕がない等の場合とされる（下記③の場合も同様。個人情報ガイドラインQA・A2-11）。

の同意を得ることにより当該事務の遂行に支障を及ぼすおそれがあるとき

このうち、まず、①に当たる例として、個人情報ガイドライン（通）は、以下の例を挙げている[*9]。

【①に当たる例】
イ　警察の捜査関係事項照会に対応する場合（刑訴197②）
ロ　裁判官の発する令状に基づく捜査に対応する場合（刑訴218）
ハ　税務署の所得税等に関する調査に対応する場合（税通74の2他）
ニ　製造・輸入事業者が消費生活用製品安全法（昭和48年法律31号）39条1項の規定による危害防止命令を受けて製品の回収等の措置をとる際に、販売事業者が、同法38条3項の規定に基づき製品の購入者等の情報を当該製造・輸入事業者に提供する場合
ホ　弁護士会からの照会に対応する場合（弁護23の2）

また、④について、個人情報ガイドライン（通）は以下の例を挙げている[*10]。

【④に当たる例】
イ　事業者が税務署又は税関の職員等の任意の求めに応じて個人情報を提出する場合
ロ　事業者が警察の任意の求めに応じて個人情報を提出する場合
ハ　一般統計調査や地方公共団体が行う統計調査に回答する場合

税理士等については、まず上記の①ハ及び④イが直接関係するが、場合によっては、その他の例に関係する場合もあり得るので、利用目的による制限の例外であることは認識しておく必要がある[*11]。

[*9] 個人情報ガイドライン（通）29ページ。
[*10] 個人情報ガイドライン（通）31ページ。
[*11] その他、②の例外においても、①事業者間において、暴力団等の反社会的勢力情報、振り込め詐欺に利用された口座に関する情報、意図的に業務妨害を行う者の情報について共有する場合（個人情報ガイドライン（通）30ページ事例3）、②不正送金等の金融犯罪被害の事実に関する情報を、関連する犯罪被害の防止のために、他の事業者に提供する場合（同事例6）等についても税理士等が関係する可能性が全くないわけではないと思われる。

❸ 利用目的の変更

　個人情報取扱事業者は、変更前の利用目的と関連性を有すると合理的に認められる範囲を超えて変更を行ってはならない（個人情報15②）。

　これは、平成27年改正前は「相当の関連性」と規定されていたのが、単なる「関連性」と変更されたものであるが、これにより、一般的な消費者等からみて合理的な関連性のある範囲内において、利用目的の変更を柔軟かつ適時に可能とするものとされている[*12]。

　ここで、合理性が認められる範囲とは、変更後の利用目的が変更前の利用目的からみて、社会通念上、本人が通常予期し得る限度と客観的に認められる範囲内とされ、本人の主観や事業者の恣意的な判断によるものではなく、一般人の判断において、当初の利用目的と変更後の利用目的を比較して予期できる範囲をいい、当初特定した利用目的とどの程度の関連性を有するかを総合的に勘案して判断されるものとされている[*13]。

　利用目的を変更した場合は、変更された利用目的について、本人に通知し、又は公表しなければならない（個人情報18③）[*14][*15]。

　よって、実際に利用目的を変更する場合の流れは次頁図表3-1のようになると思われる。

❹ 適正な方法による取得

（1）個人情報の取得

　個人情報取扱事業者は、偽りその他不正の手段により個人情報を取得してはならない（個人情報17①）。

[*12] 個人情報ガイドラインQA・A2-8。
[*13] 個人情報ガイドライン（通）27ページ。
[*14] 利用目的の変更通知は、変更後の利用目的を通知することで足りるが、わかりやすさの観点からは、当初特定した利用目的のどの点がどのように変わったのか示すことが望ましいとされている（個人情報ガイドラインQA・A2-7）。
[*15] 特定個人情報についても、当初の利用目的と関連性があると合理的に認められる範囲内で利用目的を変更して、本人への通知等を行うことにより、変更後の利用目的の範囲内で利用することができる。

●図表3-1　利用目的を変更する場合の流れ

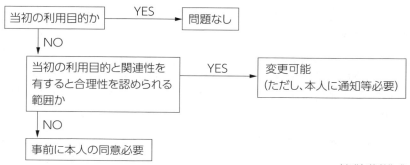

(出典) 著者作成

　個人情報ガイドライン（通）では、不正の手段の例として、以下のものが挙げられている[16]。

【個人情報取扱事業者が不正の手段により個人情報を取得している事例】
① 十分な判断能力を有していない子供や障害者から、取得状況から考えて関係のない家族の収入事情などの家族の個人情報を、家族の同意なく取得する場合
② 法第23条第1項に規定する第三者提供制限違反をするよう強要して個人情報を取得する場合
③ 個人情報を取得する主体や利用目的等について、意図的に虚偽の情報を示して本人から個人情報を取得する場合
④ 他の事業者に指示して不正の手段で個人情報を取得させ、当該他の事業者から個人情報を取得する場合
⑤ 法第23条第1項に規定する第三者提供制限違反がされようとしていることを知り、又は容易に知ることができるにもかかわらず、個人情報を取得する場合
⑥ 不正の手段で個人情報が取得されたことを知り、又は容易に知ることができるにもかかわらず、当該個人情報を取得する場合

　適正な方法により個人情報を取得することは、当然の前提とも言え、税理士等については、通常業務を行うに際し、偽りその他不正な手段による取得となる可能性はまずないはずである。

　ただし、クライアント開拓等のために、名簿業者やリサーチ業者から名簿を取得するような場合に、もし、不正の手段で個人情報が取得されたことを知り、

---

[16] 個人情報ガイドライン（通）31-32ページ。

又は容易に知ることができるにもかかわらず、当該個人情報を取得するときは、上記⑥の事例に当たり、当該条項違反となるので、注意が必要である。

(2) 要配慮個人情報の取得

原則として、あらかじめ本人の同意を得ないで、要配慮個人情報（⇒31ページ）を取得してはならない（個人情報17②柱書）*17。

ただし、この場合の例外として以下に掲げるものが定められている（個人情報17②各号、個人情報令7）。

① 法令に基づく場合
② 人の生命、身体又は財産の保護のために必要がある場合であって、本人の同意を得ることが困難であるとき
③ 公衆衛生の向上又は児童の健全な育成の推進のために特に必要がある場合であって、本人の同意を得ることが困難であるとき
④ 国の機関若しくは地方公共団体又はその委託を受けた者が法令の定める事務を遂行することに対して、事業者が協力する必要がある場合であって、本人の同意を得ることにより当該事務の遂行に支障を及ぼすおそれがあるとき
⑤ 当該要配慮個人情報が、本人、国の機関、地方公共団体、法76条1項各号に掲げる者*18その他個人情報保護委員会規則で定める者により公開されている場合
⑥ 本人を目視し、又は撮影することにより、その外形上明らかな要配慮個人情報を取得する場合
⑦ 個人情報保護法23条5項各号に掲げる場合において、個人データである要配慮個人情報の提供を受けるとき

＊17 平成27年改正法施行前に適法に取得した個人情報が施行後に要配慮個人情報に該当したとしても、改めて取得のための本人同意を得る必要はない（個人情報ガイドラインQA・A3-5）。ただし、平成27年改正法施行後に要配慮個人情報に該当することとなった場合、施行後はオプトアウトによる第三者提供は認められない（個人情報ガイドラインQA・A3-6）。
＊18 個人情報保護法76条1項各号に掲げられているのは、放送機関、報道機関、著述業、学術研究機関、宗教団体、政治団体等である。

Ⅱ 利用目的の通知・公表等

❶ 利用目的の通知・公表等

　個人情報取扱事業者は、個人情報を取得した場合は、あらかじめその利用目的を公表している場合を除き、速やかに、その利用目的を、本人に通知し、又は公表しなければならない（個人情報18①）[19]。

　これは、後述するように本人から対面等で取得する場合とは限らない。
　本人に通知又は公表が必要な場合の事例として、個人情報ガイドライン（通）では、以下のものが挙げられている[20]。

【本人への通知又は公表が必要な事例】
① インターネット上で本人が自発的に公にしている個人情報を取得した場合（単に閲覧しただけの場合を除く。）
② インターネット、官報、職員録等から個人情報を取得した場合（単に閲覧しただけの場合を除く。）
③ 個人情報の第三者提供を受けた場合

　「通知」とは、本人に直接知らしめることをいい、事業の性質及び個人情報の取扱状況に応じ、内容が本人に認識される合理的かつ適切な方法によらなければならない。この具体例として、個人情報ガイドライン（通）では、以下のものが挙げられている[21]。

【本人への通知に該当する事例】
① ちらし等の文書を直接渡すことにより知らせること。
② 口頭又は自動応答装置等で知らせること。
③ 電子メール、FAX等により送信し、又は文書を郵便等で送付することにより知らせること。

---

[19] 特定個人情報を取得するに当たっても、当然に利用目的の本人への通知または公表を行う必要がある。
[20] 個人情報ガイドライン（通）36ページ。
[21] 個人情報ガイドライン（通）23ページ。

また、「公表」とは、広く一般に自己の意思を知らせること（不特定多数の人々が知ることができるように発表すること）をいい、これも、事業の性質及び個人情報の取扱状況に応じ、合理的かつ適切な方法によらなければならないという点では、「通知」と同様である。
　具体例として、個人情報ガイドライン（通）では、以下のものが挙げられている[22]。

【公表に該当する事例】
① 　自社のウェブサイトのトップページから1回程度の操作で到達できる場所への掲載
② 　自社の店舗や事務所等、顧客が訪れることが想定される場所におけるポスター等の掲示、パンフレット等の備置き・配布
③ 　（通信販売の場合）通信販売用のパンフレット・カタログ等への掲載

　「通知」と「公表」は、「又は」でつながれているので、どちらか一方で良いことになっている。
　税理士等においては、ウェブサイトを開設していれば、上記公表方法の①で足り、開設していなければ、上記通知方法の①の方法によることになるものと思われる。

❷　直接取得の場合の利用目的の明示

　上記❶にかかわらず、個人情報取扱事業者は、本人との間で契約を締結することに伴って契約書等の書面（電磁的記録を含む。）に記載されたその本人の個人情報を取得する場合や本人から直接書面に記載されたその本人の個人情報を取得する場合は、あらかじめ、本人に対し、その利用目的を明示しなければならない（個人情報18②本文）[23]。
　これは、上記❶とは異なり、本人から直接取得する場合には、明示による説明により、本人に提供に関する適正判断の機会を与えようとするものである[24]。

＊22　個人情報ガイドライン（通）23ページ。
＊23　特定個人情報を取得するに当たっても、利用目的の本人への明示を行う必要がある。
＊24　口頭による取得の場合は、上記❶（個人情報18①）に該当する。

明示が必要な場合の例として、個人情報ガイドライン（通）では、以下のものを挙げている[*25]。

【あらかじめ本人に対し、その利用目的を明示しなければならない事例】
① 本人の個人情報が記載された申込書・契約書等を本人から直接取得する場合
② アンケートに記載された個人情報を直接本人から取得する場合
③ 自社が主催するキャンペーンへの参加希望者が、参加申込みのために自社のホームページの入力画面に入力した個人情報を直接本人から取得する場合

「明示」とは、本人に対し、その利用目的を明確に示すことをいい、これも、事業の性質及び個人情報の取扱状況に応じ、合理的かつ適切な方法によらなければならないという点では、「通知」・「公表」と同様である。

具体例として、個人情報ガイドライン（通）では、以下のものを挙げている[*26]。

【利用目的の明示に該当する事例】
① 利用目的を明記した契約書その他の書面を相手方である本人に手渡し、又は送付する場合
② ネットワーク上において、利用目的を、本人がアクセスした自社のウェブサイト上に明示し、又は本人の端末装置上に表示する場合

これらのいずれの場合も、本人が実際に利用目的を確認できるよう（ネットワーク上の場合、本人が送信ボタン等をクリックする前等にその利用目的が本人の目に留まるよう）留意することが望ましいとされている[*27]。

なお、この明示は、人の生命、身体又は財産の保護のために緊急に必要がある場合は不要である（個人情報18②ただし書）[*28]。

また、前述のように、個人情報取扱事業者は、利用目的を変更した場合は、変更された利用目的について、本人に通知し、又は公表しなければならない（個人情報18③）。

[*25] 個人情報ガイドライン（通）37ページ。
[*26] 個人情報ガイドライン（通）37～38ページ。
[*27] 個人情報ガイドライン（通）38ページ。
[*28] この場合についても、上記❶（個人情報18①）に該当する。

❸ 利用目的の通知等の例外

今まで説明してきた利用目的の通知、公表及び明示については、次に掲げる場合については、適用されない（個人情報18④）。

　ア　利用目的を本人に通知し、又は公表することにより本人又は第三者の生命、身体、財産その他の権利利益を害するおそれがある場合
　イ　利用目的を本人に通知し、又は公表することにより当該個人情報取扱事業者の権利又は正当な利益を害するおそれがある場合
　ウ　国の機関又は地方公共団体が法令の定める事務を遂行することに対して協力する必要がある場合であって、利用目的を本人に通知し、又は公表することにより当該事務の遂行に支障を及ぼすおそれがあるとき。
　エ　取得の状況からみて利用目的が明らかであると認められる場合

このうち、アからウまでは、通知等することでかえって問題等が生じてしまう場合であるが、エの場合については、個人情報ガイドライン（通）では、具体例として、以下のものが挙げられている[29]。

【取得の状況からみて利用目的が明らかに該当する場合】
① 商品・サービス等を販売・提供するに当たって住所・電話番号等の個人情報を取得する場合で、その利用目的が当該商品・サービス等の販売・提供のみを確実に行うためという利用目的であるような場合
② 一般の慣行として名刺を交換する場合、書面により、直接本人から、氏名・所属・肩書・連絡先等の個人情報を取得することとなるが、その利用目的が今後の連絡のためという利用目的であるような場合（ただし、ダイレクトメール等の目的に名刺を用いることは自明の利用目的に該当しない場合があるので注意を要する。）

＊29　個人情報ガイドライン（通）40ページ。

第4章

個人番号の取得と

本人確認

企業や税理士等の事業者は、源泉徴収票、支払調書、健康保険・厚生年金保険被保険者資格取得届等の書類作成事務等の個人番号関係事務を処理するために、必要な範囲内において、従業員や有識者等から個人番号を収集しなければならない。

　そして、事業者（個人番号関係事務実施者）が本人から個人番号の提供を受けるときは、他人の個人番号を提供する成りすまし行為を防止するために、法令の規定による一定の本人確認の措置をとらなければならない（図表4-1。番号16、番号令12、番号則1～4・6～11）。

　そこで本章では、事業者が従業員や有識者等から個人番号を収集する具体的な手法と、その際に講じなければならない本人確認の手法等について解説する。また、税理士等がクライアントから個人番号を取得する際の本人確認の必要性等についても、併せて解説することとする。

●図表4-1　事業者による個人番号の収集と本人確認

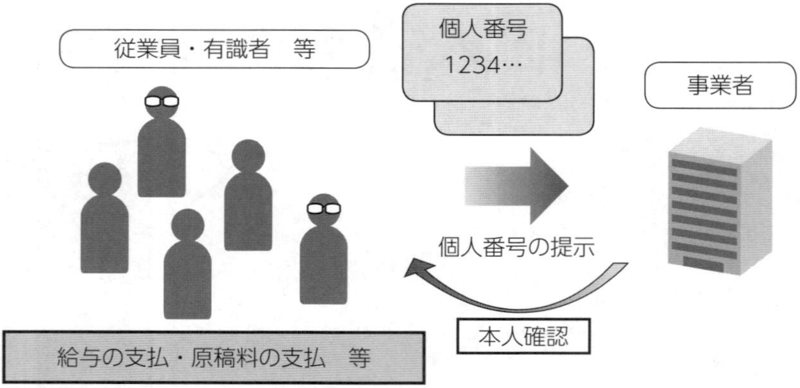

（出典）著者作成

Ⅰ 個人番号取得の際の本人確認

　本人確認の目的は、前述のように、他人の個人番号を提供する成りすまし行為を防止するためである。

　早くから番号制度を取り入れているアメリカ（1936年に導入された社会保障番号制度（Social Security number, SSN））では、情報流出による成りすまし被害が多発し、社会問題となっている。そうした不正を防ぐために本人確認は必要なのであり、マイナンバー制度において最も重要な措置の一つということができる。

❶　本人確認の手法

　本人確認の手続は、まず、①本人から個人番号の提供を受ける場合と②本人の代理人から個人番号の提供を受ける場合に大別される。

本人確認 ┬ ①本人による本人確認
　　　　 └ ②代理人による本人確認

　本人確認は、番号法施行規則において、図表4-2のように様々な手法が認められている。

　また、番号法施行規則では、本人確認の例外的な一定の手法について、個人番号利用事務実施者に判断を委ねている（番号則1①三、3①四・⑤等）。これを受けて、国税分野の個人番号利用事務実施者である国税庁は、「行政手続における特定の個人を識別するための番号の利用等に関する法律施行規則に基づく国税関係手続に係る個人番号利用事務実施者が適当と認める書類等を定める件（平成27年国税庁告示第2号（最終改正：平成28年5月25日・国税庁告示第10号）。以下「国税庁告示2号」という。）」を定め、本人確認の例外的な様々な手法を詳細に示している。国税庁は、『国税分野における番号法に基づく本人確認方法【事業者向け】』（平成28年5月。以下「国税分野における本人確認」という。）を公表し、国税庁告示第2号の内容について、

●図表4-2　本人確認の措置

【Ⅰ.本人から個人番号の提供を受ける場合】
(1) 対面・郵送(注1)

番号確認	① 個人番号カード【法16】
	② 通知カード【法16】
	③ 個人番号が記載された住民票の写し・住民票記載事項証明書【令12①】
	④ ①から③までが困難であると認められる場合【則3①】 ア　地方公共団体情報システム機構への確認(個人番号利用事務実施者) イ　都道府県知事保存本人確認情報の確認(都道府県知事) ウ　住民基本台帳の確認(市町村長) エ　過去に本人確認の上、特定個人情報ファイルを作成している場合には、当該特定個人情報ファイルの確認。 オ　官公署又は個人番号利用事務実施者・個人番号関係事務実施者から発行・発給された書類その他これに類する書類であって個人番号利用事務実施者が適当と認める書類(ⅰ個人番号、ⅱ氏名、ⅲ生年月日又は住所が記載されているもの)
身元(実存)確認	① 個人番号カード【法16】
	② 運転免許証、運転経歴証明書、旅券、身体障害者手帳、精神障害者保健福祉手帳、療育手帳、在留カード、特別永住者証明書【則1①一、則2一】
	③ 官公署から発行・発給された書類その他これに類する書類であって、写真の表示等の措置が施され、個人番号利用事務実施者が適当と認めるもの(ⅰ氏名、ⅱ生年月日又は住所が記載されているもの)【則1①二、則2二】
	④ ①から③までが困難であると認められる場合は、以下の書類を2つ以上【則1①三、則3②】 ア　公的医療保険の被保険者証、年金手帳、児童扶養手当証書、特別児童扶養手当証書 イ　官公署又は個人番号利用事務実施者・個人番号関係事務実施者から発行・発給された書類その他これに類する書類であって個人番号利用事務実施者が適当と認めるもの(ⅰ氏名、ⅱ生年月日又は住所が記載されているもの)
	⑤ ①から③までが困難であると認められる場合であって、財務大臣、国税庁長官、都道府県知事又は市町村長が租税に関する事務において個人番号の提供を受けるときは、以下のいずれかの措置をもって④に代えることができる。【則1③、則3③】 ア　公的医療保険の被保険者証、年金手帳、児童扶養手当証書、特別児童扶養手当証書のいずれか1つ イ　申告書等に添付された書類であって、本人に対し一に限り発行・発給された書類又は官公署から発行・発給された書類に記載されているⅰ氏名、ⅱ生年月日又は住所の確認 ウ　申告書等又はこれと同時に提出される口座振替納付に係る書面に記載されている預貯金口座の名義人の氏名、金融機関・店舗、預貯金の種別・口座番号の確認 エ　調査において確認した事項等の個人番号の提供を行う者しか知り得ない事項の確認 オ　アからエまでが困難であると認められる場合であって、還付請求でないときは、過去に本人確認の上で受理している申告書等に記載されている純損失の金額、雑損失の金額その他申告書等を作成するに当たって必要となる事項又は考慮すべき事情であって財務大臣等が適当と認めるものの確認
	⑥ 個人番号の提供を行う者と雇用関係にあること等の事情を勘案し、人違いでないことが明らかと個人番号利用事務実施者が認めるときは、身元(実存)確認書類は要しない。【則3⑤】

(2) オンライン

番号確認	①	個人番号カード（ＩＣチップの読み取り）【則4一】
	②	以下のいずれかの措置 ア　地方公共団体情報システム機構への確認（個人番号利用事務実施者）【則4二イ】 イ　都道府県知事保存本人確認情報の確認（都道府県知事）【則4二イ】 ウ　住民基本台帳の確認（市町村長）【則4二イ】 エ　過去に本人確認の上、特定個人情報ファイルを作成している場合には、当該特定個人情報ファイルの確認【則4二イ】 オ　官公署若しくは個人番号利用事務実施者・個人番号関係事務実施者から発行・発給された書類その他これに類する書類であって個人番号利用事務実施者が適当と認める書類（ⅰ個人番号、ⅱ氏名、ⅲ生年月日又は住所が記載されているもの）若しくはその写しの提出又は当該書類に係る電磁的記録の送信【則4二ロ】 ※通知カードの写しを別途郵送・ＰＤＦファイルの添付送信などを想定。
身元(実存)確認	①	個人番号カード（ＩＣチップの読み取り）【則4一】
	②	公的個人認証による電子署名【則4二ハ】
	③	個人番号利用事務実施者が適当と認める方法【則4二ニ】
	※	民間発行の電子署名、個人番号利用事務実施者によるＩＤ・ＰＷの発行などを想定。

(3) 電話 (注1)

番号確認	①	過去に本人確認の上作成している特定個人情報ファイルの確認【則3①五】
	②	地方公共団体情報システム機構への確認（個人番号利用事務実施者）【則3①一】
	③	都道府県知事保存本人確認情報の確認（都道府県知事）【則3①二・三】
	④	住民基本台帳の確認（市町村長）【則3①四】
身元(実存)確認	○	本人しか知り得ない事項その他の個人番号利用事務実施者が適当と認める事項の申告【則3④】
	※	給付の受取先金融機関名等の複数聴取などを想定。

【Ⅱ．本人の代理人から個人番号の提供を受ける場合】

(1) 対面・郵送 (注2)

代理権の確認	①	法定代理人の場合は、戸籍謄本その他その資格を証明する書類【則6①一】
	②	任意代理人の場合には、委任状【則6①二】
	③	①②が困難であると認められる場合には、官公署又は個人番号利用事務実施者・個人番号関係事務実施者から本人に対し一に限り発行・発給された書類その他の代理権を証明するものとして個人番号利用事務実施者が適当と認める書類【則6①三】 ※　本人の健康保険証などを想定。
代理人の身元(実存)の確認	①	代理人の個人番号カード、運転免許証、運転経歴証明書、旅券、身体障害者手帳、精神障害者保健福祉手帳、療育手帳、在留カード、特別永住者証明書【則7①一】
	②	官公署から発行・発給された書類その他これに類する書類であって、写真の表示等の措置が施され、個人番号利用事務実施者が適当と認めるもの（ⅰ氏名、ⅱ生年月日又は住所が記載されているもの）【則7①二】
	②'	法人の場合は、登記事項証明書その他の官公署から発行・発給された書類及び現に個人番号の提供を行う者と当該法人との関係を証する書類その他これらに類する書類であって個人番号利用事務実施者が適当と認める書類（ⅰ商号又は名称、ⅱ本店又は主たる事務所の所在地が記載されているもの）【則7②】

	③ ①②が困難であると認められる場合は、以下の書類を２つ以上【則９①】 　ア　公的医療保険の被保険者証、年金手帳、児童扶養手当証書、特別児童扶養手当証書 　イ　官公署又は個人番号利用事務実施者・個人番号関係事務実施者から発行・発給された書類その他これに類する書類であって個人番号利用事務実施者が適当と認めるもの（ⅰ氏名、ⅱ生年月日又は住所が記載されているもの） ④ ①②が困難であると認められる場合であって、財務大臣、国税庁長官、都道府県知事又は市町村長が代理人たる税理士等から租税に関する事務において個人番号の提供を受けるときは、税理士名簿等の確認をもって③に代えることができる。【則９②】 ⑤ 個人番号の提供を行う者と雇用関係にあること等の事情を勘案し、人違いでないことが明らかと個人番号利用事務実施者が認めるときは、身元（実存）確認書類は要しない【則９④】
本人の番号確認	① 本人の個人番号カード又はその写し【則８】 ② 本人の通知カード又はその写し【則８】 ③ 本人の個人番号が記載された住民票の写し・住民票記載事項証明書又はその写し【則８】 ④ ①から③までが困難であると認められる場合 　ア　地方公共団体情報システム機構への確認（個人番号利用事務実施者）【則９⑤一】 　イ　都道府県知事保存本人確認情報の確認（都道府県知事）【則９⑤二・三】 　ウ　住民基本台帳の確認（市町村長）【則９⑤四】 　エ　過去に本人確認の上特定個人情報ファイルを作成している場合には、当該特定個人情報ファイルの確認【則９⑤五】 　オ　官公署又は個人番号利用事務実施者・個人番号関係事務実施者から発行・発給された書類その他これに類する書類であって個人番号利用事務実施者が適当と認める書類（ⅰ個人番号、ⅱ氏名、ⅲ生年月日又は住所が記載されているもの）【則９⑤六】

(2) オンライン

代理権の確認	○ 本人及び代理人のⅰ氏名、ⅱ生年月日又は住所並びに代理権を証明する情報の送信を受けることその他の個人番号利用事務実施者が適当と認める方法【則10一】 ※ 電子的に作成された委任状、代理人の事前登録などを想定。
代理人の身元（実存）の確認	○ 代理人の公的個人認証による電子署名の送信を受けることその他の個人番号利用事務実施者が適当と認める方法【則10二】 ※ 公的公人認証による電子署名のほか民間による電子署名、個人番号利用事務実施者によるＩＤ・ＰＷの発行などを想定。
本人の番号確認	① 地方公共団体情報システム機構への確認（個人番号利用事務実施者）【則10三イ】 ② 都道府県知事保存本人確認情報の確認（都道府県知事）【則10三イ】 ③ 住民基本台帳の確認（市町村長）【則10三イ】 ④ 過去に本人確認の上特定個人情報ファイルを作成している場合には、当該特定個人情報ファイルの確認【則10三イ】 ⑤ 官公署若しくは個人番号利用事務実施者・個人番号関係事務実施者から発行・発給された書類その他これに類する書類であって個人番号利用事務実施者が適当と認める書類（ⅰ個人番号、ⅱ氏名、ⅲ生年月日又は住所が記載されているもの）若しくはその写し又は当該書類に係る電磁的記録の送信【則10三ロ】 ※ 個人番号カード、通知カードの写しを別途送付・ＰＤＦファイルの添付送信などを想定。

(3) 電話 (注2)

代理権の確認	代理人の身元（実存）の確認	○ 本人及び代理人しか知り得ない事項その他の個人番号利用事務実施者が適当と認める事項の申告【則9③】 ※ 本人と代理人との関係、給付の受取先金融機関名等の複数聴取などを想定。
本人の番号確認		① 過去に本人確認の上作成している特定個人情報ファイルの確認【則9⑤五】 ② 地方公共団体情報システム機構への確認（個人番号利用事務実施者）【則9⑤一】 ③ 都道府県知事保存本人確認情報の確認（都道府県知事）【則9⑤二・三】 ④ 住民基本台帳の確認（市町村長）【則9⑤四】

(注1) 郵送の場合は、書類又はその写しの提出
(注2) 日本年金機構における年金相談業務での個人番号の提供を想定。本人確認の上特定個人情報ファイルを作成している場合であって、電話で個人番号の提供を受け、当該ファイルにおいて個人情報を検索、管理する場合に限る。

(出典) 内閣官房作成資料を基に作成

10項目の具体例も示してわかりやすく解説している。「国税分野における本人確認」は、国税庁のウェブサイトからダウンロードできるので、参照されたい（10項目の具体例については95ページ以下に引用）。

以下では、国税庁告示2号も踏まえ、事業者が本人又は代理人から個人番号の提供を受ける際のオンライン又は電話の場合以外の本人確認の実施方法について解説する。

(1) 本人から個人番号の提供を受ける場合

（代理人ではなく）本人による本人確認としては、原則として、①番号確認と②身元確認の2つの確認を行うことが必要となる。このうち、①番号確認とは当該個人番号自体が正しい番号であるかの確認であり、②身元確認とは番号の提示者が本当に本人であるか（成りすましではないか）の確認である。

本人による本人確認　
　①番号確認：個人番号の真正性の確認
　②身元確認：顔写真等で成りすましでないかの確認

① 原則的本人確認方法

個人番号カードがあれば、番号も写真も付いているので、カードの裏面で番号確認を、表面で身元確認を併せて同時にすることができる。個人番

号カードがない場合には、以下に掲げる書類により番号確認及び身元確認を行う必要がある（図表4-3）。

【番号確認書類】

　個人番号が記載された次に掲げるいずれかの書類（番号16、番号令12①一）。

（イ）　通知カード
（ロ）　住民票の写し
（ハ）　住民票記載事項証明書

【身元確認書類】

　次に掲げるいずれかの書類（番号則1①一・二）。

（イ）　運転免許証
（ロ）　運転経歴証明書（交付年月日が平成24年4月1日以降のものに限る。）
（ハ）　パスポート
（ニ）　身体障害者手帳
（ホ）　精神障害者保健福祉手帳
（ヘ）　療育手帳
（ト）　在留カード
（チ）　特別永住者証明書
（リ）　官公署から発行され、又は発給された書類その他これに類する書類

　ここで、（リ）には、本人の写真の表示のある身分証明書等（税理士証票、写真付き学生証、写真付き身分証明書、写真付き社員証等）のほか、税務署等の個人番号利用事務等実施者から送付される個人識別事項（氏名＋住所又は生年月日）がプレ印字された書類（所得税申告書、個人消費税申告書、法定調書合計表等）が含まれる（国税庁告示2号告示1）。

●図表4-3　本人確認の手法

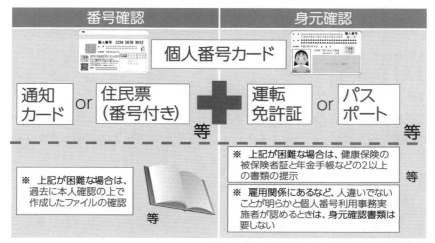

(出典)国税庁作成資料を基に作成

② 例外的本人確認方法

【番号確認書類】

　①で述べた原則的方法による番号確認が困難な場合は、次に掲げるいずれかの措置によらなければならない。

　○過去に本人確認の上作成している特定個人情報ファイルの確認（番号則3①五）

　過去に本人確認の上、特定個人情報ファイルを作成している場合には、当該特定個人情報ファイルに記録されている個人番号及び個人識別事項（氏名＋住所又は生年月日）を確認する。

　○次に掲げるいずれかの書類の提示（番号則3①六、国税庁告示2号告示5）

　（イ）　自身の個人番号に相違ない旨の申立書（提示時において作成した日から6か月以内のものに限る。様式4-1）

　（ロ）　国外転出者に還付される個人番号カード又は通知カード

　ここで、自身の個人番号に相違ない旨の申立書（以下本項において「申立書」という。）は、一見とても利便性の高いものに感じるかもしれないが、原

則的本人確認手法を採ることが困難な場合に限って利用可能なものであることに注意しなければならない。原則的本人確認手法の一つである住民票（番号付き）の写しの提示が困難ということはほとんど想定できないので、申立書を利用する機会はほとんどないといってよい。それでは申立書はどのような場面で利用されるのかといえば、おそらく、税務署の窓口で期限間際に申告書が提出される場合で、提出者が番号確認書類を持参していないときに、その場で申立書への記載を求めることによって番号確認書類とするといった形で利用されるのではないかと考えられる。したがって、事業者が本人から個人番号の提供を受ける際にこの申立書を利用することはほとんどないものと考えてよいだろう。

【身元確認書類】

　まず、①で述べた運転免許証やパスポート等による顔写真付きの身分証明書等による身元確認書類の提示が困難な場合には、次に掲げる書類のうち２つ以上の書類の提示を受けなければならない（同じ項目のうち２つでも可。番号則１①三、国税庁告示２号告示２）。

- （イ）　公的医療保険の被保険者証、年金手帳、児童扶養手当証書、特別児童扶養手当証書等
- （ロ）　本人の写真の表示のない身分証明書等（学生証、身分証明書、社員証、資格証明書（生活保護受給者証、恩給等の証書等））で、個人識別事項（氏名＋住所又は生年月日）の記載があるもの（提示時において有効なものに限る。）
- （ハ）　国税・地方税・社会保険料・公共料金の領収書、納税証明書
- （ニ）　印鑑登録証明書、戸籍の附票の写し（謄本又は抄本も可）、住民票の写し・住民票記録事項証明書、母子健康手帳
- （ホ）　源泉徴収票（給与所得、退職所得、公的年金等）、支払通知書（上場株式配当等の支払通知書等）、特定口座年間取引報告書

　また、個人番号の提供を行う者と雇用関係にあること等の事情を勘案し、本人であることが明らかと認められる以下のような場合は、身元確認書類は不要である（番号則３⑤、国税庁告示２号告示８）。

- （イ）　雇用契約成立時等に本人であることの確認を行っている雇用関係

●様式4-1　自身の個人番号に相違ない旨の申立書

自身の個人番号に相違ない旨の申立書

　　　　　　　　　　　殿

　下記の個人番号は私の個人番号に相違ありません。

平成　年　月　日

　　　　　　住所　＿＿＿＿＿＿＿＿＿＿＿＿＿＿＿＿＿＿

　　　　　　氏名　＿＿＿＿＿＿＿＿＿＿＿＿＿＿＿㊞

　　　　　　　　　明治
　　　　　　　　　大正
　　　　　　　　　昭和
　　　　　　生年月日　平成　　　年　　　月　　　日生

　　　　　　　　　　　記

　　　　　個人番号　＿＿＿＿＿＿＿＿＿＿＿＿＿＿＿＿＿＿

（出典）国税庁作成資料

その他これに準ずる関係にある者であって、知覚（顔を見て判断）すること等により、個人番号の提供を行う者が本人であることが明らかな場合

Ⅰ　個人番号取得の際の本人確認

(ロ) 所得税法上の扶養親族等であって、知覚すること等により、個人番号の提供を行う者が本人であることが明らかな場合
(ハ) 過去に本人であることの確認を行っている同一の者から継続して個人番号の提供を受ける場合（例えば、同じ講師に対して1年に1回以上講演を依頼（契約は毎年締結も可）する場合）で、知覚すること等により、個人番号の提供を行う者が本人であることが明らかな場合

(2) 代理人から個人番号の提供を受ける場合

本人の代理人から個人番号の提供を受ける場合には、①代理権の確認、②代理人の身元確認及び③本人の個人番号の確認が必要となる（番号令12②）。

代理人による本人確認 ｛ ①代理権の確認　②代理人の身元確認　③本人の番号確認 ｝

① 原則的本人確認方法（代理人）

【代理権確認書類】

代理人による本人確認の際の代理権確認書類は、次に掲げる書類である。
(イ) 法定代理人である場合：戸籍謄本その他その資格を証明する書類（番号則6①一）
(ロ) 任意代理人である場合：委任状（同項二）

【代理人の身元確認書類】

代理人の身元確認書類は、次に掲げるいずれかの書類である（番号則7①）。
(イ) 代理人の個人番号カード
(ロ) 代理人の運転免許証
(ハ) 代理人の運転経歴証明書（交付年月日が平成24年4月1日以降のものに限る。）
(ニ) 代理人のパスポート
(ホ) 代理人の身体障害者手帳
(ヘ) 代理人の精神障害者保健福祉手帳

（ト）　代理人の療育手帳
　（チ）　代理人の在留カード
　（リ）　代理人の特別永住者証明書
　（ヌ）　官公署から発行され、又は発給された代理人の書類その他これに類する代理人の書類

　ここで、(ヌ)には、代理人の写真の表示のある身分証明書等（税理士証票、写真付き学生証、写真付き身分証明書、写真付き社員証等）のほか、カード等に電子的に記録された個人識別事項（氏名及び住所又は生年月日）を暗証番号による認証、生体認証又は2次元バーコードの読取りの方法により、提供を受ける者の端末等に表示させることによる確認が含まれる（国税庁告示2号告示13）。

【本人の番号確認】

　代理人による本人確認の際の本人の番号確認書類は、個人番号が記載された次に掲げるいずれかの書類又はこれらの写しである（番号則8）。

　（イ）　本人の個人番号カード
　（ロ）　本人の通知カード
　（ハ）　本人の住民票
　（ニ）　本人の住民票記載事項証明書

② 例外的本人確認方法（代理人）

【代理権確認書類】

　①で述べた原則的方法による代理権の確認が困難な場合は、次に掲げるいずれかの書類の提示を受ける必要がある（番号則6①三、国税庁告示2号告示12）。

　（イ）　本人及び代理人の個人識別事項（氏名＋住所又は生年月日）の記載及び押印のある書類
　（ロ）　本人しか持ち得ない書類（例：個人番号カード、健康保険証）

【代理人の身元確認書類】

　①で述べた原則的方法による代理人の身元確認が困難な場合は、次に掲げるうち2つ以上の書類（代理人の個人識別事項（氏名＋住所又は生年月日）のあるもの）の提示を受けなければならない（同じ項目のうち2つで

も可。番号則9①、国税庁告示2号告示15)。
- (イ) 公的医療保険の被保険者証、年金手帳、児童扶養手当証書、特別児童扶養手当証書等
- (ロ) 本人の写真の表示のない身分証明書等（学生証、身分証明書、社員証、資格証明書（生活保護受給者証、恩給等の証書等））で、個人識別事項（氏名＋住所又は生年月日）の記載があるもの（提示時において有効なものに限る。）
- (ハ) 国税・地方税・社会保険料・公共料金の領収書、納税証明書
- (ニ) 印鑑登録証明書、戸籍の附票の写し（謄本又は抄本も可）、住民票の写し・住民票記録事項証明書、母子健康手帳
- (ホ) 源泉徴収票（給与所得、退職所得、公的年金等）、支払通知書（上場株式配当等の支払通知書等）、特定口座年間取引報告書

また、個人番号の提供を行う者と雇用関係にあること等の事情を勘案し、代理人本人であることが明らかと認められる場合として、次に掲げるいずれかのときには、代理人の身元（実存）確認書類は要しない（番号則9③、国税庁告示2号告示17)。
- (イ) 雇用関係にある者から個人番号の提供を受ける場合で、その者を対面で確認することによって本人の代理人であることが確認できるとき
- (ロ) 扶養親族等から個人番号の提供を受ける場合で、その者を対面で確認することによって本人の代理人であることが確認できるとき
- (ハ) 継続取引を行っている者から個人番号の提供を受ける場合で、その者を対面で確認することによって本人の代理人であることが確認できるとき
- (ニ) 過去に実存確認をしている場合（法人代理人の場合）

【本人の番号確認書類】

①で述べた原則的方法による本人の番号確認が困難な場合は、次に掲げるいずれかの措置によらなければならない。
　○過去に本人確認の上作成している特定個人情報ファイルの確認（番号則9⑤三）

過去に本人確認の上、特定個人情報ファイルを作成している場合には、当該特定個人情報ファイルに記録されている個人番号及び個人識別事項（氏名＋住所又は生年月日）を確認する。
○次に掲げるいずれかの書類の提示（番号則9⑤四、国税庁告示2号告示18）
（イ）　自身の個人番号に相違ない旨の申立書（提示時において作成した日から6か月以内のものに限る。様式4-1（⇒89ページ））
（ロ）　国外転出者に還付される個人番号カード又は通知カード
③　代理人が法人の場合
【代理権確認書類】
　代理人が法人である場合は、①及び②の【代理権確認書類】で掲げたいずれかの書類であって、法人の商号又は名称及び本店又は主たる事務所の所在地が記載されたものの提示を受けなければならない（番号則6②）。
【代理人の身元確認書類】
　代理人が法人である場合は、次に掲げるいずれかの書類及び社員証等の法人との関係を証する書類（社員証等が発行されない場合は「法人の従業員である旨の証明書」様式4-2（⇒94ページ））の提示を受けなければならない（番号則7②、国税庁告示2号告示14）。
（イ）　登記事項証明書（登記情報提供サービスの登記情報を電子計算機を用いて出力することにより作成した書面を含む）
（ロ）　印鑑登録証明書
（ハ）　国税、地方税、社会保険料、公共料金の領収書
（ニ）　納税証明書
　なお、人格のない社団等など登記されていない団体の定款や規約、会員名簿の写しは、（イ）又は（ロ）には該当しない。
(3)　本人確認方法の具体例
　「国税分野における本人確認」30ページ以下には、国税庁告示2号において寄せられたパブリックコメントなどを参考に、想定される個人番号の提供を受ける場面における本人確認方法の具体例が掲載されているので、以下に引用する。

● 様式4-2　法人の従業員である旨の証明書

法人の従業員である旨の証明書

_____殿

従業員の住所 _____

従業員の氏名 _____

記

上記の者は、当法人の従業員であることを証明します。

平成　年　月　日

　　　　　所在地 _____

　　　　　法人名 _____　[法人印]

　　　　　（作成者）

　　　　　役職 _____

　　　　　氏名 _____

(出典) 国税庁作成資料

本人確認方法の具体例　―「国税分における本人確認」30ページ以下を引用―

例1　対面で個人番号の提供を受ける場合の本人確認①

　事業者が顧客から対面により個人番号の提供を受ける場合で、マイナンバーカード（個人番号カード）の提示を受ける方法。

【ポイント】
・　申請書に記載された内容について、マイナンバーカード（個人番号カード）の裏面に記載された個人番号により番号確認、表面に記載された個人識別事項（氏名及び住所又は生年月日）及び顔写真で身元（実在）確認を行います。
・　提示を受けたマイナンバーカード（個人番号カード）について、写し（コピー）を保管することは義務付けられていません。なお、写しを保管する場合には、安全管理措置を適切に講ずる必要があります。
・　郵送で個人番号の提供を受ける場合には、マイナンバーカード（個人番号カード）の写し（コピー）の添付を受けることで、本人確認を行います。
　※　マイナンバーカード（個人番号カード）の表面については、専用のカードケースに入れた状態（臓器提供意思表示等を見えないようにした状態）でコピーしても差し支えありません。
　　　マイナンバーカード（個人番号カード）の裏面については、カードケースに入れた状態では個人番号が見えないことから、必ずカードケースから出してコピーする必要があります。

【関連条文等】
○　番号確認
　・　番号法第十六条
　・　番号法施行規則第十一条
○　身元（実在）確認
　・　番号法第十六条
　・　番号法施行規則第十一条

Ⅰ　個人番号取得の際の本人確認

例2　対面で個人番号の提供を受ける場合の本人確認②

　事業者が顧客から対面により個人番号の提供を受ける場合で、通知カードと身元（実在）確認書類として運転免許証などの写真表示のある書類の提示を受ける方法。

【ポイント】
- 申請書に記載された内容について、通知カードで番号確認、運転免許証などの写真表示のある書類で身元（実在）確認を行います。
　なお、通知カードは身元（実在）確認書類としては使用できません。
- 他の身元（実在）確認書類には、以下のようなものがあります。
　住民基本台帳カード（交付を受けている者の写真が表示されており、有効なもの）、運転経歴証明書（交付年月日が平成二十四年四月一日以降のもの）、旅券、身体障害者手帳、精神障害者保健福祉手帳、療育手帳、在留カード、特別永住者証明書又は国税庁告示1（写真付き学生証や写真付き資格証明書など）で定めるもの
- 提示を受けた通知カードや運転免許証について、写しを保管することは義務付けられていません。なお、写しを保管する場合には、安全管理措置を適切に講ずる必要があります。

【関連条文等】
○　番号確認
　・　番号法第十六条
○　身元（実在）確認
　・　番号法施行規則第一条第一項第一号
　・　番号法施行規則第一条第一項第二号
　・　国税庁告示1

例3　対面で個人番号の提供を受ける場合の本人確認③

　事業者が顧客から対面により個人番号の提供を受ける場合で、通知カードと身元（実在）確認書類として写真表示のない書類の提示を受ける方法。

【ポイント】
- 申請書に記載された内容について、通知カードで番号確認、印鑑登録証明書と健康保険被保険者証で身元（実在）確認を行います。
- 写真付身分証明書の提示が困難な場合には、以下の書類のうち、いずれか2つ以上の提示を受ける必要があります。
  国民健康保険、健康保険、船員保険、後期高齢者医療若しくは介護保険の被保険者証、健康保険日雇特例被保険者手帳、国家公務員共済組合若しくは地方公務員共済組合の組合員証、私立学校教職員共済制度の加入者証、国民年金手帳、児童扶養手当証書、特別児童扶養手当証書又は国税庁告示2で定めるもの
- この例の場合、
  ① 国税庁告示2の「印鑑登録証明書、戸籍の附票の写しその他官公署から発行又は発給をされた本人の写真の表示のない書類（これらに類するものを含む。）で、個人識別事項の記載があるもの（提示時において有効なもの又は発行若しくは発給された日から六か月以内のものに限る。以下「写真なし公的書類」という。）」としての「印鑑登録証明書」
  ② 番号法施行規則第1条第1項第3号の「健康保険の被保険者証」
  により確認しています。
- 提示を受けた通知カードや健康保険の被保険者証などについて、写しを保管することは義務付けられていません。なお、写しを保管する場合には、安全管理措置を適切に講ずる必要があります。

【関連条文等】
○ 番号確認
  ・ 番号法第十六条
○ 身元（実在）確認
  ・ 番号法施行規則第一条第一項第三号
  ・ 国税庁告示2

例4　個人番号の提供を依頼する書類を活用した本人確認

　事業者が継続して取引を行っている顧客から個人番号の提供を受ける場合に、顧客に対して個人識別事項を印字した個人番号の提供を依頼する書類を送付し、顧客がその書類に通知カードやマイナンバーカード（個人番号カード）の裏面（通知カード等）の写しを貼付して返送する方法。

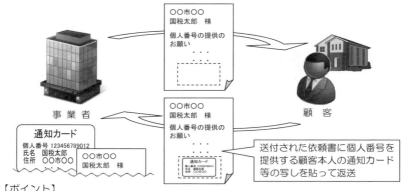

【ポイント】
- 個人番号の提供依頼書類に印字するための情報(個人識別事項)の取得時など依頼書類を送付するまでに送付する相手方が本人に相違ないことの確認を事業者が行っていることを前提としています。
- 依頼書類に、顧客が通知カード等の写しを貼付して返送することで、通知カード等の写しで番号確認を行うとともに、依頼書類に印字した個人識別事項と貼付されている通知カード等の写しの個人識別事項が同一であることを確認することにより、身元(実在)確認を行います。
- 個人番号利用事務等実施者自身が送付した書類で個人識別事項が記載されたものが返送される必要があります。
- 個人識別事項は印字することが前提ですが、個人番号利用事務等実施者がその顧客に対して送付した書類が返送されたことが分かる措置(例えば、送付する書類に一連番号を記載し、返送された書類の一連番号を確認するなど。)を行い、返送された書類と送付者が管理している個人識別事項を照合できる場合には、個人識別事項を印字したものとして取り扱って差し支えありません。

【関連条文等】
○ 番号確認
- 番号法第十六条
- 番号法施行規則第三条第一項第六号
- 国税庁告示5「官公署又は個人番号利用事務等実施者が発行又は発給をした書類で個人番号及び個人識別事項の記載があるもの」
○ 身元(実在)確認
- 番号法施行規則第一条第一項第二号
- 番号法規行規則第二条第二号
- 国税庁告示1及び4「個人番号利用事務等実施者が過去に本人であることの確認を行った上で個人識別事項を印字した書類であって、本人に対して交付又は送付したもの(当該書類を使用して当該個人番号利用事務等実施者に対して提出する場合に限る。)」

- 平成27年1月30日公表 国税庁告示（案）のパブコメ結果の概要№.36及び№.38

例5 社員カードのＩＣチップを利用した身元（実在）確認

　事業者が従業員から個人番号の提供を受ける場合に、社員カードのＩＣチップに格納されている氏名及び生年月日を読み取り身元（実在）確認する方法。

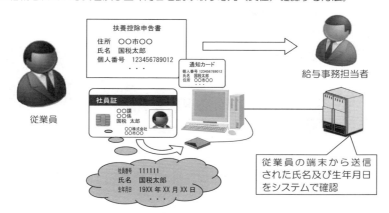

【ポイント】
- 従業員に交付している社員証のＩＣチップに格納された個人識別事項（例では氏名及び生年月日）を読み取ることにより、身元（実在）確認します。
　この場合、従業員の採用時など社員証の交付までに番号法や税法（所得税法第224条第2項等）で定めるもの又は国税庁告示で定めるものと同程度の身元（実在）確認書類（運転免許証、旅券等）による確認を行っていることを前提としています。
- なお、番号確認については、通知カードの提示等を受けて確認する必要があります。

【関連条文等】
○ 番号確認
- 番号法第十六条
○ 身元（実在）確認
- 番号法施行規則第一条第一項第二号
- 国税庁告示1「規則第一条第一項第三号ロに規定する個人番号利用事務等実施者（以下「個人番号利用事務等実施者」という。）が発行した書類であって識別符号又は暗証符号等による認証により当該書類に電磁的方法により記録された個人識別事項を認識できるもの（提示時において有効なものに限る。）」

Ⅰ　個人番号取得の際の本人確認

例6　知覚による身元（実在）確認

　従業員が勤務先に給与所得者の扶養控除等（異動）申告書を提出する際に、勤務先のとりまとめ担当者が知覚により従業員の身元（実在）確認を行う方法。

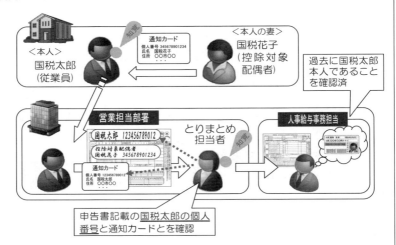

【ポイント】
- 従業員の国税太郎さんは、自宅で妻（控除対象配偶者）である国税花子さんの通知カードにより個人番号を把握（確認）します。国税花子さんは国税太郎さんの配偶者であり「知覚」（見て判断）することにより本人に相違ないことが判断できますので、国税花子さんから身元（実在）確認書類の提示を求める必要はありません。
- 日頃から国税太郎さんと同じ部署で仕事をしているとりまとめ担当者は、国税太郎さんを「知覚」（見て判断）することにより本人に相違ないことが判断できますので、国税太郎さんから身元（実在）確認書類の提示を求める必要はありません。
- 国税太郎さんについて身元（実在）確認書類の提示を不要とするためには、採用時などに番号法や税法で定めるもの（所得税法第224条第2項等）又は国税庁告示で定めるものと同程度の身元（実在）確認書類（運転免許証、写真付き学生証等）による確認を行っている必要があります。
- 給与所得者の扶養控除等（異動）申告書には、国税太郎さんと国税花子さんの個人番号が記載されていますが、国税花子さんの個人番号は国税太郎さんが自宅で確認済ですので、とりまとめ担当者は、国税太郎さんの通知カードの提示等により国税太郎さんの個人番号のみ確認します。

【関連条文等】
○　番号確認
- 番号法第十六条

○ 身元（実在）確認
  ・ 番号法施行規則第三条第五項
  ・ 国税庁告示8「所得税法に規定する控除対象配偶者又は扶養親族その他の親族であって、知覚すること等により、個人番号の提供を行う者が本人であることが明らかな場合」
  ・ 国税庁告示8「雇用契約成立時等に本人であることの確認を行っている雇用関係その他これに準ずる関係にある者であって、知覚すること等により、個人番号の提供を行う者が通知カード若しくは令第十二条第一項第一号に掲げる書類に記載されている個人識別事項又は規則第三条第一項各号に掲げる措置により確認される個人識別事項により識別される特定の個人と同一の者であることが明らかな場合」

例7　メールにより個人番号の提供を受ける場合の本人確認

　事業者が講演会の講師に対して謝礼を支払い、法定調書の提出が必要となる場合に、講師がイメージデータ化した本人確認書類をメールにより送信することで、事業者が個人番号の提供を受ける方法。

【ポイント】
  ・ マイナンバーカード（個人番号カード）の表面で身元（実在）確認、裏面で番号確認を行いますので、カードの両面を撮影して送信します（マイナンバーカード（個人番号カード）がない場合は、番号確認書類及び身元（実在）確認書類の送信が必要となります。）。
  ・ スキャナを使用してイメージデータ化した本人確認書類をパソコンから送信する方法も可能です。
  ・ 継続的な契約関係にある場合には、上記手続により提供を受けた個人番号（特定個人情報）を法定調書作成のために保管することにより、次回以降も利用することが可能であり（個人番号を保管する場合には、安全管理措置を適切に講ずる必要があります。）、改めて個人番号の提供を受ける必要はありません（税法上、個人番号の告知を受ける必要があるとされている場合を除く。）。
  ・ なお、メールによる送受信の際の情報漏えいのリスクに対し、必要な措置を講ずる必要があります。

【関連条文等】
○ 番号確認
  ・ 番号法施行規則第四条第二号ロ
  ・ 国税庁告示9「個人番号カード又は通知カード」

- ・ 国税庁告示 10「個人番号利用事務等実施者の使用に係る電子計算機と個人番号の提供を行う者の使用に係る電子計算機とを電気通信回線で接続した電子情報処理組織を使用して本人から提供を受ける方法」
○ 身元（実在）確認
- ・ 番号法施行規則第四条第二号ニ
- ・ 国税庁告示 11「個人番号カード、運転免許証、旅券その他官公署又は個人番号利用事務等実施者から本人に対しーに限り発行され、又は発給をされた書類その他これに類する書類であって、個人識別事項の記載があるものの提示（提示時において有効なものに限る。）若しくはその写しの提出を受けること又は個人番号の提供を行う者の使用に係る電子計算機による送信を受けること」

例8　インターネットの専用ページを利用した本人確認

　顧客が事業者から本人確認をした上で発行されたＩＤ・パスワードによりインターネットの専用ページにログインし、本人確認書類を送信することで、事業者が個人番号の提供を受ける方法。

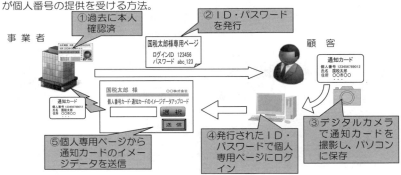

【ポイント】
- ・ 事業者は運転免許証などで本人確認を行った上で、各顧客専用のインターネットページにログイン可能なＩＤ・パスワードを発行し、顧客がそのＩＤ・パスワードを利用して個人専用ページにログインすることにより身元（実在）確認を行います。
- ・ 顧客が通知カードをイメージデータ化し、個人専用ページから事業者に送信することで、事業者は当該データにより番号確認を行います。
- ・ 事業者が発行したＩＤ・パスワードを顧客が変更したとしても、一般的に変更後のＩＤ・パスワードによるログインがその顧客であるとシステム上判別していますので、変更後のＩＤ・パスワードによるログインであっても身元（実在）確認として有効です。

【関連条文等】
○ 番号確認
- ・ 番号法施行規則第四条第二号ロ

- 国税庁告示9「個人番号カード又は通知カード」
- 国税庁告示10「個人番号利用事務等実施者の使用に係る電子計算機と個人番号の提供を行う者の使用に係る電子計算機とを電気通信回線で接続した電子情報処理組織を使用して本人から提供を受ける方法」
○ 身元（実在）確認
- 番号法施行規則第四条第二号ニ
- 国税庁告示11「個人番号関係事務実施者が本人であることの確認を行った上で本人に対して一に限り発行する識別符号及び暗証符号等により認証する方法」

例9　社内ネットワークを利用した本人確認

　給与の支払者が所得税法第198条第2項等に定める源泉徴収に関する申告書に記載すべき事項の電磁的方法による提供の承認を受け、従業員が申告書記載事項として個人番号を送信する場合に、事業者が本人確認の上、従業員に対して発行した従業員固有のログイン用ユーザーＩＤ及びパスワードにより社内ネットワーク認証を受けたパソコンを使用し、過去に本人確認の上、提供を受けた個人番号、氏名、生年月日等を特定個人情報としてサーバに記録している情報と照合する方法

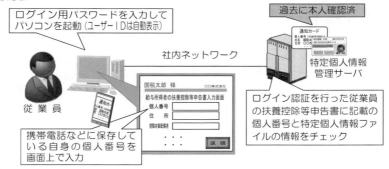

【ポイント】
- 社内ネットワークで使用しているパソコンのログイン用ユーザーＩＤ及びパスワード（過去に本人確認を行った上で発行したものに限る。）による認証を利用して身元（実在）確認を行います。
- 従業員が自身の個人番号を画面上で入力し、社内ネットワーク経由で、給与の支払者に送信し、送信された情報が給与の支払者が保有している特定個人情報ファイルの内容と一致しているか確認します。
- 社内ネットワークを用いて扶養控除等申告書の提出を受けるためには、源泉徴収に関する申告書に記載すべき事項の電磁的方法による提供の承認が必要ですが、身元（実在）確認を社内ネットワークを用いて行うために別途、特別な承認を受けることは不要です。なお、個人番号の正確性の確保の観点から、従業員から最初に個人番号の提供を受けるときは、通知カード等の提示を受けることが望ましいと考えます。

【関連条文等】
○ 番号確認
　・ 番号法施行規則第四条第二号イ
○ 身元（実在）確認
　・ 番号法施行規則第四条第二号ニ
　・ 国税庁告示11「個人番号関係事務実施者が本人であることの確認を行った上で本人に対して一に限り発行する識別符号及び暗証符号等により認証する方法」

例10　勤務先法人が従業員の遺族の代理人となる場合の本人確認

　死亡した従業員の勤務先法人が契約者、従業員が被保険者、死亡した従業員の家族が死亡保険金受取人である生命保険契約に関し、勤務先法人が遺族に代わり死亡保険金の請求を行う際に、郵送により保険金請求書を送付する場合の保険会社における確認方法。

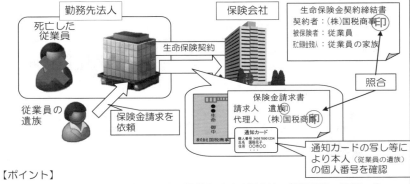

【ポイント】
　・ 代理人である法人から個人番号の提供を受ける場合は、①代理権の確認、②代理人の身元（実在）確認及び個人番号を提供する者と代理人である法人との関係を証する書類などの確認及び③本人（従業員の遺族）の個人番号の確認が必要です。
　・ 代理権は、保険金請求書に請求人である遺族の住所・氏名及び押印と代理人である勤務先法人の住所・名称及び押印があることにより確認します。
　・ 代理人の身元（実在）確認及び個人番号を提供する者と代理人である法人との関係を証する書類などの確認については、保険会社が保険契約時に審査を実施し、登記事項証明書等により勤務先法人の身元（実在）確認を了している場合には、保険金請求手続の担当者と勤務先法人との関係性を証する書類（社員証など）を確認することとなります。
　　しかし、郵送で手続が行われた場合には、担当者名が明示されないことも想定されます。
　　この場合には、保険契約締結時に契約書に押印された勤務先法人の印が保険金請求書に押印されているものと同じであることをもって、勤務先法人が代理

- 人として手続を行ったと考えられますので、別途、関係性を証する書類の提出を受ける必要はありません。
- 本人（従業員の遺族）の個人番号の確認は、保険金受取人となる遺族の通知カードの写し等により確認します。
- 保険会社が死亡した従業員の個人番号を取得していない場合には、法定調書を作成するために、死亡した従業員の通知カードの写し等の提出を受ける必要があります。この場合、死亡した従業員に係る番号法上の本人確認は不要です。

【関連条文等】
○　代理権の確認
- 番号法施行規則第六条第二項

○　代理人の身元（実在）確認
- 番号法施行規則第七条第二項
- 国税庁告示14「登記事項証明書、印鑑登録証明書その他の官公署から発行又は発給をされた書類その他これに類する書類であって、当該法人の商号又は名称及び本店又は主たる事務所の所在地の記載があるもの（提示時において有効なもの又は発行若しくは発給をされた日から六か月以内のものに限る。以下「登記事項証明書等」という。）並びに社員証等、現に個人番号の提供を行う者と当該法人との関係を証する書類」

○　本人の番号確認
- 番号法施行規則第八条

❷　従業員の家族の本人確認

　事業者は、従業員の家族（控除対象配偶者や扶養親族等）の個人番号についても提供を受ける必要がある。

　もっとも、原則としては、従業員の家族に対しての本人確認は、従業員自身が行うので、事業者による本人確認は必要ない。例えば、雇用時や年末調整の際に提出を求める扶養控除等申告書については、支払者への提出義務者は従業員であり、扶養家族の個人番号の本人確認についても当該従業員が行うため、事業者が扶養家族の本人確認を行う必要はない。

　ただし、これに対して、国民年金の第3号被保険者（厚生年金等に加入している従業員（第2号被保険者）に扶養されている20歳以上60歳未満の配偶者（年収が130万円未満の人））の届出については、事業者への提出義務者は第3号被保険者となる配偶者本人であることから、当該配偶者の個人番号の本人確認を事業者が行わなければならない（図表4-4）。もっとも、実務

上は従業員が代理人などとして配偶者の本人確認を行うことになることが想定される（委任状による代理権の確認が必要[*1]）。

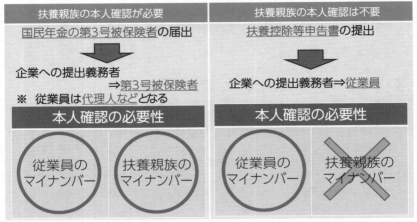

●図表 4-4　扶養親族の本人確認

(出典)内閣官房作成資料を基に作成

❸　本人確認の記録

　本人確認の記録を残すことは、法令上義務付けられてはいないので、本人確認書類（個人番号カード、通知カード、身元確認書類等）のコピーを保管する必要はない。しかし、本人確認の記録を残すためにコピーを保管することに制限はないので、エビデンスとしての記録は保管しておくべきであろう。

❹　税理士がクライアントから個人番号を取得する際の本人確認

　番号法上の本人確認措置が必要な場面は、個人番号利用事務実施者（個人番号を利用する行政機関等（代理人を含む。））又は個人番号関係事務実施者（他人の個人番号を取り扱う事業者等（代理人を含む。））が、本人又は代理人から個人番号の提供を受けるときである（番号16、番号令12②）。
　そのため、税理士等がクライアントから個人番号を取得する際に本人確認

[*1]　代理人による本人確認については、90ページ参照。

が必要である場面は、当該税理士等が個人番号関係事務実施者である場合に限られる。

例えば、所得税や贈与税の確定申告の税務代理を依頼された場合、原則として、それらの業務は個人番号関係事務に該当しない。個人番号関係事務とは、「他人の個人番号を必要な限度で利用して行う事務」をいうが（番号2⑪）、税理士等は所得税や贈与税の申告の「代理」を依頼されているので、税理士等から見てこれらのクライアントは「他人」ではないからである。

したがって、税理士が税務代理人として税務申告を行う場合、原則として、税理士とクライアントの間での番号法上の本人確認措置は不要ということになる。

もっとも、例えば所得税の申告書に控除対象配偶者又は親族、事業専従者等の個人番号の記載がある場合には、申告書に「他人」の個人番号が記載されていることから当該申告に係る納税者は「個人番号関係事務実施者」に該当する。しかし、通常は、配偶者等の「他人」の個人番号は納税者である依頼者が（本人確認[*2]の上）取得し税理士等に提供するので、やはりこの場合も、税理士等によるクライアントや配偶者等への本人確認は不要である。

また、法定調書には様々な「他人」の個人番号が記載されているが、通常は、法定調書に記載される従業員や有識者等の個人番号は依頼者である企業等が（本人確認の上）取得するので、やはりこの場合についても、税理士等による依頼者の従業員や取引先等に対する本人確認は不要である。

つまり、税理士等がクライアントから個人番号を取得する際に本人確認が必要となるのは、税理士等が「他人からの個人番号の取得」という行為をクライアントから委託された場合に限られるのであり、このようなケースは一般的に想定しづらいといってよいだろう[*3]。

[*2] 配偶者等については、知覚（顔を見て判断）で身元確認できるので、番号確認のみでよい（⇒90ページ参照）。

[*3] 税理士ガイドブック34ページには、「顧問先の従業員等の本人確認手続は、原則として個人番号関係事務実施者である顧問先において行われることとなります。ただし、顧問先から本人確認手続の委託を受けている場合には、委託契約に基づいて、税理士が顧問先の従業員等の本人確認を行うこととなります。」と記述されている。
なお、税理士がクライアントから個人番号を取得する際の本人確認について詳解す

なお、税理士等が申告書を税務代理人として提出する際には、提出先の税務署等に対して税理士等が代理人として本人確認を実施する必要がある（⇒174ページ以下参照）。

　るものとして、鈴木涼介＝福田あづさ『事業者・税理士の疑問を解決！ Q&Aマイナンバーの本人確認』（清文社、平成28年）210ページ以下。

Ⅱ 個人番号取得の際の注意点

❶ 提供の要求の時期

　事業者が個人番号の提供を求める時期については、個人番号関係事務が発生した時点が原則であるが、契約を締結した時点等の当該事務の発生が予想できた時点で求めることも可能である。

　具体的には、「給与所得の源泉徴収票」等の作成事務の発生が雇用契約の締結時点で予想されることから、この場合は、その時点で個人番号の提供を求めることもできる。

　また、いわゆる内定者については、確実に雇用されることが予想される場合（正式な内定通知がなされ、入社に関する誓約書を提出した場合等）には、その時点で個人番号の提供を求めることができる[*4]。

　「報酬、料金、契約金及び賞金の支払調書」については、年中の支払金額合計額により提出を要する場合と要しない場合がある。例えば、弁護士や税理士に年5万円を超える報酬を支払った場合、支払者は翌年1月31日までに税務署等に「報酬、料金、契約金及び賞金の支払調書」を提出しなければならない（所税225①三、所税則84②四）。また外交員への報酬は年50万円を超える場合に提出することとなる（所税225①三、所税則84②一）。そのため、当初の契約で所定の金額、弁護士又は税理士であれば5万円、外交員であれば50万円を超える契約であれば問題なく、事務の発生が予想できた時点、すなわち、契約時点で個人番号の提供を求めることができる。

　非上場会社の株主に対する配当金の支払に関する支払調書の作成事務の場合は、原則として、支払の確定の都度、株主からその個人番号の提供を求めることが原則だが（所税224①、所税令336①）、株主としての地位を得た時点で個人番号の提供を求めることもできる。

　さらに、「不動産の使用料等の支払調書」の作成事務の場合は、賃料の金額

---

*4　マイナンバーガイドラインQA・Q4-1。

により契約の締結時点で支払調書の作成が不要であることが明らかである場合（「不動産の使用料等の支払調書」の提出範囲は、同一人（個人）に対するその年中の支払金額の合計が15万円を超えるもの（所税則90③二））を除き、契約の締結時点で個人番号の提供を求めることができる。年の途中に契約を締結したことから、その年は支払調書の提出が不要であっても、翌年は支払調書の提出が必要とされる場合には、翌年の支払調書作成・提出事務のために当該個人番号の提供を求めることができる[*5]。

❷ 継続的な取引の場合

継続的な契約関係にある場合には、当初提供を受けた個人番号を含む特定個人情報を法定調書作成のために保管することにより、次回以降も利用することができるので、法定調書を提出する都度、改めて個人番号の提供を受ける必要はない（税法上、個人番号の告知を受ける必要があるとされている場合を除く。）[*6]。

ただし、この場合であっても、一定の期間ごとに個人番号の変更がないか確認することが望ましい。

❸ 利用目的の通知

事業者が従業員等に対して個人番号の提供を求める際には、どのようなことに個人番号を使用するかを特定し、従業員等にその内容を通知する必要がある（個人情報18①）。

その方法は、利用目的を記載した書類の提示や社内LANによる通知、就業規則への明記など、従業員等全員に周知が可能な方法であれば、従来の通知又は公表の方法でよい[*7]。

＊5　マイナンバーガイドラインQA・Q4-2
＊6　国税庁FAQ（本人確認）A1-4。
＊7　「通知」及び「公表」の意義については、75〜76ページ参照。

❹ 個人番号取得の具体例

83ページで解説したように個人番号の提供を受ける際の本人確認には様々な手法があるが、以下では、一般的・代表的と考えられる手法を紹介する。

(1) 従業員からの取得

従業員から個人番号を取得する方法としては、扶養控除等申告書に記載してもらうことが一般的かと思われる。日税連では、様式4-3～様式4-5のような通知文書により個人番号の提供を求めることを推奨している。

●様式4-3　顧問先従業員の番号取得に係る通知文（税理士→顧問先）

平成　　年　　月

株式会社○○○○
代表取締役　　○○○○

○○税理士事務所
○○○○

貴社従業員等の個人番号の取得について

拝啓　貴社ますますご発展のことと存じます。
　さて、平成28年1月からマイナンバー制度（社会保障・税番号制度）の運用が開始されています。マイナンバー（個人番号）は、平成27年10月以降、住民票を有する全ての者に、各市区町村から「通知カード」により通知され、平成28年1月以降は申請に基づき「マイナンバーカード（個人番号カード）」が発行されています。
　今後、税や社会保障に関する書類にはマイナンバーを記載することが義務付けられますので、従業員に対し、「通知カード」又は「マイナンバーカード」を大切に保管するとともに、「平成○年分　給与所得者の扶養控除等（異動）申告書」等を会社に提出する際にあわせて番号等の提供を求める旨を連絡するようお願いいたします。
　なお、従業員及び扶養親族等からマイナンバーの提供を受ける際には、貴社においても安全管理措置を講じる必要がありますのでご対応ください。

敬具

（出典）日税連資料を基に作成

● 様式4-4　顧問先従業員の番号取得に係る通知文（顧問先→顧問先従業員）

平成　　年　　月

従業員各位

株式会社〇〇〇〇
代表取締役　〇〇〇〇

マイナンバー提供のお願い

　平成28年1月からマイナンバー制度（社会保障・税番号制度）の運用が開始されています。マイナンバー（個人番号）は、平成27年10月以降、住民票を有する全ての者に、各市区町村から「通知カード」により通知され、平成28年1月以降は申請に基づき「マイナンバーカード（個人番号カード）」が発行されています。今後、税や社会保障に関する書類にはマイナンバーを記載することが義務付けられますので、「通知カード」又は「マイナンバーカード」を大切に保管し、マイナンバーが漏れないように注意してください。

1　利用目的
　　当社では、従業員の皆様のマイナンバーを以下の事務に利用いたします。
　（例）・源泉徴収事務
　　　　・支払調書作成事務
　　　　・健康保険・厚生年金保険届出事務
　　　　・雇用保険届出事務

※　事業形態、福利厚生等により従業員のマイナンバーを取り扱う事務は異なるため、実際に取り扱う事務を確認のうえ、編集してご使用ください。

2　提出方法
　　平成〇年分「給与所得者の扶養控除等（異動）申告書」等にマイナンバーを記載して提出してください。
　　なお、控除対象配偶者や扶養親族がいる場合は、当該親族のマイナンバーも記載してください。

3　本人確認
　　「給与所得者の扶養控除等（異動）申告書」等を提出いただく際、当社において、従業員の皆様の番号が正しいものであるかどうかの確認（番号確認）及び番号の正しい持ち主であるかの確認（身元確認）をいたしますので、以下の①又は②のいずれかを提示してください。
　　なお、扶養控除等申告書に記載する控除対象配偶者や扶養親族がいる場合は、従業員の皆様において、当該親族の本人確認を行ってください。

①「マイナンバーカード（両面）」

又は

②「通知カード」＋「写真付身分証（運転免許証、パスポート等）」
　※　写真付身分証がない場合、健康保険証及び住民票の写し等
　※　身元確認書類は、番号確認書類に記載に記載されている「氏名及び住所」又は「氏名及び生年月日」と一致するものに限る。

【おもて】　【うら】
マイナンバーカード

写真付
身分証明書

通知カード

（出典）日税連資料を基に作成

●**様式4-5** 顧問先従業員の番号取得に係る通知文（税理士→顧問先従業員）

平成　　年　　月

株式会社〇〇〇〇
従業員各位

〇〇〇〇税理士事務所
税理士　〇〇〇〇

マイナンバー提供のお願い

> 平成 28 年 1 月からマイナンバー制度（社会保障・税番号制度）の運用が開始されています。マイナンバー（個人番号）は、平成 27 年 10 月以降、住民票を有する全ての者に、各市区町村から「通知カード」により通知され、平成 28 年 1 月以降は申請に基づき「マイナンバーカード（個人番号カード）」が発行されています。今後、税や社会保障に関する書類にはマイナンバーを記載することが義務付けられますので、「通知カード」又は「マイナンバーカード」を大切に保管し、マイナンバーが漏れないように注意してください。

1　利用目的
　　株式会社〇〇〇〇では、従業員の皆様のマイナンバーを以下の事務に利用いたします。
　　（例）・源泉徴収事務
　　　　　・支払調書作成事務
　　　　　・健康保険・厚生年金保険届出事務
　　　　　・雇用保険届出事務

> ※　事業形態、福利厚生等により従業員のマイナンバーを取り扱う事務は異なるため、実際に取り扱う事務を確認のうえ、編集してご使用ください。

2　提出方法
　　平成〇年分「給与所得者の扶養控除等（異動）申告書」等にマイナンバーを記載して、会社に提出してください。
　　なお、控除対象配偶者や扶養親族がいる場合は、当該親族のマイナンバーも記載してください。

3　本人確認
　　「給与所得者の扶養控除等（異動）申告書」等を提出いただく際、会社において、従業員の皆様の番号が正しいものであるかどうかの確認（番号確認）及び番号の正しい持ち主であるかの確認（身元確認）をいたしますので、以下の①又は②のいずれかを提示してください。
　　なお、扶養控除等申告書に記載する控除対象配偶者や扶養親族がいる場合は、従業員の皆様において、当該親族の本人確認を行ってください。

①「マイナンバーカード（両面）」

又は

②「通知カード」＋「写真付身分証（運転免許証、パスポート等）」
　　※　写真付身分証がない場合、健康保険証及び住民票の写し等
　　※　身元確認書類は、番号確認書類に記載に記載されている「氏名及び住所」又は「氏名及び生年月日」と一致するものに限る。

（出典）日税連資料を基に作成

ただし、保管上の問題等から、扶養控除等申告書に個人番号を記載したくない場合には、別の書面等で個人番号を管理することも可能である。

　すなわち、給与支払者と従業員との間での合意に基づき、従業員が扶養控除等申告書の余白に「個人番号については給与支払者に提供済みの個人番号と相違ない」旨を記載した上で、給与支払者において、既に提供を受けている従業員等の個人番号を確認し、確認した旨を扶養控除等申告書に表示するのであれば、扶養控除等申告書の提出時に従業員等の個人番号の記載をしなくても差し支えない[*8]。この方法による場合、従業員に個人番号の提供を求める際には、扶養控除等申告書ではなく、別の書面への記載を求める必要がある。この具体的な手法については、次章（⇒121ページ以下）で解説する。

(2) 有識者等からの取得

　「報酬、料金、契約金及び賞金の支払調書」を作成するために、講師、著者、顧問弁護士等から個人番号の提供を求める手法としては、郵送で個人番号の提供を求める 様式4-6 のような書面を送付し本人確認のための必要書類の写しを返送してもらう方法が一般的かと思われる。

　また、相手が本人に相違ないことを事前に確認できている場合には、個人識別事項（氏名＋住所又は生年月日）がプレ印字された 様式4-7 のような書面を送付し、当該書面に通知カード等の写しを貼付して返送してもらう方法もある（国税庁告示2号告示4）[*9]。

　なお、この方法により本人確認を行う際、結婚等による氏名の変更や転居等による住所の変更などがあり、通知カードの記載内容と印字内容が異なっていた場合には、以下のように取り扱う[*10]。

　すなわち、番号法上、通知カードの表面に記載されている事項（住所、氏名、生年月日）に変更があった場合には市区町村に届け出ることとされており（番号7⑤。個人番号カードも同様（番号17④前段））、この届出を行うことにより、変更のあった事項は通知カードの裏面に追記される。そのため、氏名や住所等を印字した書類を交付した後に氏名や住所などに変更があった場合

[*8] 国税庁FAQ（源泉関係）A1-5-1。
[*9] 「国税分野における本人確認」の例4（⇒97ページ）参照。
[*10] 国税庁（本人確認）A2-2。

● **様式4-6** 有識者等の番号取得に係る通知文

平成●●年●月●日

個人番号提供のお願い

平成28年1月から運用が開始されたマイナンバー制度に対応するため、個人番号の提供をお願いします。なお、本人確認書類も併せて提供をお願いします。

【利用目的】当社は、特定個人情報等を以下の利用目的の範囲内で取り扱います。
・報酬、料金、契約金及び賞金の支払調書作成のため。

特定個人情報等の適正な取扱いに関して、当社は、特定個人情報等の漏えい、滅失の防止等、特定個人情報等の管理のために必要かつ適切な安全管理措置を講じます。また、従業者に特定個人情報等を取り扱わせるに当たり特定個人情報等の安全管理措置が適切に講じられるよう必要かつ適切な監督を行います。

【本人確認の必要書類について】
本人確認のため、下記「番号確認」と「身元確認」の必要書類のコピーをご提出ください。

番号確認書類	身元確認書類
下記のいずれか1つの番号確認書類 ○個人番号カード ○通知カード ○個人番号が記載された住民票の写し・住民票記載事項証明書	下記のいずれか1つの身元確認書類 ○個人番号カード ○写真付き身分証明書（運転免許証、運転経歴証明書、旅券）、写真付き資格証明書
	上記の身元確認書類を有していない場合は、以下のうちいずれか2つの身元確認書類 ○国民健康保険、健康保険、後期高齢者医療又は介護保険者証、国民年金手帳、 ○国税、地方税、社会保険料、公共料金の受領書等で個人識別事項（氏名＋住所又は生年月日）があるもの

以上

(出典) 著者作成

でも、通知カードに追記される前の事項（通知カードの表面に記載された変更前の氏名や住所等）と照合することにより、本人確認を行うことが可能である。

一方、何らかの理由により通知カードに記載された変更後の氏名や住所と

●様式4-7　有識者等の番号取得に係る通知文（個人識別事項プレ印字）

平成　　年　　月　　日

〒〇〇〇—〇〇〇〇
住所
氏名　　　　　　　様

〇〇〇〇〇〇〇

個人番号の提供について（お願い）

拝啓　ますますご清祥のこととお慶び申し上げます。
　さて、平成28年1月から社会保障・税番号制度（マイナンバー制度）の運用が開始されたことから、税務署に提出する支払調書に支払を受ける方の個人番号（マイナンバー）の記載が求められることになりました。
　つきましては、弊社では、税務署へ提出する支払調書を作成するため、貴殿の個人番号を使用いたしますので、大変お手数ではございますが、<u>当書面に、貴殿の個人番号が記載された個人番号カードの裏面のコピー若しくは通知カードのコピー等の番号確認書類を添付のうえ、このままご返送くださるようお願い申し上げます。</u>
　なお、当書面上部にプレ印字した貴殿の氏名又は住所が、上記の添付いただく書類のコピー等に記載されている貴殿の氏名又は住所と異なる場合には、個人番号カードの表面のコピーや運転免許証のコピー等の身元確認書類を併せて添付くださいますようお願い申し上げます（下部の注書をご確認ください。）。
　ご提供いただきました個人番号等につきましては、法令に即した安全管理措置のもと適切に管理し、支払調書作成事務（支払調書の作成及び税務署への提出）以外の用途には使用いたしません。
　また、弊社における個人番号等の取扱いを定めた「特定個人情報等の適正な取扱いに関する基本方針（又は特定個人情報等取扱規程）」については、別紙（又はHP等）に記載のとおりです。

敬具

のりづけ

※個人番号カードの裏面のコピー又は通知カードのコピーを貼り付けてください。
※上記のほか、個人番号が記載された住民票の写し又は住民票記載事項証明書を裏面に貼り付けていただいて構いません。

<u>（注）当書面上部にプレ印字した氏名又は住所が、添付いただく書類のコピー等に記載されている貴殿の氏名又は住所と異なる場合には、身元確認書類として、以下のいずれかの書類のコピーを併せてご提出ください。</u>
　① 個人番号カードの表面
　② 運転免許証又はパスポートなどの写真付身分証明書
　③ 健康保険証、年金手帳、児童扶養手当証書等、納税証明書、国税等の領収書、印鑑登録証明書等の中から2点
　ただし、②③の書類は、番号確認書類に記載されている「氏名及び住所」又は「氏名及び生年月日」と一致するものに限られます。

（出典）日税連資料を基に作成

あらかじめ印字して交付していた書類の氏名や住所等が異なる場合には、両書類の記載事項を照合することができないことから、身元を確認できる書類を別途添付してもらう必要がある。

(3) 大家等からの取得

「不動産の使用料等の支払調書」作成のために、特に個人の大家等からの個人番号の取得及び本人確認について本当にできるのか、という声をよく耳にする。これについて著者は、不動産会社や管理会社等の仲介業者等が大家等を代理して本人確認を行うことがスムーズであると考えている。

この方法による場合、仲介業者が大家等の代理人として店子等に大家等の個人番号を提供することになる。代理人による本人確認は、90ページで解説したように、①代理権の確認、②代理人の身元確認及び③本人の番号確認が必要となる（番号令12②）。

①代理権の確認のためには、様式4-8に示すような大家等から仲介業者への委任状が必要となる。②代理人の身元確認としては、仲介業者が法人の場合には、当該法人の登記事項証明書や印鑑登録証明書等が必要である。この場合、大家等本人の身元確認（個人番号カードの表面、運転免許証、パスポート等）は不要であることがポイントである。③本人の番号確認については、大家の個人番号カード（裏面）や通知カード等の写しが必要となる。

また、代理人を介さず直接大家に本人確認をするには、上記**(2)**後段（⇒116ページ）で解説した場合と同様に、個人番号関係事務実施者（店子等）

● 様式4-8　番号提供の委任状

　　　　　　　　　　　　　　　　　　　　　　　　　年　　月　　日

委任状

●●株式会社　御中

（代理人）
商号　_____

本店所在地　_____

私は上記の者を代理人と定め、私の個人番号を貴社に提供する事を委任します。

（本人）
氏名　_____　印____

住所　_____

生年月日　_____

(出典) 著者作成

から大家等に個人識別事項（氏名＋住所又は生年月日）がプレ印字された書面を送付し、当該書面に通知カード等の写しを貼付して返送させる方法もある[*11]。ただし、この方法による場合は、大家等の（住民票上の）住所又は生年月日をあらかじめ把握しておく必要がある。

＊11 「国税分野における本人確認」の例4（⇒97ページ）参照。

❺ 個人番号の提供を拒否された場合

　個人番号の提供を従業員等が拒否した場合、社会保障や税に関する書類に個人番号を記載することは法令で定められた義務であることを伝えて、再度、提供を求めるべきである。それでも拒否された場合には、従業員等に提供を求めた経過を記録、保存し、単なる義務違反ではないことを明確にしておく必要がある。経過等の記録がなければ、個人番号の提供を受けていないのか、あるいは提供を受けたのに紛失したのかが判別できないからである。また、特定個人情報保護の観点からも、経過等を記録する必要がある。

　この場合、法定調書等に個人番号を記載することができないが、法定調書等に個人番号の記載がないことをもって税務署等が書類を受理しないということはない[12]。

---

[12] 国税庁FAQ（調書）A1-2。

第5章

個人番号の利用
―税務書類等への番号記載と行政機関への提出

本章では、税理士等が実務で取り扱う主な税目ごとの個人番号記載の注意点等と、申告書等を提出する際の本人確認の手法等について解説する。

I 個人番号の記載を要する国税関係書類の一覧

　国税通則法や地方税法等の規定により、原則として平成28年1月から、税務に係る申告書や法定調書（源泉徴収票、支払調書等）等に提出者の個人番号又は法人番号を記載することが義務付けられている。

　申請書や届出書については、マイナンバー制度導入当初は、多くの書類に個人番号又は法人番号を記載しなければならないこととされていたが、平成28年度税制改正によって、ほとんどの申請書、届出書等について個人番号の記載は不要とされている。

　この改正を経て、平成29年1月1日以後も引き続き個人番号の記載を要する国税関係書類の一覧は以下のとおりである。以下の一覧にない書類については、個人番号の記載は不要である（改正前に配布等された様式で個人番号の記載欄がある場合でも記載は不要）。

　なお、納付書や所得税徴収高計算書については、個人番号又は法人番号を記載する必要はない（記載欄なし）。

❶ 所得税関係

・確定申告書（A第一表・A第二表・B第一表・B第二表）
・死亡した者の所得税及び復興特別所得税の確定申告書付表
・所得税及び復興特別所得税の準確定申告書（所得税法172条1項及び東日本大震災からの復興のための施策を実施するために必要な財源の確保に関する特別措置法17条5項に規定する申告書）
・保険料を支払った場合等の課税の特例の届出書（兼）保険料を支払った場合等の課税の特例の還付請求書
・有限責任事業組合の組合事業に係る所得に関する計算書

- 純損失の金額の繰戻しによる所得税の還付請求書
- 純損失の金額の繰戻しによる所得税の還付請求書（東日本大震災の被災者の方用）
- 個人事業の開業・廃業等届出書
- 所得税・消費税の納税地の変更に関する届出書
- 所得税・消費税の納税地の異動に関する届出書
- 総収入金額報告書
- 退職所得の選択課税の申告書
- 源泉徴収税額の納付届出書
- 給与所得者の扶養控除等（異動）申告書
- 従たる給与についての扶養控除等（異動）申告書
- 公的年金等の受給者の扶養親族等申告書
- 給与支払事務所等の開設・移転・廃止届出書
- 源泉所得税及び復興特別所得税の徴収猶予・還付申請書（災免用）（給与等・公的年金等・報酬等）
- 源泉所得税及び復興特別所得税の年末調整過納額還付請求書兼残存過納額明細書
- 源泉所得税及び復興特別所得税の誤納額還付請求書
- 退職所得の受給に関する申告書
- 相続財産に係る非上場株式をその発行会社に譲渡した場合のみなし配当課税の特例に関する届出書
- 投資組合契約の外国組合員に対する課税の特例に関する（変更）申告書
- 本店等一括提供に係る承認申請書
- 租税条約に関する届出書（配当に対する所得税及び復興特別所得税の軽減・免除）
- 租税条約に関する特例届出書（上場株式等の配当等に対する所得税及び復興特別所得税の軽減・免除）
- 租税条約に関する届出書（利子に対する所得税及び復興特別所得税の軽減・免除）
- 租税条約に関する届出書（使用料に対する所得税及び復興特別所得税の軽

減・免除）
・租税条約に関する届出書（人的役務提供事業の対価に対する所得税及び復興特別所得税の免除）
・租税条約に関する届出書（自由職業者・芸能人・運動家・短期滞在者の報酬・給与に対する所得税及び復興特別所得税の免除）
・租税条約に関する届出書（教授等・留学生・事業等の修習者・交付金等の受領者の報酬・交付金等に対する所得税及び復興特別所得税の免除）
・租税条約に関する届出書（退職年金・保険年金等に対する所得税及び復興特別所得税の免除）
・租税条約に関する届出書（所得税法161条1項7号から11号まで、13号、15号又は16号に掲げる所得に対する所得税及び復興特別所得税の免除）
・租税条約に関する源泉徴収税額の還付請求書（発行時に源泉徴収の対象となる割引債及び芸能人等の役務提供事業の対価に係るものを除く。）
・租税条約に関する芸能人等の役務提供事業の対価に係る源泉徴収税額の還付請求書
・租税条約に関する割引債の償還差益に係る源泉徴収税額の還付請求書（発行時に源泉徴収の対象となる割引国債用）
・租税条約に関する割引債の償還差益に係る源泉徴収税額の還付請求書（割引国債以外の発行時に源泉徴収の対象となる割引債用）
・租税条約に関する源泉徴収税額の還付請求書（利子所得に相手国の租税が課されている場合の外国税額の還付）
・租税条約に関する届出書（申告対象国内源泉所得に対する所得税又は法人税の軽減・免除）
・租税条約に関する届出書（組合契約事業利益の配分に対する所得税及び復興特別所得税の免除）
・租税条約に基づく認定を受けるための申請書
・免税芸能法人等に関する届出書
・国内事業管理親法人株式の交付を受けた場合の届出書
・恒久的施設を有しない外国組合員の課税所得の特例に関する届出書
・租税特別措置法40条の規定による承認申請書（第1表　共同提出の代表者、

単独提出者用）
・租税特別措置法40条の規定による承認申請書（第１表　共同提出の代表者以外の者用）
・租税特別措置法40条の規定による承認申請書（第１表　遺贈者、死亡した贈与者用）
・非課税貯蓄申告書
・非課税貯蓄限度額変更申告書
・非課税貯蓄に関する異動申告書
・非課税貯蓄廃止申告書
・非課税貯蓄みなし廃止通知書
・所得税法施行規則７条６項の規定に基づく変更届出書
・金融機関の営業所等の異動届出書
・特別非課税貯蓄申告書
・特別非課税貯蓄限度額変更申告書
・特別非課税貯蓄に関する異動申告書
・特別非課税貯蓄廃止申告書
・特別非課税貯蓄みなし廃止通知書
・租税特別措置法施行規則２条の５第１項において準用する所得税法施行規則７条６項の規定に基づく変更届出書
・財産形成非課税住宅貯蓄申告書
・財産形成非課税年金貯蓄申告書
・財産形成非課税住宅貯蓄に関する異動申告書（勤務先異動申告書）
・財産形成非課税年金貯蓄に関する異動申告書（勤務先異動申告書）
・財産形成非課税住宅貯蓄に関する届出書
・財産形成非課税年金貯蓄に関する届出書
・特定口座開設届出書
・特定口座異動届出書（他の営業所への移管に係るものを除く。）
・非課税適用確認書の交付申請書
・非課税口座開設届出書
・非課税口座異動届出書

- 非課税適用確認書の交付申請書に記載された事項
- 非課税適用確認書の提出をした者に関する事項
- 非課税口座異動届出書に記載された事項
- 非課税口座移管依頼書に記載された事項
- 金融商品取引業者において事業譲渡等があった場合に提供すべき事項
- 変更届出事項（金融商品取引業者変更届出書に記載された事項）
- 廃止届出事項（非課税口座廃止届出書等に記載された事項）
- 提出事項（非課税管理勘定廃止通知書等の提出をした者に関する事項）
- 未成年者非課税適用確認書の交付申請書
- 未成年者口座開設届出書
- 未成年者口座異動届出書
- 未成年者非課税適用確認書の交付申請書に記載された事項
- 未成年者非課税適用確認書の提出をした者に関する事項
- 未成年者口座異動届出書に記載された事項
- 未成年者口座移管依頼書に記載された事項
- 廃止届出事項（未成年者口座廃止届出書等に記載された事項）
- 提出事項（未成年者口座廃止通知書の提出をした者に関する事項）
- 特定寄附信託（異動）申告書
- 振替国債等の利子等課税の特例に関する非課税適用申告書・特例書類兼更新申告書
- 振替国債、振替地方債及び振替社債等の利子等並びに振替割引債の差益金額等の課税の特例に関する組合等届出書兼更新届出書
- 民間国外債等の利子の非課税適用申告書・利子受領者確認書
- 国外社債等の利子等の分離課税の適用を受けるための申告書

❷ 相続・贈与税等関係

- 相続税の申告書第1表（第1表（続））
- 相続税の申告書（第1表の付表1）
- 相続税の修正申告書第1表（第1表（続））
- 贈与税の申告書第1表

・死亡した者の贈与税の申告書付表（兼相続人の代表者指定届出書）
・教育資金非課税申告書
・追加教育資金非課税申告書
・教育資金非課税取消申告書
・教育資金非課税廃止申告書
・教育資金管理契約に関する異動申告書
・結婚・子育て資金非課税申告書
・追加結婚・子育て資金非課税申告書
・結婚・子育て資金非課税取消申告書
・結婚・子育て資金非課税廃止申告書
・結婚・子育て資金管理契約に関する異動申告書
・障害者非課税信託申告書
・障害者非課税信託取消申告書
・障害者非課税信託廃止申告書
・障害者非課税信託に関する異動申告書
・相続税法49条1項の規定に基づく開示請求書
・相続税法49条1項の規定に基づく開示請求書付表

❸ 消費税及び間接諸税関係

・消費税及び地方消費税の（確定、中間（仮決算）、還付、修正）申告書（一般用）
・消費税及び地方消費税の（確定、中間（仮決算）、還付、修正）申告書（簡易課税用）
・消費税及び地方消費税の中間申告書
・付表6　死亡した事業者の消費税及び地方消費税の確定申告明細書
・消費税課税事業者選択届出書
・消費税課税事業者選択不適用届出書
・消費税課税事業者選択（不適用）届出に係る特例承認申請書
・消費税課税事業者届出書（基準期間用）
・消費税課税事業者届出書（特定期間用）

- 消費税の納税義務者でなくなった旨の届出書
- 事業廃止届出書
- 個人事業者の死亡届出書
- 消費税異動届出書
- 消費税課税期間特例選択不適用届出書　※事業廃止の場合に限り番号要
- 消費税簡易課税制度選択不適用届出書　※事業廃止の場合に限り番号要
- 任意の中間申告書を提出することの取りやめ届出書　※事業廃止の場合に限り番号要
- 輸出物品販売場購入物品譲渡（譲受け）承認申請書
- 輸出物品販売場購入物品亡失承認申請書（国際第二種貨物利用運送事業者用）
- 登録国外事業者の死亡届出書
- 申告・申請等事務代理人届出書
- 印紙税一括納付承認申請書
- 印紙税過誤納［確認申請・充当請求］書
- 印紙税書式表示承認申請書
- 印紙税書式表示承認不適用届出書
- 印紙税税印押なつ請求書
- 印紙税納税申告書（一括納付用）
- 印紙税納税申告書（書式表示用）
- 印紙税納付計器使用請求書
- 印紙税納付計器設置承認・被交付文書納付印押なつ承認申請書　※設置承認の場合に番号要
- 印紙税納付計器設置承認申請書（設置承認専用）
- 印紙税納付計器設置廃止届出書
- 印紙税不納付事実申出書
- 　※　税営業等承継申告書（揮発油、石油ガス、石油石炭）
- 揮発油税及び地方揮発油税納税申告書
- 揮発油税外国公館等用揮発油給油所指定申請書
- 揮発油税［未納税移出・航空機燃料用免税］揮発油移入届出書［移出通知

書・移入証明書］
- 揮発油税［航空機燃料用・特定用途］免税引取揮発油移入届出［通知］書
- 揮発油税特定石油化学製品の移出数量等報告書
- 揮発油税［航空機燃料用・特定用途］免税引取事前承認揮発油移入届出書［引取届出書・移入証明書］
- 駐留軍用免税資産譲受けの承認申請書
- 国際連合軍隊用免税［資産・揮発油・石油ガス・原油等］譲受けの承認申請書
- 日米相互防衛援助協定に基く免税調達資材等の譲受けの申請書
- 石油ガス税特定用途免税課税石油ガス移入届出書［移出通知書・移入証明書］
- 石油ガス税非課税石油ガス容器の承認申請書
- 石油ガス税非課税石油ガス容器の承認取消申請書
- 航空機燃料税納税申告書
- 航空機燃料税納税地特例承認申請書
- 航空機燃料税納税地特例不適用届出書
- ＿＿※＿＿税営業等開始・休止・廃止申告書（たばこ、揮発油、石油ガス、石油石炭、印紙）
- ＿＿※＿＿税営業等開始申告事項異動申告書（たばこ、揮発油、石油ガス、石油石炭）
- たばこ税未納税移出製造たばこ移入届出書［移出通知書・移入証明書・移入明細書］
- ＿＿※＿＿税［未納税・特定用途免税］引取課税物件移入届出書［通知書］（たばこ、揮発油、石油ガス）
- 石油石炭税相当額還付申請書（石油アスファルト等用）
- 石油石炭税委託採取［開始申告、終了届出］申告書
- 石油石炭税還付申請場所の特例承認申請書
- 石油石炭税還付申請場所の特例不適用届出書
- 石油石炭税還付農林漁業用Ａ重油用途外使用等承認申請書
- 石油石炭税石油アスファルト等製造承認申請書

- 石油石炭税非製品ガス製造場承認申請書
- 石油石炭税相当額還付申請書（特定用途石油製品用）
- 石油石炭税特定揮発油等使用石油化学製品製造承認申請書
- 石油石炭税納税申告特例承認申請書
- 石油石炭税納税申告特例不適用届出書
- 石油石炭税納税地特例承認申請書
- 石油石炭税納税地特例不適用届出書
- 石油石炭税未納税移出原油等移入届出書［移出通知書・移入証明書・移入明細書］
- 石油石炭税相当額還付申請書（特定揮発油等用）
- 石油石炭税相当額還付申請書（農林漁業用Ａ重油用）
- 石油石炭税相当額還付申請書（非製品ガス用）
- 被災自動車確認書交付申請書
- 被災自動車に係る自動車重量税還付申請書
- 揮発油税特定石油化学製品移入届出書［移出通知書・移入証明書］
- 揮発油税特定用途免税揮発油移入届出書［移出通知書・移入証明書］
- 自動車重量税廃車還付申請書
- 揮発油税及び地方揮発油税の手持品課税納税申告書
- 石油石炭税承認輸入者承認申請書
- 石油石炭税承認輸入者承認不適用届出書
- 揮発油税及び地方揮発油税みなし製造場承認申請書
- 石油ガス税納税申告書
- たばこ税及びたばこ特別税納税申告書
- 石油石炭税納税申告書（法13条用）
- たばこ税及びたばこ特別税の手持品課税納税申告書

❹ 酒税関係

- 平成　年　月分酒税納税申告書（本表）
- 酒税納税申告書（差額課税用）
- 異動申告書

- 酒類蔵置場設置許可申請書
- 酒類蔵置場廃止届出書
- 未納税移入申告書提出省略承認申請書
- 原料用酒類移出承認申請書
- 酒母・もろみ・処分・移出承認申請書
- 酒母の移出承認申請書
- 酒類・酒母・もろみ亡失・腐敗届出書
- 未納税移入申告書提出省略承認不適用届出書
- 未納税移出通知・移入証明・移入申告書
- 未納税移入証明・移入申告書
- 平成　年　月分果実酒・甘味果実酒原料用もろみの移出承認申請書
- 特例適用混和の開始・休止・終了申告書
- 異動申告書（特例適用混和用）
- 酒税申告、申請等事務代理人届出書
- 酒税更正請求書

❺　その他

- 給与所得の源泉徴収票（給与等の支払を受ける者に交付するものを除く。）
- 退職所得の源泉徴収票（退職手当等の支払を受ける者に交付するものを除く。）
- 報酬、料金、契約金及び賞金の支払調書
- 不動産の使用料等の支払調書
- 不動産等の譲受けの対価の支払調書
- 不動産等の売買又は貸付けのあっせん手数料の支払調書
- 利子等の支払調書
- 国外公社債等の利子等の支払調書
- 配当、剰余金の分配、金銭の分配及び基金利息の支払調書
- 国外投資信託等又は国外株式の配当等の支払調書
- 投資信託又は特定受益証券発行信託収益の分配の支払調書
- オープン型証券投資信託収益の分配の支払調書

- 配当等とみなす金額に関する支払調書
- 定期積金の給付補てん金等の支払調書
- 匿名組合契約等の利益の分配の支払調書
- 生命保険契約等の一時金の支払調書
- 生命保険契約等の年金の支払調書
- 損害保険契約等の満期返戻金等の支払調書
- 損害保険契約等の年金の支払調書
- 保険等代理報酬の支払調書
- 非居住者等に支払われる組合契約に基づく利益の支払調書
- 非居住者等に支払われる人的役務提供事業の対価の支払調書
- 非居住者等に支払われる不動産の使用料等の支払調書
- 非居住者等に支払われる借入金の利子の支払調書
- 非居住者等に支払われる工業所有権の使用料等の支払調書
- 非居住者等に支払われる機械等の使用料の支払調書
- 非居住者等に支払われる給与、報酬、年金及び賞金の支払調書
- 非居住者等に支払われる不動産の譲受けの対価の支払調書
- 株式等の譲渡の対価等の支払調書
- 交付金銭等の支払調書
- 信託受益権の譲渡の対価の支払調書
- 公的年金等の源泉徴収票（公的年金等の支払を受ける者に交付するものを除く）
- 信託の計算書
- 有限責任事業組合等に係る組合員所得に関する計算書
- 名義人受領の利子所得の調書
- 名義人受領の配当所得の調書
- 名義人受領の株式等の譲渡の対価の調書
- 譲渡性預金の譲渡等に関する調書
- 新株予約権の行使に関する調書
- 株式無償割当てに関する調書
- 先物取引に関する支払調書

- 金地金等の譲渡の対価の支払調書
- 外国親会社等が国内の役員等に供与等をした経済的利益に関する調書
- 生命保険金・共済金受取人別支払調書
- 損害（死亡）保険金・共済金受取人別支払調書
- 退職手当金等受給者別支払調書
- 信託に関する受益者別（委託者別）調書
- 特定新株予約権等・特定外国新株予約権の付与に関する調書
- 特定株式等・特定外国株式の異動状況に関する調書
- 特定口座年間取引報告書（特定口座を開設していた者に交付するものを除く。）
- 非課税口座年間取引報告書
- 未成年者口座年間取引報告書（未成年者口座を開設していた者に交付するものを除く。）
- 教育資金管理契約の終了に関する調書
- 結婚・子育て資金管理契約の終了に関する調書
- 国外送金等調書
- 国外財産調書
- 国外証券移管等調書
- 財産債務調書
- 利子等の告知書
- 配当の告知書
- 投資信託又は特定受益証券発行信託収益の分配の告知書
- 譲渡性預金の譲渡・譲受けに関する告知書
- 所得税法施行規則81条の7第3項の規定に基づく変更届出書
- 所得税法施行規則81条の11第3項の規定に基づく変更届出書
- 所得税法施行規則81条の21第2項の規定に基づく変更届出書
- 所得税法施行規則81条の34第2項の規定に基づく変更届出書
- 所得税法施行規則81条の36第4項の規定に基づく変更届出書
- 所得税法施行規則81条の39第2項の規定に基づく変更届出書
- 国外送金等に係る告知書

- 国外証券移管等に係る告知書
- 再調査の請求書（異議申立書）
- 審査請求書
- 再調査の請求人の地位承継届出書（異議申立人の地位承継届出書）
- 相互協議申立書
- 仲裁要請書
- 納税証明書交付請求書
- 地価税の申告書
- 地価税の修正申告書
- 地価税の納税地の異動に関する届出書
- 国外転出をする場合の譲渡所得等の特例等に係る付表　※　納税管理人の届出の場合に限り番号要
- 更正の請求書
- 納税管理人の届出書
- 納税管理人の解任届出書
- 審査請求人の地位承継及び総代選任の届出書
- 審査請求人の地位の承継の許可申請書
- 再調査の請求人の地位承継許可申請書（異議申立人の地位承継許可申請書）

Ⅱ 各種申告書等の作成

❶ 申告所得税等

所得税の確定申告書の様式は、<u>**様式5-1**</u>のとおりである（確定申告書B）。

●様式5-1 確定申告書B

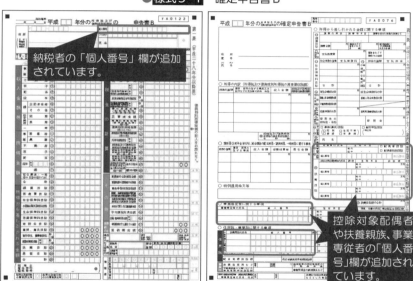

（出典）国税庁資料を基に作成

　平成28年分の所得税確定申告書から、納税者の個人番号を記載して提出しなければならない。

　また、納税者の個人番号以外に、控除対象配偶者、扶養親族及び事業専従者の個人番号についても、記載が必要となる。

　なお、青色申告決算書、収支内訳書、計算明細書等の申告書添付書類については、個人番号の記載は不要である（記載欄なし）。

　個人住民税及び個人事業税については、平成29年度分の申告書から個人番号の記載が必要とされている。

❷ 相続税・贈与税関係

(1) 相続税
① 申告書の様式（第1表）

相続税の申告の様式は、様式5-2以下のとおりである（第1表）。

●様式5-2　相続税の申告書

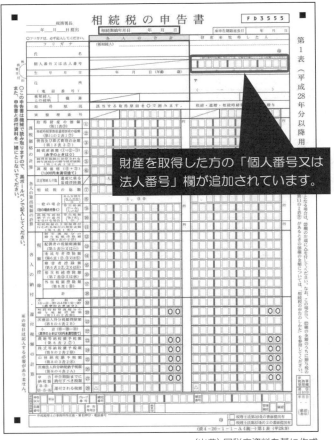

(出典) 国税庁資料を基に作成

平成28年1月1日以降の相続又は遺贈（死因贈与を含む。）により取得した財産に係る相続税の申告書（平成28年分以降用）から、財産を取得し

た者の個人番号又は法人番号*1の記載が必要とされている（個人番号を記載する場合は、先頭の１マスを空欄にして右詰めで記載）。

なお、相続税の申告書第２表から15表には「個人番号又法人番号」欄は追加されていない。

② **被相続人の個人番号**

被相続人の個人番号については、記載不要である。これについて、マイナンバー制度導入当初は記載することとされていたのであるが、国税庁は平成28年９月30日にこの取扱いを改め、相続税申告書に被相続人の個人番号の記載は不要とした。その理由は、相続人等が被相続人の個人番号を取得することが困難であり、生前に個人番号の提供を受けることに親族間であっても抵抗があるといったことによる*2。

したがって、この取扱い変更前に配布等されている相続税申告書には被相続人の個人番号記載欄があるが、かかる様式を用いる場合であっても、同欄は記載せず、空欄で提出すればよい。

なお、この取扱い変更前に税務署に提出された相続税申告書に記載された被相続人の個人番号については、この変更に伴い、税務署においてマスキングすることとされている*3。

③ **第１表（続）―複数の相続人等による個人番号の記載**

相続税の申告書（続）の様式は 様式5-3 のとおりである。

このように、相続税の申告書（続）には、複数の相続人等が同一の書面に個人番号を記載することとなる。

ここで、例えば、税理士等が作成したこの申告書にそれぞれの押印を求める際に、ある相続人等が他の相続人等の個人番号を確認できてしまうこと、また、一人目の相続人等が自らの個人番号をこの申告書に記載して二人目の

---

*1 例えば、人格のない社団又は財団が財産を取得した場合で、当該社団又は財団が法人番号の指定・通知を受けているときに、法人番号の記載が必要となる（国税庁FAQ（相続・贈与）Ａ１-５）。
*2 国税庁「相続税の申告書への被相続人の個人番号の記載に係る取扱いの変更について」（平成28年９月30日）。
*3 国税庁「相続税の申告書への被相続人の個人番号の記載に係る取扱いの変更について」（平成28年９月30日）。

● 様式5-3　相続税の申告書（続）

（出典）国税庁資料を基に作成

相続人等に渡す行為は、「特定個人情報の提供制限」（番号19。⇒58ページ）には抵触しない*4。

なお、相続人等の間での本人確認についても不要である。

(2) 贈与税

① 申告書の様式（第一表）

贈与税の申告書の様式は様式5-4のとおりである（第一表）。

平成28年分以降の贈与税の申告書から、贈与税の申告をする者（財産の贈与を受けた者）の個人番号又は法人番号*5の記載が必要とされている（個人番号を記載する場合は、先頭の1マスを空欄にして右詰めで記載）。

贈与税の申告書には、納税者以外の個人番号を記載する必要はなく（記載欄なし）、例えば誤って贈与者の個人番号を記載した場合には、贈与者の個人番号をマスキングするなどした上で、申告書を提出する必要がある*6。

---

*4　国税庁FAQ（相続・贈与）A1-2。
*5　例えば、人格のない社団又は財団が財産を取得した場合で、当該社団又は財団が法人番号の指定・通知を受けているときに、法人番号の記載が必要となる（国税庁FAQ（相続・贈与）A2-7）。
*6　国税庁FAQ（相続・贈与）A2-4。

●様式5-4 贈与税の申告書（第一表）

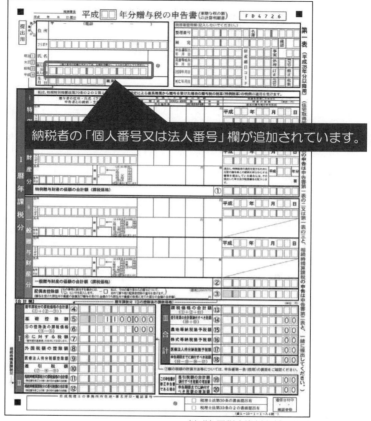

(出典) 国税庁資料を基に作成

② 申告書付表－複数の相続人等による個人番号の記載

贈与税の申告書付表の様式は、様式5-5のとおりである。

このように、贈与税の申告書付表には、複数の相続人等が同一の書面に個人番号を記載することとなるが、前項③（⇒137ページ）で解説した相続税の場合と同様に、複数の相続人等によるこの書面への個人番号の記載

Ⅱ 各種申告書等の作成　139

● 様式5-5　死亡した者の贈与税の申告書付表

死亡した者の平成　　年分　贈与税の申告書付表
(兼相続人の代表者指定届出書)

（出典）国税庁資料を基に作成

が「特定個人情報の提供制限」（番号19）に抵触するということはない[*7]。

なお、相続人等の間での本人確認についても不要である。

③　教育資金非課税申告書などを金融機関に提出する場合

　教育資金や結婚・子育て資金の一括贈与の特例の適用を受けるため、教育資金非課税申告書や結婚・子育て資金非課税申告書などの申告書を金融

[*7]　国税庁FAQ（相続・贈与）A2-6。

機関に提出する場合は、個人番号の記載が必要となる[*8]。

　この場合、本人確認は金融機関において行うこととなるので、金融機関へ提出する際に本人確認書類の提示等が必要となる[*9]。

❸　法人税関係

　平成28年1月1日以降に開始する事業年度に係る法人税の申告書から法人番号を記載することとなる。したがって、例えば、3月決算法人であれば、平成29年3月決算に係る申告書から法人番号を記載することとなる。

　申告書添付書類のうち、勘定科目内訳明細書、法人事業概況説明書等については法人番号の記載は必要ないが、適用額明細書については法人番号の記載が必要である。

　また、法人税申告書の別表一には法人名の下に代表者の氏名及び住所を記載する必要があるが、代表者の個人番号は記載しない（記載欄なし）。すなわち、法人税の申告には個人番号は不要で、法人番号のみが必要ということである。

　なお、法人住民税及び法人事業税についても法人税と同様の取扱いである。

❹　消費税関係

　消費税及び地方消費税の確定申告書の様式は様式5-6のとおりである。

　この消費税の申告書については、平成28年1月1日以降に開始する課税期間に係る申告書から個人番号又は法人番号の記載が必要とされている（個人番号を記載する場合は、先頭の1マスを空欄にして右詰めで記載）。

　個人が消費税を申告する場合には、その者の個人番号を記載する（納税者以外の者の個人番号は不要）。

　一方、法人が消費税を申告する場合には、前項で解説した法人税の場合と同様に、代表者の個人番号を記載する必要はない。法人が申告する消費税の申告書には個人番号は不要で、法人番号のみが必要ということである。

---

*8　国税庁FAQ（相続・贈与）A2-8。
*9　国税庁FAQ（相続・贈与）A2-9。

● **様式5-6** 消費税及び地方消費税の確定申告書

納税者の「個人番号又は法人番号」欄が追加されています。

(出典) 国税庁資料を基に作成

❺ 申請書・届出書

(1) 平成28年度税制改正

　平成28年1月1日以降に提出すべき申請書等から、個人番号又は法人番号を記載することとされていたが、平成28年度税制改正によって、多くの申請書、届出書等について、個人番号の記載は不要とされている（税通124①、税通則15①、平成28年国税庁告示7号）。

　この改正により個人番号の記載が不要とされた書類の対象は、申告等の主たる手続と併せて提出され、又は申告等の後に関連して提出されると考えられるものである[*10]。

　申告等の手続と併せて提出又は申告等の後に関連して提出されるものではないものとして、例えば、個人事業の開業・廃業等届出書や消費税課税事業者届出書などがあり、これらについては今回の改正の対象外である。これらのようにこの改正を経てもなお個人番号の記載を要する申請書等については、本章Ⅰ（⇒122ページ～134ページ）に掲げられているもののみということである。

　なお、この改正は、平成29年1月1日以後に提出すべき書類から適用されているが、この改正の趣旨を踏まえ、この改正により個人番号の記載を要しないこととされた書類については、施行日前においても、運用上、個人番号の記載がなくとも改めて求めないこととされている[*11]。

(2) 申請書等の具体例

　個人番号の記載を要する申請書等の例として、個人事業の開業・廃業等届出書、給与支払事務所等の開設・移転・廃止届出書及び消費税課税事業者届出書の様式を 様式5-7 ～ 様式5-9 に示す。

[*10] 平成28年度税制改正の大綱（平成27年12月24日閣議決定）83ページ。
[*11] 同上大綱84ページ。

●**様式5-7** 個人事業の開業・廃業等届出書

納税者の「個人番号」欄が追加されています。

(出典) 国税庁資料を基に作成

●様式5-8　給与支払事務所等の開設・移転・廃止届出書

> 事務所開設者の「個人番号又は法人番号」欄が追加されています。

(出典) 国税庁資料を基に作成

Ⅱ　各種申告書等の作成

●様式5-9　消費税課税事業者届出書

納税者の「個人番号又は法人番号」欄が追加されています。

（出典）国税庁資料を基に作成

❻ 控えの取扱い

これまで述べてきたように、税務署等に提出する申告書等には、原則として、法令の規定により個人番号を記入しなければならない。

一方、控えについては法令の規定はなく、個人番号を記載するか否かは、申告する納税者の任意となっている。

しかし、漏えいのリスクを考えれば、控えには個人番号を記入すべきではない[*12]。

具体的な控えの様式としては、まず、所得税確定申告書の控えの個人番号欄には、様式5-10に示すように、「※　個人番号は複写されません」と薄く印字されている。これは手書きによる場合、控えには個人番号は複写されず、控えに個人番号を残したい場合には納税者が控えにも個人番号を再度記入するという取扱いであろう。

●様式5-10　所得税及び復興特別所得税の確定申告書Ａ（控え）

また、相続税申告書の控えの個人番号記載欄には、様式5-11に示すように、「※　控用には個人番号の記載は不要です。」と記載されている。

＊12　国税庁は、贈与税申告書の控えについて、「マイナンバー（個人番号）が記載された書類を保管することは、マイナンバー（個人番号）の漏えいのリスクを伴いますので、その控えにはマイナンバー（個人番号）を記載しないようにお願いします。」と述べている（国税庁FAQ（相続・贈与）Ａ２-３）。

●様式5-11　相続税の申告書（続）（控え）

[様式5-11 相続税の申告書（続）の見本]

　このように、特に相続税の申告書（続）には、複数の相続人等の個人番号が記載されることになるが、個人番号は、番号法で規定される場合以外は、他人の個人番号を収集又は保管することができないことから（⇒59ページ）、他の相続人等の個人番号が記載された状態で相続税の申告書の控えを保管することはできない。したがって、相続税の申告書の控えを保管する場合は、その控えには個人番号を記載すべきではない[*13]。複写により控えを作成する場合は、個人番号部分が複写されない措置を講じる必要がある。

　税理士等がクライアントに交付する控えを印刷する場合には、漏えいのリスクに配慮して、税目にかかわらず、また申告書だけでなく申請書や届出書の控えであろうとも、すべからく個人番号は印字すべきではなかろう。提出用の申告書等を複写（コピー）して控用とする場合には、個人番号を複写しないかマスキングする等の措置を講じる必要がある。

＊13　国税庁FAQ（相続・贈与）A1-4。

Ⅲ 法定調書等の作成

❶ 源泉徴収関係で事業者が保管する各種申告書

(1) 扶養控除等申告書の様式

　平成28年分以降の「給与所得の扶養控除等（異動）申告書」（以下「扶養控除等申告書」という。）の様式は様式5-12に示すとおりであり、給与の支払を受ける者、控除対象配偶者及び控除対象扶養親族等（16歳未満の扶養親族については「住民税に関する事項」欄に記載）の個人番号を記載しなければならない。

(2) 保険料控除申告書等への個人番号記載不要措置

　マイナンバー制度導入当初は、平成28年1月以後に提出する「給与所得者の保険料控除申告書」、「給与所得者の配偶者特別控除申告書」及び「給与所得者の（特定増改築等）住宅借入金等特別控除申告書」には個人番号の記載が必要とされていたが、平成28年度税制改正により、平成28年4月1日以後に提出する上記3つの申告書には提出者や配偶者の個人番号の記載が不要とされている。したがって、結果的に、「給与所得者の保険料控除申告書」、「給与所得者の配偶者特別控除申告書」及び「給与所得者の（特定増改築等）住宅借入金等特別控除申告書」については個人番号の記載は不要と考えて差し支えない。

(3) 支払者の個人番号の記載時期

　また、個人番号の記載を要する扶養控除等申告書等の提出を受けた給与の支払者は、「給与の支払者の個人番号又は法人番号」をその申告書に付記する必要があるが、税務調査等で税務署等から扶養控除等申告書等の提示又は提出を求められるまでの間は個人番号の付記を行わなくても差し支えない[14]。

　この点、特に給与の支払者が個人事業主の場合は、支払者欄に自らの個人番号を記載することとなるが、事業主の個人番号を従業員に伝える必要はな

＊14　国税庁FAQ（源泉関係）A1-10-1。

●様式5-12 給与所得者の扶養控除等（異動）申告書

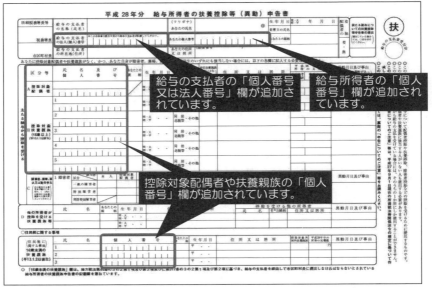

(出典)国税庁資料を基に作成

いので（特定個人情報の提供制限（番号19。⇒58ページ）に抵触）、漏えいのリスクを考えれば、税務調査等で税務署等に提示又は提出するまでは、基本的にこの欄に個人番号は記載しない方が賢明である。

(4) 扶養控除等申告書に個人番号を記載しない方法

① 背景

ところで、特定個人情報（個人番号をその内容に含む個人情報。番号2⑧）の保管制限（番号20。⇒60ページ）により、個人番号が記載された書類等のうち所管法令によって一定期間保存が義務付けられているものは、その期間に限って保管することとなり、期間経過後、その事務を処理する必要がなくなった場合は、できるだけ速やかに個人番号を削除又は書類等を廃棄しなければならない（ただし、個人番号部分を復元できない程度にマスキング又は削除した上で他の情報の保管を継続することは可能）。そのため、扶養控除等申告書は法令上7年間保存することとされていることから（所税則76の3）、当該期間を経過した場合には、当該申告書に記載さ

れた個人番号を保管しておく必要はなく、原則として、個人番号が記載された扶養控除等申告書をできるだけ速やかに廃棄するか、扶養控除等申告書の個人番号部分を復元できない程度にマスキング又は削除しなければならない[*15]。

また、特定個人情報は、個人情報保護委員会が定めるマイナンバーガイドラインに従い、適正に取り扱わなければならない。

このようなことに対処するために、扶養控除等申告書には個人番号を記載せず、個人番号は別の書面や電子ファイルで管理したいとの要望が強くあった（扶養控除等申告書の個人番号部分をマスキングした上で保存することは不可[*16]）。

このような要望に応じて国税庁は、平成27年10月28日にそのウェブサイト上の「社会保障・税番号制度〈マイナンバー〉FAQ」を更新し、運用上、従業員等から初回に個人番号を取得する際の一定の条件に基づく扶養控除等申告書への個人番号記載不要措置を認めた（具体的な手続は下記②）。

また、平成28年度税制改正によって、平成29年1月1日以後に支払を受けるべき給与等に係る扶養控除等申告書については、給与支払者が従業員等の個人番号等を記載した一定の帳簿を備えている場合には、個人番号取得の2回目以降について、その帳簿に記載されている者の個人番号の記載を要しないものとされた（具体的な手続は下記③）。

② 1回目

（イ）取扱いの内容

前述のように、平成28年1月以後に提出する扶養控除等申告書には、従業員本人、控除対象配偶者及び控除対象扶養親族等の個人番号を記載する必要があるので、前年と変更がない場合であっても、原則として、個人番

[*15] この取扱いは、退職した従業員等の個人番号についても同様である（国税庁FAQ（源泉関係）A1-19）。

[*16] 提出を受けた扶養控除等申告書はその原本を保存する必要があり、記載事項の一部にマスキングをした場合、原本を保存しているとはいえないため、扶養控除等申告書の個人番号部分をマスキングした上で保存することはできない（国税庁FAQ（源泉関係）A1-17）。

Ⅲ　法定調書等の作成

号の記載を省略することはできない*17。

　しかしながら、給与支払者と従業員との間での合意に基づき、従業員が扶養控除等申告書の余白に「個人番号については給与支払者に提供済みの個人番号と相違ない」旨を記載した上で、給与支払者において、既に提供を受けている従業員等の個人番号を確認し、確認した旨を扶養控除等申告書に表示（確認印を押印）するのであれば、扶養控除等申告書の提出時に従業員等の個人番号を記載しなくても差し支えないこととされている（図表5－1）。

　この場合、当然のことながら、給与支払者において保有している個人番号と個人番号の記載が省略された者に係る扶養控除等申告書については、適切かつ容易に紐付けられるよう管理しておく必要がある。具体的な実務の現場では、「給与支払者に提供済みの個人番号と相違ない」旨が記載された扶養控除等申告書について、税務調査において調査官等から提示又は提出を求められた場合には、給与支払者は扶養控除等申告書に従業員等の個人番号を付記して提出するか、別途付記すべき個人番号のリストを直ちに提示又は提出できるようにしておく必要があるということである。

　なお、この方法をとった場合、給与支払者において保有している従業員等の個人番号（従業員等の個人番号に異動があった場合は異動前の個人番号を含む。）については、扶養控除等申告書の保存期間（7年間）は、廃棄又は削除することはできない。そして、保有する個人番号については、個人番号を記載すべきであった扶養控除等申告書の保存期間を経過し個人番号関係事務に必要がなくなったときには、速やかに廃棄又は削除しなければならない（廃棄が必要となってから廃棄作業を行うまでの期間については、毎年度末に廃棄を行う等、個人番号及び特定個人情報の保有に係る安全性及び事務の効率性等を勘案し、事業者において判断すればよい。）。

　また、給与所得の源泉徴収票（税務署提出用）には、適切に個人番号を記載する必要がある。

＊17　以下については、国税庁FAQ（源泉関係）A1－5－1。

●図表5-1　扶養控除等申告書への個人番号記載不要措置（1回目）

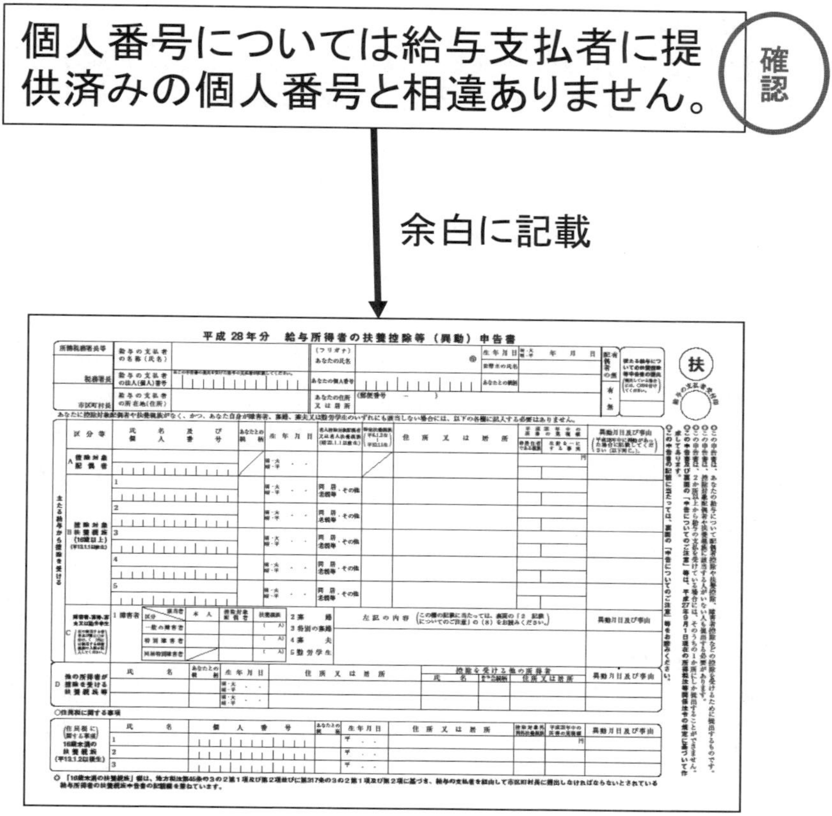

| 個人番号については給与支払者に提供済みの個人番号と相違ありません。 | 確認 |

余白に記載

[平成28年分　給与所得者の扶養控除等（異動）申告書のフォーム画像]

出典：著者作成

　（ロ）対象書類

　上記の取扱いは、扶養控除等申告書の他に以下の書類についても同様である[18]。

・「従たる給与についての扶養控除等申告書」
・「公的年金等の受給者の扶養親族等申告書」
・「退職所得の受給に関する申告書」

＊18　国税庁FAQ（源泉関係）A1-5-2。

③　2回目以降

(イ) 取扱いの概要

　扶養控除等申告書や公的年金等の受給者の扶養親族等申告書等は、毎年同一の者に対して提出される場合が多いと考えられるため、納税者及び事務実施者の事務負担等に配慮し、このような場合における扶養控除等申告書等に記載する個人番号の記載方法について、2回目以降は個人番号の記載を不要とする特例が平成28年度税制改正により設けられた（平成29年1月1日以後に支払を受けるべき給与等に係る扶養控除等申告書から適用）[*19]。

　すなわち、扶養控除等申告書、従たる給与についての扶養控除等申告書、退職所得の受給に関する申告書又は公的年金等の受給者の扶養親族等申告書（以下「扶養控除等申告書等」という。）の提出を受ける給与支払者等が、次の事項を記載した帳簿（以下「番号記載帳簿」という。番号記載帳簿は、扶養控除等申告書等の提出の前に、その提出をする者から扶養控除等申告書等の提出を受けて作成されたものに限る。）を備えているときは、その提出をする者は、その扶養控除等申告書等に、番号記載帳簿に記載されている個人番号の記載を要しないこととされている（ただし、その扶養控除等申告書等に記載されるべき氏名又は個人番号が、番号記載帳簿に記載された控除対象配偶者等の氏名又は個人番号と異なる場合を除く。所税198⑥、203の5⑨九、所税則76の2⑥・⑪、77②・③、77の4④・⑦）。

　　イ　扶養控除等申告書等に記載された控除対象配偶者等の氏名、住所及び個人番号
　　ロ　扶養控除等申告書等の提出を受けた年月及びその申告書の名称
　　ハ　ロの申告書の提出年月

　この取扱いは、前述のように給与支払者が扶養控除等申告書などの一定の税務関係書類の提出を受けて作成された帳簿を備えていることが要件となっているので、帳簿作成にあたっては、最初に個人番号の記載された扶養控除等申告書などの一定の税務関係書類が提出されていることが前提とされてい

[*19] 財務省ウェブサイト『平成28年度税制改正の解説』124ページ。

る。もっとも、上記②（⇒151ページ）で解説した方法により提出を受けた扶養控除等申告書及びその申告書と紐付けられるよう管理された個人番号に基づき番号記載帳簿を作成することは可能である[*20]。したがって、最初に上記②（⇒151ページ）の方法で提出を受けた扶養控除等申告書等により番号記載帳簿を作成し、2回目以降はここで解説している方法によることとすれば、一度も扶養控除等申告書等には個人番号を記載しない措置をとることができる。

(ロ) 番号記載帳簿の保管

　番号記載帳簿は、給与支払者等において、7年間保存しなければならない（所税則76の2⑦、76の3、77④・⑦、77の4⑤・⑧）。

(ハ) 帳簿記載事項の変更

　この適用を受けた扶養控除等申告書等を提出した者がその扶養控除等申告書等に記載すべき氏名、住所又は個人番号を変更した場合には、その者は、遅滞なく、その扶養控除等申告書等を受理した給与支払者等に、変更前の氏名、住所又は個人番号及び変更後の氏名、住所又は個人番号を記載した届出書（以下「変更届出書」という。）を提出しなければならない（変更届出書を提出した後、再びその変更届出書に記載した氏名、住所又は個人番号を変更した場合も、同様。所税則76の2⑧、77⑤、77の4⑥）。

　そして、番号記載帳簿を作成した給与支払者等が変更届出書を受理した場合には、その番号記載帳簿の上記（イ）から（ハ）までに掲げる事項を、その変更届出書に記載されている事項に訂正しておかなければならない（所税則76の2⑨、77⑤、77の4⑥）。

　給与支払者等は、その受理をした変更届出書を、その受理をした日の属する年の翌年から3年間保存しなければならない（所税則76の2⑩、77⑤、77の4⑥）。

(ニ) 電磁的記録による番号記載帳簿

　番号記載帳簿については、電磁的記録による帳簿も認められる[*21]。

　ただし、電磁的記録による帳簿を備え付ける場合には、あらかじめ所轄税

[*20] 国税庁FAQ（源泉関係）A1-3-5。
[*21] 国税庁FAQ（源泉関係）A1-3-4。

務署に対して「国税関係帳簿の電磁的記録等による保存等の承認申請書」を、備付けを開始する日の３か月前の日までに提出し、承認を受ける必要がある（所税198②、203④、203の５④、所税則76の２）。

(ホ) 申告書等の様式

　扶養控除等申告書等については、法令で様式を定めているものではないため、法令で定められた記載事項が記載されていれば、適宜の様式を用いることができる。

　したがって、番号記載帳簿を備えているため扶養控除等申告書等への従業員等の個人番号の記載を不要とすることができる場合において、個人番号欄のない扶養控除等申告書等の様式を用いることや、個人番号欄に斜線を引く等の措置を行っても差し支えない[22]。

(5) 海外赴任従業員等の取扱い

　従業員本人が海外勤務（単身赴任）をしている場合の扶養控除等申告書等への個人番号記載の要否については、勤務形態や出国時期などにより、一般的には次のようになると考えられる[23]。

① 短期（１年未満）の海外勤務などにより従業員本人が所得税法上の居住者に該当する場合

(イ) 海外赴任後も国内で勤務していた会社から給与の支払を受ける場合

　イ　従業員本人が平成27年10月５日より前に国外へ転出した場合

　　従業員本人は帰国するまで個人番号の指定を受けないので、従業員本人については個人番号の記載のない扶養控除等申告書等を提出することになる。一方、例えば扶養親族が国内に居住して個人番号の指定を受けているのであれば、平成28年１月以後に提出する扶養控除等申告書等については、扶養親族等の個人番号を記載する必要がある。

　ロ　従業員本人が平成27年10月５日以後に国外へ転出した場合

　　平成28年１月以後に提出する扶養控除等申告書等については、従業員及び扶養親族等の個人番号を記載して提出する必要がある。

(ロ) 海外赴任後は海外勤務先から給与の支払を受ける場合

---

[22] 国税庁FAQ（源泉関係）Ａ１−３−６。
[23] 国税庁FAQ（源泉関係）Ａ１−６。

海外赴任後は国内で勤務していた会社は給与支払者ではないため扶養控除等申告書等は提出されず、また、海外勤務先は居住者に対して、国内において給与等の支払を行うことがない限りは、源泉徴収義務者に該当しないので、同じく扶養控除等申告書等は提出されない。

② **長期（１年以上）の海外勤務などにより、従業員本人が所得税法上の非居住者に該当する場合**

海外赴任後に従業員が非居住者に該当することになれば、給与支払者が国内か国外かに関わらず、給与支払先に扶養控除等申告書等は提出されない。

また、扶養親族等のうち個人番号を有しない者については扶養控除等申告書等に個人番号を記載することはできないので、個人番号の指定を受ける前に出国した扶養親族等については、個人番号を記載する必要はない。ただし、海外に居住する扶養親族等であっても、個人番号の指定を受けた後に出国した者については個人番号を有しない者に該当しないため、扶養控除等申告書等にその扶養親族等に係る個人番号を記載する必要がある[24]。

(6) 番号のプレ印字

所得税法上、扶養控除等申告書等の提出者は、必要事項（氏名、住所、個人番号等）を記載した申告書を給与支払者に提出することとされているので、一般的には従業員自身が必要事項を記載し、給与支払者に提出する必要がある。

しかしながら、給与支払者が扶養控除等申告書等に従業員等の個人番号をあらかじめ印字（プレ印字）し、従業員に交付して、従業員本人がその印字された個人番号を確認することにより従業員本人が個人番号を記載した状況と同様の状態とすることについて、従業員本人と給与支払者の間で合意しているのであれば、かような方法をとることも、番号法上可能であると解されている[25]。

なお、扶養控除等申告書等に給与支払者の法人番号をプレ印字して従業員に交付することについては、支払者の個人番号又は法人番号については扶養控除等申告書等の提出を受けた後に付記することとなっているが、法人番号

---

[24] 国税庁FAQ（源泉関係）Ａ１-７。
[25] 国税庁FAQ（源泉関係）Ａ１-８。

は個人番号とは違い番号法上の利用制限もないことから、あらかじめ印字し従業員に交付してもなんら差し支えない[*26]。ただし、給与支払者の個人番号については、特定個人情報の提供制限（番号19。⇒58ページ）に抵触するため、扶養控除等申告書等にプレ印字することはできない。

(7) 従業員から個人番号の提供を拒否された場合

　従業員から個人番号の提供を拒否された場合、個人番号の記載は法令で定められた義務であることを伝え、提供を求めるべきである[*27]。

　それでもなお、提供を受けられない場合は、提供を求めた経過等を記録、保存するなどし、単なる義務違反でないことを明確にしておく必要がある。経過等の記録がなければ、個人番号の提供を受けていないのか、あるいは提供を受けたのに紛失したのかが判別できないし、特定個人情報保護の観点からも、経過等を記録しておくべきである。

　そして、従業員から個人番号の提供が受けられなければ扶養控除等申告書等に従業員等の個人番号を記載することができないが、そのような場合であっても、扶養控除等の適用の可否を判断するために必要な事項が記載されていれば、扶養控除等申告書等が提出されたものとして税額計算を行って差し支えないこととされている[*28]。

❷ 源泉徴収票等

　平成28年分以降の給与支払報告書と源泉徴収票の様式は、図表5-2のとおりである。

　まず、給与支払報告書への番号の記載については、給与等の支払を受ける者、控除対象配偶者及び扶養親族（16歳未満の扶養親族を含む。）の個人番号並びに支払者の個人番号又は法人番号を記入する必要がある。

　給与支払報告書及び源泉徴収票の控除対象扶養親族と16歳未満の扶養親族の氏名・番号記載欄は、それぞれ4人分設けられている。5人目以降の控除対象扶養親族又は16歳未満の扶養親族については、摘要欄に対象者の氏名を、

[*26] 国税庁FAQ（源泉関係）A1-11。
[*27] 以下については、国税庁FAQ（源泉関係）A1-13。
[*28] 国税庁FAQ（源泉関係）A1-14。

●図表5-2　源泉徴収票等の様式

給与支払報告書

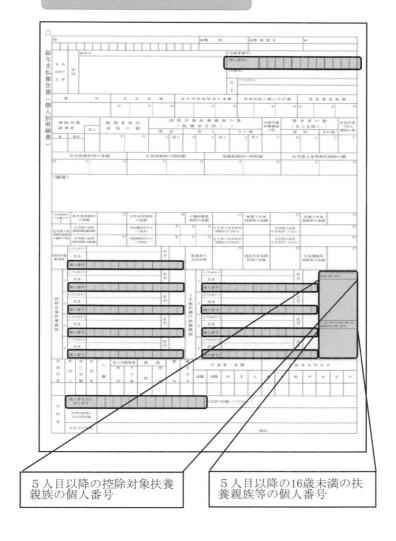

5人目以降の控除対象扶養親族の個人番号

5人目以降の16歳未満の扶養親族等の個人番号

Ⅲ　法定調書等の作成

源泉徴収票（税務署提出用）

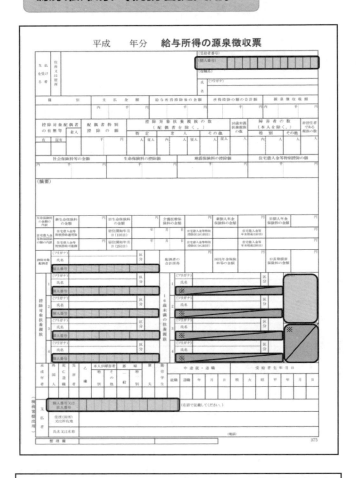

※税務署提出用には、16歳未満の扶養親族等（「(摘要)」に記載された配偶者特別控除の対象となる配偶者を含みます。）の個人番号は記載しない。

源泉徴収票（受給者交付用）

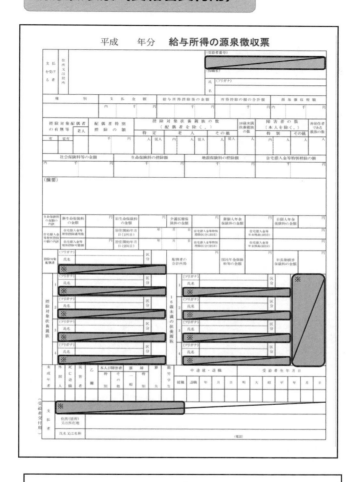

※受給者交付用には、個人番号（支払者の法人番号を含みます。）は、一切記載しない。

（出典）国税庁資料を基に作成

● 図表 5-3　控除対象扶養親族や 16 歳未満の扶養親族が 5 人以上いる場合や配偶者特別控除の対象となる配偶者がいる場合の記載例

【事例】
(1) 国税花子：配偶者特別控除の対象となる配偶者、個人番号：678901234567
(2) 国税春男：5 人目の控除対象扶養親族、個人番号：789012345678
(3) 国税夏男：5 人目の 16 歳未満の扶養親族かつ国外居住親族（非居住者）、個人番号：890123456789

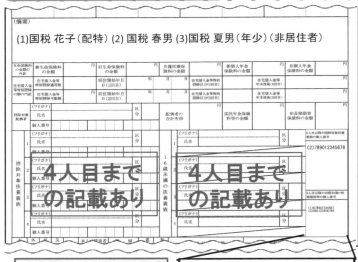

源泉徴収票（税務署提出用）

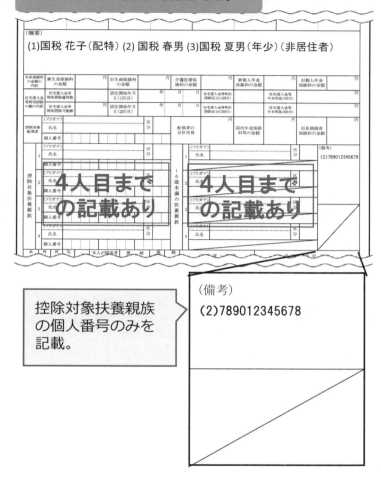

控除対象扶養親族の個人番号のみを記載。

(備考)
(2)789012345678

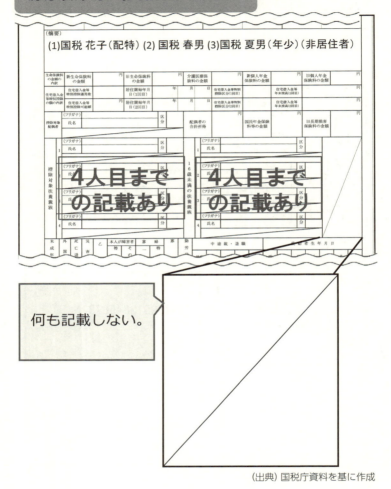

(出典) 国税庁資料を基に作成

氏名・番号記載欄の右側の欄に対象者の番号をそれぞれ対応が分かるように記載する。また、配偶者特別控除についても同様に、摘要欄と氏名・番号記載欄の右側の欄に対象者の氏名及び番号を対応が分かるように記載する（図表5-3参照）。

　税務署提出用の源泉徴収票についても、給与支払報告書と基本的に同様だが、16歳未満の扶養親族等（「（摘要）」に記載された配偶者特別控除の対象となる配偶者を含む。）の個人番号は記載しない。

　また、平成27年分以前において年末調整を行っていない場合、源泉徴収票には扶養親族の氏名を記載しないことも認められていたが、平成28年分以降の給与所得の源泉徴収票（税務署提出用）には、年末調整を行っていない場合であっても、従業員から提出を受けた扶養控除等申告書の記載に応じ、扶養親族等の氏名や個人番号を記載する必要がある[*29]。

　なお、扶養控除等申告書の提出を受けていない場合については、当然のことながら扶養親族等の氏名や個人番号について記載する必要はない。

　一方、受給者交付用の源泉徴収票には、個人番号（支払者の法人番号を含む。）は、一切記載しない[*30]。

❸　支払調書

　支払調書については、原則として、平成28年1月以降に金銭等の支払等が行われるものから、個人番号を記載することとされている。例えば、「報酬、料金、契約金及び賞金の支払調書」については、平成28年1月以後に支払等が確定したものについて、支払を受ける者及び支払者の個人番号又は法人番号を記載することとされている。

　また、「配当、剰余金の分配及び基金利息の支払調書」や「特定口座年間取引報告書」等の税法上告知義務が規定されている一部の調書で平成28年1月

[*29] 国税庁FAQ（調書）A2-4。
[*30] この取扱いは平成27年10月2日の所得税法施行規則の改正によるものであるので、注意が必要である。すなわち、この改正前は、受給者交付用の源泉徴収票にも個人番号を記載するものとされていたので、この改正前に刊行された書籍等の説明は参考にならないのでご注意いただきたい（受給者交付用の源泉徴収票に個人番号を記載すると番号法違反となるので要注意）。

1日前に締結された「税法上告知したとみなされる取引」に基づき、同日以後に金銭等の支払等が行われるものに係る番号の告知及び本人確認については、同日から3年を経過した日以後の最初の金銭等の支払等の時までの間に行うことができるという猶予規定が設けられている。ただし、「報酬、料金、契約金及び賞金の支払調書」など、猶予規定が設けられていない支払調書については、平成28年1月以降の支払に係る法定調書を提出する時までに個人番号又は法人番号の提供を受け、記載する必要がある。

(1) 報酬、料金、契約金及び賞金の支払調書

報酬等の支払調書の様式は、様式5-13のとおりである。

支払者である事業者は、支払調書を作成する前までに支払を受ける者の個人番号又は法人番号の提供を受ける必要がある。個人番号の提供を受ける場合には、個人番号カード等により、本人確認を行う必要がある(前章(⇒83ページ以下)参照)。

●様式5-13 報酬、料金、契約金及び賞金の支払調書

(出典) 国税庁資料を基に作成

(2) 不動産の使用料等の支払調書

① 様式

不動産の使用料等の支払調書の様式は、様式5-14のとおりである。なお、番号の必要記載事項については、不動産等の譲受けの対価の支払調書及び売買又は貸付あっせん手数料の支払調書についても同様である。

支払者である事業者は、支払調書を作成する前までに支払を受ける者及びあっせんをした者の個人番号又は法人番号の提供を受ける必要がある。個人番号の提供を受ける場合には、個人番号カード等により、本人確認を行う必要がある（前章（⇒81ページ以下）参照）。

② 共有持分の場合

共有持分に係る不動産の使用料等の支払調書は、共有者ごとに作成することとされているので、共有者ごとに支払調書を作成し、共有者の個人番号又は法人番号も記載した上で提出する必要がある[*31]。

●様式5-14　不動産の使用料等の支払調書

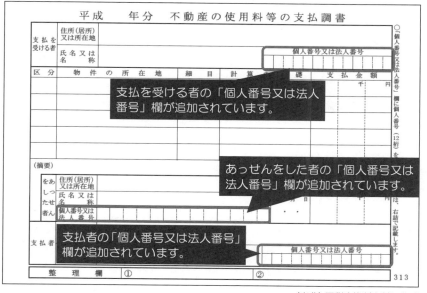

（出典）国税庁資料を基に作成

＊31　以下については、国税庁FAQ（調書）A4-1。

また、それぞれの共有持分が不明な場合には、支払った総額を記載した支払調書を共有者の人数分の枚数作成することとされているが、支払を受ける者の欄には、共有者連名ではなく各人ごとに記載する必要がある。この場合、摘要欄には、①「共有持分不明につき総額を記載」とし、②他の共有者の数、③他の共有者の氏名（名称）及び個人番号又は法人番号を記載することとなる。

　なお、共有者が複数いる場合（賃貸借契約も連名となっている場合）で、実際の振込先が１人であっても、実際の振込先の者ではなく契約上金銭の支払を受けることとなっている者ごとに作成しなければならないので（所税則90）、共有者ごとに支払調書を作成する必要がある[*32]。

❹　法定調書合計表

　「給与所得の源泉徴収票」、「退職所得の源泉徴収票」、「報酬、料金、契約金及び賞金の支払調書」、「不動産の使用料等の支払調書」、「不動産等の譲受けの対価の支払調書」又は「不動産等の売買又は貸付けのあっせん手数料の支払調書」を税務署等へ提出する場合には、「給与所得の源泉徴収票等の法定調書合計表」を作成し、添付する必要がある。

　「給与所得の源泉徴収票等の法定調書合計表」の様式は、様式5-15のとおりであり、提出者の個人番号又は法人番号を記載することとなる（個人番号を記載する場合は、先頭の１マスを空欄にして右詰めで記載）。

　なお、この合計表の控用の取扱いについても、149ページで解説した申告書等の控用の場合と同様に、特に個人番号については印字すべきではない。

❺　本人への交付

　各種支払調書は、作成時あるいは税務署等への提出時に、併せて、支払内容の確認などのために、本人に対しても交付するという定着した実務慣行がある。

　しかし、支払調書は、法令上は税務署等への提出が義務付けられているも

＊32　国税庁FAQ（調書）A4-3。

● 様式5-15　給与所得の源泉徴収票等の法定調書合計表

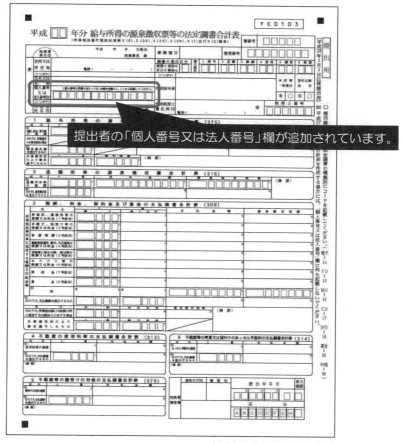

(出典) 国税庁資料を基に作成

のであり（所税225①）、一部を除き*33、本人への交付の定めはない。そのため、

---

*33　法令上、本人に対して交付義務のある法定調書（支払通知書）は、以下のものであり、これらについても、法令上、本人に対して交付するものについては個人番号を記載しないこととされている。
・給与所得の源泉徴収票
・退職所得の源泉徴収票
・公的年金等の源泉徴収票
・配当等とみなす金額に関する支払調書（支払通知書）

Ⅲ　法定調書等の作成　　**169**

そのような支払調書を本人に交付することは番号法19条各号で認められる特定個人情報の提供に該当しない。

したがって、本人に交付する支払調書には、一切の個人番号を記載してはならない（記載すると番号法違反となる。）[34]。実務的には、個人番号を記載しない「支払調書の写し」等を交付することとなる。

なお、個人情報保護法25条に基づいて開示の求め（⇒304ページ）を行った本人に開示を行う場合は、交付を受ける本人の個人番号を記載した支払調書等の写しを本人に送付することができる[35]。その際の開示の求めを受け付ける方法としては、書面による方法のほか、口頭による方法等を定めることも考えられる。この場合、当該支払調書等の写しに本人以外の個人番号が含まれているときには、本人以外の個人番号を記載しない措置や復元できない程度にマスキングする等の工夫が必要となる。

・オープン型証券投資信託収益の分配の支払調書（支払通知書）
・上場株式配当等の支払に関する通知書
・特定口座年間取引報告書

[34] 国税庁FAQ（調書）A1-1。
[35] 以下については、マイナンバーガイドラインQA・A5-8。

Ⅳ クライアント等から個人番号を取得できない場合

　これまで述べてきたように、申告書や調書等に個人番号を記載することは法令で定められた義務である。それにもかかわらず、クライアント等が個人番号を教えてくれないとき、税理士等はどのように対処すべきか。

　まずは、個人番号を申告書等に記載することは法令で定められた義務（税通124①等）であることを当該クライアント等に説明し、それでも教えてくれない場合は、当該クライアント等に説明した経緯を記録・保存し、後日税務署等から照会があった場合に経緯を説明できるようにしておくべきである。経過等の記録がなければ、個人番号の提供を受けていないのか、あるいは提供を受けたのに紛失したのかが判別できないからである。

　そして、クライアント等から個人番号を取得できなければ申告書等に個人番号を記載することができないが、税務署等では、番号制度導入直後の混乱を回避する観点などを考慮し、申告書等に個人番号の記載がない場合でも受理することとしている[36]。

　したがって、クライアント等がどうしても個人番号を教えてくれない場合には、個人番号を記載せずに申告書等を提出すればよい（後日、税務署等から問合せがくる可能性はある。）。

　なお、税務署等が申告書等に個人番号の記載がない場合でも受理することとしているとしても、当然のことながら、税理士は法令を遵守しなければならないのであるから、できるだけ個人番号を記載するよう努めるべきである。

---

[36] 国税庁FAQ（制度概要）A2-3-2。

Ⅴ 税務署等に提出する際の本人確認

　税理士等が税務代理人として、税務署等の行政機関に納税者の個人番号を提供するときは、法令で定める代理人による本人確認を行わなければならない。

❶ 主な税目毎の税務署等へ提出時の本人確認の要否

　まず、主な税目別の税務署等に書類を提出する際の本人確認の要否については、図表5-4のとおりである。このポイントは、申告書等を提出する納税者本人が個人である場合の当該納税者に限って税務署等に対して本人確認が必要であり、その余の者については不要ということである。

●図表5-4　税務署等へ書類を提出する際の本人確認の要否

税目	税務署等へ提出時の本人確認の要否
所得税	○申告書を提出する納税者本人の本人確認のみ：要 ○控除対象配偶者・扶養親族・事業専従者等　：不要
贈与税	○納税者本人が個人の場合：要 ○納税者本人が法人の場合：不要
法人税	不要
消費税	○納税者本人が個人の場合：要 ○納税者本人が法人の場合：不要
相続税	○財産を取得した者が個人の場合　　　：要 ○財産を取得した者が法人のみの場合：不要
法定調書	○提出者本人が個人の場合：要 ○提出者本人が法人の場合：不要 ※支払を受ける者等の個人番号にかかる本人確認は不要
申請書・届出書	○個人番号を記載した提出者本人が個人の場合のみ：要 ※提出者本人以外の個人番号にかかる本人確認は不要

(出典) 著者作成

(1) 所得税

　申告所得税については、申告書を提出する納税者本人のみに限って本人確認が必要である。所得税の申告書には、納税者本人以外にも、控除対象配偶者、扶養親族、事業専従者等の個人番号が記載されるが、これらの者にかかる本人確認は不要である。

(2) 贈与税

　贈与税については、申告する納税者本人が個人の場合に限って当該納税者に係る本人確認が必要である。納税者本人が法人の場合には不要である。

(3) 法人税

　法人税の申告書には法人番号は記載されるが、個人番号は一切記載されない。したがって、本人確認は不要である。

(4) 消費税

　消費税については、申告する納税者本人が個人の場合に限って当該納税者にかかる本人確認が必要である。納税者本人が法人の場合には不要である。

(5) 相続税

　相続税については、申告する相続人等（財産を取得した者）が個人の場合に限って当該相続人等に係る本人確認が必要である。申告する相続人等（財産を取得した者）が法人の場合には、当該法人にかかる本人確認は不要である。

(6) 法定調書

　法定調書を提出する者本人が個人の場合に限って、当該提出者に係る本人確認が必要である。提出者本人が法人の場合には不要である。

　また、各種法定調書には提出者（支払者等）以外にも、支払を受ける者等の様々な個人番号が記載されるが、これらの者にかかる本人確認は不要である。

(7) 申請書・届出書

　申請書・届出書については、個人番号を記載した提出者本人が個人の場合のみ、当該提出者にかかる本人確認を要する。提出者本人が法人の場合や、提出者本人以外の個人についての本人確認は不要である。

❷ 税務署等へ書類提出時の本人確認手続

　番号法上、代理人が個人番号を提供する場合の本人確認手続には、原則として、①代理権の確認、②代理人の身元確認及び③本人の個人番号の確認が必要となる（番号令12②。⇒90ページ参照）。

$$
代理人による本人確認 \begin{cases} ①代理権の確認 \\ ②代理人の身元確認 \\ ③本人の番号確認 \end{cases}
$$

　税務署等に税務代理人として個人番号を提供する際における取扱いについては、書面提出の場合と電子申告による代理送信の場合で異なり、税理士による場合と税理士法人による場合でも異なっている。それぞれの場合の取扱いを整理したものが図表5-5である。

　税務代理人から税務署等に個人番号を提供する場合の本人確認のポイントは、書面提出による場合はマイナンバー制度導入前に比して添付書類が煩雑となり（全ての書面提出に税務代理権限証書、税理士証票及び納税者本人の番号確認書類を添付（又は提示））、電子申告による代理送信の場合は従来と手続に変更がないということである。

　以下では、それぞれの場合について、本人確認に必要な書類や手続等について解説する。

(1) 税理士（個人）が個人番号を提供する場合

① 書面提出の場合

【代理権の確認】：税務代理権限証書

　番号法上、本人の代理人として個人番号を提供する者が法定代理人以外の者である場合には、「委任状」が代理権の確認書類とされているが（番号則6①二。⇒92ページ）、税務関係手続においては、「税務代理権限証書」が委任状に相当する書類となる。したがって、税務署等は、申告書等（申請書や届出書等を含む。）の提出を受ける場合に、税務代理権限証書に基づき代理権の確認を行うこととなる。

●図表5－5　税務当局における税務代理人の本人確認

○ 税理士（個人）の本人確認書類

提出態様	番号提供を行う者	本人確認書類（方法）		番号確認
		代理権	身元確認	
税務代理権限証書（法30条書面）添付あり	対面	税理士	税務代理権限証書	税理士証票（提示・写しの提出）[★1][★2]	納税者の個人番号カード等（提示・写しの提出）[★1]
	郵送	税理士又は職員	税務代理権限証書	税理士証票（写しの提出）	納税者の個人番号カード等（写しの提出）
	電子申告（代理送信）	税理士	税務代理権限証書データ	税理士の電子証明書	当局によるシステム確認（写し等の別送不要）
税務代理権限証書（法30条書面）添付なし	対面	納税者本人		納税者の個人番号カード等（提示・写しの提出）	
	郵送	税理士又は職員		税理士証票（写しの提出）	納税者の個人番号カード等（写しの提出）
	電子申告（代理送信）	税理士	納税者の利用者識別番号又は利用者IDを入力し送信している事実	税理士の電子証明書	当局によるシステム確認（写し等の別送不要）

○ 税理士法人の本人確認書類

提出態様	番号提供を行う者	本人確認書類（方法）		番号確認
		代理権	法人実在・関係性	
税務代理権限証書（法30条書面）添付あり	対面	税理士法人・社員税理士又は職員	税務代理権限証書	社員税理士等の税理士証票（提示・写しの提出）[★1][★2]	納税者の個人番号カード等（提示・写しの提出）[★1]
	郵送	税理士法人・社員税理士等	税務代理権限証書	社員税理士等の税理士証票（写しの提出）	納税者の個人番号カード等（写しの提出）
	電子申告（代理送信）	税理士法人・社員税理士等	税務代理権限証書データ	法人実在・関係性確認済みの代理送信可能な利用者識別番号による送信（★3）	当局によるシステム確認（写し等の別送不要）
税務代理権限証書（法30条書面）添付なし	対面	納税者本人		納税者の個人番号カード等（提示・写しの提出）	
	郵送	社員税理士等		社員税理士等の税理士証票（写しの提出）	納税者の個人番号カード等（写しの提出）
	電子申告（代理送信）	税理士法人・社員税理士等	納税者の利用者識別番号又は利用者IDを入力し送信している事実	法人実在・関係性確認済みの代理送信可能な利用者識別番号による送信（★3）	当局によるシステム確認（写し等の別送不要）

★1．窓口の混雑防止を図り税務当局の負担を軽減する観点から、国税庁と日税連が協議しない職員も、計画に沿って、税理士証票の写しを持参し、併せて提出する。
★2．税理士の身分を確認する観点から、上記のとおり国税庁告示により定められている。
★3．eLTAXの場合は、国税庁・関係性確認済みの利用者識別番号について日税連サイトにて税理士証票の写し等の実在、関係性に関しては個人情報を有しない結果、国税庁・日税連が協議により特段の天付等を省略することから、日税連事業資料を基により法人の実在・関係性を確認する必要がある。

※ 国税関係手続は、上記のとおり国税庁告示により定められている。
※ 地方税関係手続の詳細は地方公共団体ごとに定められる告示により規定されるため、詳細は手続を行う地方公共団体に確認する必要がある。

（出典）日税連資料を基に作成

また、番号法上の本人確認は、個人番号の提供の都度、確認書類の提示が必要である。したがって、当初申告等において税目及び年分を記載した税務代理権限証書を提出している場合においても、申告書等の提出の都度、税務代理権限証書（当初提出分の写しでも可）の提出が必要となることに

Ⅴ　税務署等に提出する際の本人確認　　175

注意を要する。マイナンバー制度導入後は、各種申告書に限らず（当初申告書に添付した代理権限証書に税目及び年分を記載している場合であっても）、税務手続に係る申請書や届出書、修正申告書等についても、納税者本人の個人番号が記載されている書類を提出する場合には、例外なく、税務代理権限証書を添付する必要があるということである。

以上により、税務署等は、代理人から個人番号の提供があったか否かを、原則として税務代理権限証書の添付の有無により判断することとなり、税務代理権限証書の提出がないものについては、原則として納税者本人から個人番号の提供が行われたものとみなされる。

【代理人の身元確認】：税理士証票の提示又は写しの添付

税務代理人が、税務署等に対しクライアントの個人番号を記載した申告書等を提出する場合には、代理人である税理士の身元確認書類の提示等が必要となる。

番号法上は、代理人の身元確認書類として運転免許証等の写真付きの身分証明書を活用することもできる（⇒90ページ）。

しかしながら、にせ税理士の未然防止及び税務当局における本人確認事務の効率化の観点から、税務関係手続においては、国税庁と日税連との協議により、運用上、「税理士証票」を統一的な身元確認書類として取り扱うこととされた。

したがって、税理士が申告書等を税務署等の窓口で代理提出する際には、税理士証票の提示又は写しを添付する必要がある。なお、国税庁と日税連が協議した結果、国税関係手続においては写しを添付のうえ提出することを基本としている。また、税理士事務所の従業員等が税務署等の窓口で申告書等を提出する場合についても、税理士証票の写しを申告書等と併せて提出する必要がある。

申告書等を郵送等で提出する場合においては、申告書等に税理士証票の写しを添付する必要がある。

【本人の番号確認】：個人番号カード又は通知カード等の写し

納税者本人の個人番号を確認するために、原則として個人番号カード、通知カード又は個人番号が記載された住民票の写し等の添付が必要となる。

② 電子申告による代理送信の場合

【代理権の確認】：①税務代理権限証書データ
　　　　　　　　　②納税者本人の利用者識別番号の入力

　電子申告による代理送信についても、書面提出の場合と同様の取扱いの考え方に基づき、申告書等のデータ送信の際に併せて送付する税務代理権限証書データにより代理権の確認が行われる。

　また、電子申告の代理送信では、税務代理権限証書データの添付がない場合は、申告の代理までは受託せずに税務書類の作成業務のみを受託していることとなるが、この場合においても、代理送信を行う税理士は番号法上の代理人として取り扱われ、納税者本人の利用者識別番号を入力して送信することをもって、代理権の確認が行われる（国税庁告示2号告示19）。

　すなわち、電子申告による代理送信の場合は、税務代理権限証書データの添付のあるなしにかかわらず、全て、番号法上の代理人から個人番号の提供があったものとして取り扱われる。

　かくして、代理権の確認のための税務当局に対する手続は、マイナンバー制度導入以前と何ら変更は生じないこととなる。

【代理人の身元確認】：①公的個人認証サービスに基づく電子証明書
　　　　　　　　　　②その他電子申告で利用可能な電子証明書（ex.日税連カードによる電子証明書）

　電子申告による代理送信における代理人の身元確認については、代理送信の際の代理人の公的個人認証サービスに基づく電子証明書又はその他電子申告で利用可能な電子証明書（例：日税連ICカードに係る電子証明書）の署名送信により行われる（国税庁告示2号告示20）。

　電子申告による代理送信の場合、送信者（税務代理人）に係る電子証明書の添付は必須となっているので[37]、代理人の身元確認についても、マイナンバー制度導入以前と何ら変更は生じないこととなる。

---

[37] 新たな認証方式導入後（平成29年1月以降）においても、代理送信の場合、送信者（税理士）に係る電子証明書の添付は必須である。

【本人の番号確認】：行政機関等による番号確認（地方公共団体情報システム機構への照会等）

　オンライン手続において、対面や郵送等により個人番号の提供を受ける場合の原則的な本人確認書類である個人番号カード等の写しの別送を行うことは、オンライン手続（電子申告）の利便性を著しく損なうことから、税務手続における番号確認については、個人番号利用事務実施者である行政機関等が、システムで番号確認を行う（地方公共団体情報システム機構（⇒48ページ）への照会等）こととされている。

　したがって、電子申告による代理送信においては、行政機関等における納税者本人の番号確認のための書類等の提出は不要となる。

　つまり、本人の確認のための行政機関等に対する手続についても、マイナンバー制度導入以前と何ら変更は生じないこととなる。

(2) 税理士法人（法人代理人）が個人番号を提供する場合

①　書面提出の場合

【代理権の確認】：税務代理権限証書

　この取扱いについては、前述の税理士（個人）が個人番号を提供する場合と同様である。

【代理人の身元（実在）確認】：税理士証票の提示又は写しの添付

　法人代理人の身元（実在）確認には、原則として、当該法人の登記事項証明書及び当該法人の従業員等の社員証等の提示又は写しの添付が必要となる（国税庁告示2号告示20）。

　しかしながら、反復継続して行われる税務手続において、①都度、法人実在確認書類及び関係性確認書類の提示を求めることは、税理士法人の事務負担が増加すること、②税理士証票の写しの提出を受けることでなりすましの防止は担保されるものと考えられること、及び③税理士（個人）の税務代理手続と対応を統一化する観点から、国税庁と日税連の協議により、運用上、以下のように取り扱うこととされている。

　すなわち、税理士法人（法人代理人）の身元（実在）確認には、税理士法人の社員税理士又は所属税理士（以下「社員税理士等」という。）を「現に番号の提供を行う者」として取り扱い、当該社員税理士等の税理士証票

の提示又は写しを提出が求められることとなる[*38]。なお、窓口の混雑防止を図り税務当局及び税理士双方の負担を緩和する観点から、国税庁と日税連が協議した結果、国税関係手続においては写しを添付のうえ提出することが基本とされた。また、税理士資格を有しない税理士法人に勤務する従業員等が税務署等の窓口で申告書等を提出する場合についても、社員税理士等の税理士証票の写しを申告書等と併せて提出する必要がある。

申告書等を郵送等で提出する場合においては、申告書等に社員税理士等の税理士証票の写しを添付する必要がある。

【本人の番号確認】：個人番号カード又は通知カード等の写し

この取扱いについては、前述の税理士（代理人）が個人番号を提供する場合と同様である。

② 電子申告による代理送信の場合

【代理権の確認】：①税務代理権限証書データ
　　　　　　　　　②納税者本人の利用者識別番号の入力

この取扱いについては、前述の税理士（個人）が個人番号を提供する場合と同様である。

【代理人の身元（実在）確認】：代理送信用ＩＤ権限付与をもって確認

税理士法人が代理送信を行う際に利用する代理送信用利用者識別番号（以下「代理送信用ID」という。）には、税理士法人に係るものと社員税理士等に係るものの2つの類型が存在し、送信用データには社員税理士等に係る電子証明書（公的認証サービスに基づく電子証明書、日税連ICカードに係る電子証明書）による署名送信が行われている。いずれの場合においても、行政機関等における代理送信用IDを利用可能とする処理の過程において、当該税理士法人の実在確認及び社員税理士等の当該法人との関係性確認が行われているため、当該代理送信用IDを使用して正常送信されることをもって行政機関等における代理人である当該税理士法人の身元確認を行うこととされている。

＊38 税理士証票には所属する税理士法人の名称の表示があるため、行政機関等においては、税理士証票の確認を行うことにより、「法人実在確認」及び「関係性確認」の両者を確認することが可能となる。

したがって、電子申告による代理送信については、従来の電子申告の手続の過程の中で法人実在確認及び関係性確認が可能となり（国税庁告示2号告示20）、この手続についてもマイナンバー制度導入以前と何ら変更は生じないこととなる。

　ただし、社員税理士等が退職等により所属する税理士法人に変更等があった場合には、新たな代理送信用IDを取得する必要があることに注意を要する。退職した社員税理士等が、以前のクライアントの申告情報を電子申告のメッセージボックスから閲覧可能な状態とされることは、特定個人情報保護の観点から問題であるため、マイナンバー制度導入後においては、従来にも増して、所属する税理士法人の変更等に係る代理送信用IDの取扱いを徹底する必要がある。

【本人の番号確認】：行政機関等による番号確認（地方公共団体情報システム機構への照会等）

　この取扱いについては、前述の税理士（個人）が個人番号を提供する場合と同様である。

❸　本人確認書類の添付方法

　番号法上の本人確認は「本人から個人番号の提供を受けるとき」に行わなければならないので（番号16）、税務署等に申告書等を提出する際には、その都度、本人確認書類を添付する必要がある。

　そのため、例えば、日税連は、税理士及び税理士法人の代理人の身元確認について、税理士証票の写しを申告書等1件別に添付することを求めている[39]。

　しかし、この取扱いはあまりにも厳格な解釈であり、はっきり言って紙の無駄でしかない。1度の手続に同じ税理士証票のコピーを何枚も添付することに何の意味があるというのであろうか。書類を受理する税務署等の方で、1枚の税理士証票の写しを基に複数の書類の本人確認手続を実施することも問題ないと著者は解している。

＊39　税理士ガイドブック46～48ページ。

したがって、複数人分の申告書等をまとめて提出する場合、代理人の身元確認のための税理士証票の写しは1枚でかまわないだろう。

また、同様に、1人のクライアントが所得税と消費税をまとめて申告するような場合は、税務代理権限証書の税目欄に複数の税目をチェックして押印をもらっていれば、その1枚を添付すればよいだろう（写しは不要）。ただし、所得税は3月15日、消費税は3月末に、というように別のタイミングで個人番号が記載された申告書を提出する場合には、当初提出した税務代理権限証書のコピーを添付する必要がある。これは、書類を受理する税務署等で対応することが困難だからである。

さらに、本人の番号確認書類（個人番号カード、通知カード等の写し）についても、同様に考えてよいだろう。

なお、個人番号が記載された住民票の写しを本人の番号確認書類に用いる際で、同一世帯の者の個人番号が記載されている場合には、申告をする者以外の個人番号をマスキングするなどの対応が必要となる[*40]。

❹ 本人確認書類の添付漏れ

以上解説した税務代理人が申告書等を書面提出する場合の本人確認書類（①税務代理権限証書、②税理士証票の写し及び③納税者の番号確認書類）の添付は番号法上必須であるが、何らかの理由でこれらの添付等がないからといって税務署等が申告書等を受理しないということはない。その理由は173ページで述べたように、そもそも個人番号の記載がない場合でも申告書等は受理されるからである。

また、上記3点の本人確認書類のうち、特に③納税者の番号確認書類の不備については、税務当局内部で確認可能であるから、後日、税務署等から提出を求められることはないものと考えられる。

一方、①税務代理権限証書又は②税理士証票の写しの不備については、税務署等から後日提出を求められることもあり得る。

＊40 国税庁FAQ（相続・贈与）A1-3・2-2。

第6章

個人データ・特定個人情報の情報管理における注意点

Ⅰ 概　要

❶ 基本的な考え方

　個人情報保護法において、個人情報取扱事業者は、その取り扱う個人データ（⇒33ページ）について、利用目的の範囲内で、正確かつ最新の内容に保つよう努めるとともに（個人情報19）[*1]、その取り扱う個人データの漏えい、滅失又は毀損の防止その他の個人データの安全管理のために必要かつ適切な措置を講じなければならないとされている（同20）。

　また、個人番号利用事務等実施者（⇒45ページ）である事業者は、特定個人情報等（⇒44ページ）の漏えい、滅失又は毀損の防止等、特定個人情報等の管理のために、必要かつ適切な安全管理措置を講じなければならない（番号12、33）。

　したがって、税理士等は業務で取り扱う個人データ及び特定個人情報等の管理のために、必要かつ適切な安全管理措置を講じなければならない[*2]。

　税理士等が業務で取り扱う個人データ及び特定個人情報等には、自己の事務所の従業員等（所属税理士等を含む。）に係るものと委託されたクライアントに係るものとがあり、それぞれ事務取扱担当者等が異なることが考えられることから、その際には、それぞれの観点による安全管理措置を講ずる必要がある点に注意すべきである。

---

*1　保有する個人データを一律に又は常に最新化する必要はなく、それぞれの利用目的に応じて、その必要な範囲内で正確性・最新性を確保すれば足りるとされている（個人情報ガイドライン（通）40ページ）。

*2　税理士等が行う個人番号を取り扱う業務には、申告書等の作成・提出等、個人番号関係事務に該当するものとしないものがあるが、税理士等は、税理士法37条に規定される信用失墜行為の禁止及び同38条に規定される秘密を守る義務の規定を遵守しなければならず、また、個人番号関係事務に該当しない事務を行う場合であっても、クライアントの特定個人情報等を取り扱うことに変わりはないため、個人番号関係事務に該当しない場合であっても必要かつ適切な安全管理措置を講じる必要がある（税理士ガイドブック77ページ）。

また、個人情報取扱事業者は、従業者[*3]に個人データ及び特定個人情報等を取り扱わせるに当たっては、安全管理措置が適切に講じられるよう、当該従業者に対する必要かつ適切な監督を行わなければならない（個人情報21、番号34）。

　したがって、税理士等はその事務所の従業者に対して必要かつ適切な監督も行わなければならない。

　事業者が個人データ及び特定個人情報等を適正に管理するために講ずべき具体的な措置の内容としては、基本方針及び取扱規程等の策定、組織的安全管理措置、人的安全管理措置、物理的安全管理措置並びに技術的安全管理措置が挙げられる。そこで本章では、これらの措置について、税理士事務所（税理士法人を含む。）においてどのように対応すべきかを中心に解説することとする。

　なお、以下に解説する税理士事務所における安全管理対策と体制整備の手法等については、あくまでも例示であり、各手法に限定する趣旨ではない。税理士事務所の規模等に応じて、適切な手法を採用していただきたい。

●図表6-1　事業者が講ずべき安全管理措置のイメージ

(出典)個人情報保護委員会資料を基に作成

---

*3　「従業者」とは、事業者の組織内にあって直接間接に事業者の指揮監督を受けて事業者の業務に従事している者をいう。従業員よりも広い概念であり、具体的には、従業員のほか、取締役、監査役、理事、監事、派遣社員等が含まれる（個人情報ガイドライン（通）42ページ）。

I　概要　**185**

❷ 中小規模事業者に対する特例と税理士等の位置付け

　個人情報ガイドライン（通）及びマイナンバーガイドラインでは、事務で取り扱う個人データ等の数量が少なく、また、個人データ及び特定個人情報等を取り扱う従業者が限定的である等の事業者につき、例外的に「中小規模事業者」と位置づけ、相対的に柔軟な対応方法が示されている。

　「中小規模事業者」とは、事業者のうち従業員の数が100人以下の事業者であって、次に掲げる事業者を除く事業者をいう[*4]。

個人情報ガイドライン（通）

> ①　その事業の用に供する個人情報データベース等を構成する個人情報によって識別される特定の個人の数の合計が過去6月以内のいずれかの日において5,000を超える者
> ②　委託を受けて個人データを取り扱う者

マイナンバーガイドライン

> ①　個人番号利用事務実施者
> ②　委託に基づいて個人番号関係事務又は個人番号利用事務を業務として行う事業者
> ③　金融分野（個人情報保護委員会・金融庁作成の「金融分野における個人情報保護に関するガイドライン」第1条第1項に定義される金融分野）の事業者
> ④　その事業の用に供する個人情報データベース等を構成する個人情報によって識別される特定の個人の数の合計が過去6月以内のいずれかの日において5,000を超える事業者

　この定義によれば、原則として、従業員の数が100人以下の事業者が該当するので、税理士等のクライアントの大多数は「中小規模事業者」に該当することとなろう。

　これに対し、税理士等についてはどちらのガイドラインにおいても②の委託に基づいて業務を行う事業者に該当するので、税理士事務所の規模や業務形態に関わらず中小規模事業者には該当せず、両ガイドラインに示される原則的な対応方法に従わなければならない。

＊4　個人情報ガイドライン（通）86ページ、マイナンバーガイドラインの一部改正告示案18ページ。

なお、両ガイドラインでの中小規模事業者における対応方法については、原則的対応方法との対比表を本章の末尾（⇒286ページ以下）に掲載しているので参照されたい。

II 事前準備事項

　番号法における安全管理措置が税理士等の義務として先行していたことから、以下では税理士事務所において、番号法上の安全管理措置の取組みが既に一定程度行なわれていることを前提に、個人情報保護法上の安全管理措置についてのポイントを補足する形で説明する。

❶ 準備作業の流れ

　税理士事務所において、個人データ及び特定個人情報等を適正に管理し、体制を整備するための準備作業の流れは、一般的に、図表6-2のようになるものと考えられる。

●図表6-2　準備作業の流れ

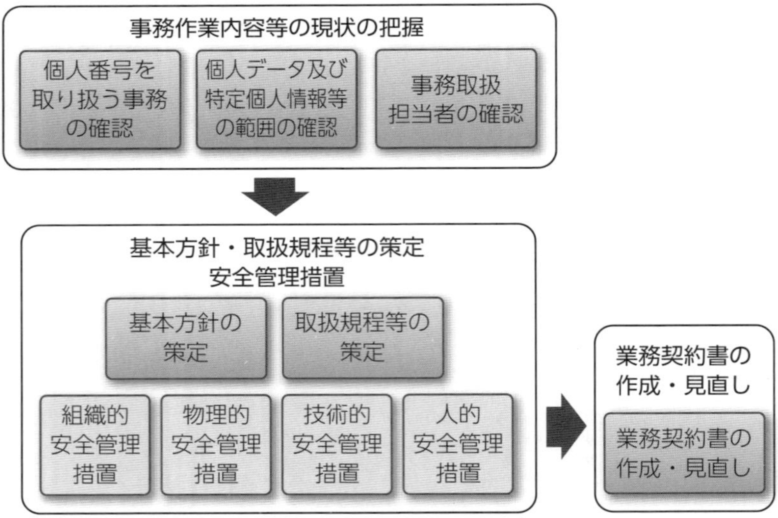

```
事務作業内容等の現状の把握
┌──────────┬──────────┬──────────┐
│ 個人番号を  │ 個人データ及び │ 事務取扱   │
│ 取り扱う事務 │ 特定個人情報等 │ 担当者の確認 │
│ の確認     │ の範囲の確認  │          │
└──────────┴──────────┴──────────┘
          ↓
基本方針・取扱規程等の策定
安全管理措置
┌──────┬──────┐                ┌──────────┐
│ 基本方針の │ 取扱規程等の│                │ 業務契約書の │
│ 策定     │ 策定     │                │ 作成・見直し │
└──────┴──────┘      →         ├──────────┤
┌────┬────┬────┬────┐       │ 業務契約書の │
│組織的 │物理的 │技術的 │人的   │       │ 作成・見直し │
│安全管理│安全管理│安全管理│安全管理│       └──────────┘
│措置  │措置  │措置  │措置  │
└────┴────┴────┴────┘
```

(出典)日税連資料を基に作成

　このうち、本節では、「事務作業内容等の現状の把握」の手法について解説する。なお、基本方針・取扱規程等の策定以降の手続については次節以降で解説する。

❷ 事務作業内容等の明確化

　事業者は、特定個人情報等の取扱いを検討するに当たって、あらかじめ以下の3点を明確にしておく必要がある。
　①　個人番号を取り扱う事務の範囲
　②　特定個人情報等の範囲
　③　事務取扱担当者
以下では、税理士事務所におけるこれらへの対応について解説する。

(1) 個人番号を取り扱う事務の範囲

　税理士事務所において個人番号を取り扱う事務の範囲を明確にしておかなければならない。具体的には、税理士事務所における個人番号を取り扱う事務には次のようなものがある。なお、明確化した個人番号を取り扱う事務は、事務所ごとに策定する「特定個人情報取扱規程」等に規定する必要がある（⇒196ページ）。

　①　事務所従業員等に係る事務

　　税理士事務所の従業員等の給与所得に係る源泉徴収票等の作成事務、健康保険・厚生年金事務及び労働保険事務を行う際に、従業員等（従業員等の扶養親族を含む。）の個人番号を取得し、源泉徴収票や社会保障関係書類等に当該個人番号を記載し行政機関等に提出する事務。

　②　クライアントの法定調書作成事務

　　税理士等とクライアントとの業務委嘱契約等に基づきクライアントの従業員等の給与所得に係る源泉徴収票等の法定調書の作成事務を行う際に、クライアントの従業員等（従業員等の扶養親族等を含む。）の個人番号を取得し、源泉徴収票等に当該個人番号を記載し行政機関等に提出する事務。

　③　税務代理・税務書類の作成事務

　　税理士等とクライアントとの業務委嘱契約等に基づきクライアントの税務代理（税理士2①一）又は税務書類の作成（同項二）に係る事務を行う際に、クライアントに係る個人番号を取得し、当該申告書等に個人番号を記載し行政機関等に提出する事務。

　　なお、個人番号の記載を要する国税関係書類の一覧については、122ペー

ジ以下を参照されたい。

(2) 特定個人情報等の範囲

　税理士事務所において、**(1)**で明確化した事務において取り扱う特定個人情報等の範囲を明確にしておかなければならない。特定個人情報等の範囲を明確にするとは、事務において使用される個人番号及び個人番号と関連付けて管理される個人情報（氏名、生年月日、住所等）を明確にすることをいう。

　個人番号を取り扱う事務において作成する書類等に記載する情報の全てが特定個人情報等に該当することを理解しておく必要がある。

　税理士事務所で取り扱う特定個人情報等としては、例えば個人番号を含む申告書や法定調書などの情報が該当する。各種税務書類に含まれる特定個人情報等の例は図表6-3のとおりである。

●図表6-3　各種税務書類に含まれる特定個人情報等の例

手続書類の例	特定個人情報等の項目例
所得税申告書	氏名、個人番号、納税地、生年月日、性別、課税標準、税額、各二表情報の項目　等
源泉徴収票	氏名、個人番号、住所又は居所、支払金額、給与所得控除後の給与等の金額、所得控除の額の合計額、源泉徴収税額、控除対象配偶者・控除対象扶養親族・障害者等に関する情報　等
給与所得者の扶養控除等（異動）申告書	氏名、個人番号、住所又は居所、生年月日、世帯主の氏名・続柄、控除対象配偶者・控除対象扶養親族・障害者等に関する情報　等
給与所得者の保険料控除申告書 兼 給与所得者の配偶者特別控除申告書	氏名、個人番号、住所又は居所、生命保険料控除に関する情報、地震保険料控除に関する情報、社会保険料控除に関する情報、小規模企業共済等掛金控除に関する情報、配偶者特別控除に関する情報　等
支払調書関係（受取人が個人の場合）	氏名、個人番号、支払金額等、源泉徴収税額　等

(出典) 日税連資料を基に作成

(3) 事務取扱担当者

　税理士事務所において、**(1)**で明確化した事務において個人番号を取り扱う担当者（以下「事務取扱担当者」という。）を明確にしておかなければならな

い。事務取扱担当者の明確化の程度については、部署名（〇〇課、〇〇係等）、事務名（〇〇事務担当者）等により、担当者が明確になれば十分であり、部署名等により事務取扱担当者の範囲が明確化できない場合には、事務取扱担当者を指名する等を行う必要があると考えられる[*5]。

税理士事務所における事務取扱担当者は、次に掲げる者が想定される。
① 従業員等の給与事務や社会保険・労働保険事務担当者を定めている場合：当該事務担当者
② 事務所内に経理課・総務課等の部署がある場合：その所属課員で給与事務、社会保険・労働保険事務等を担当する者
③ クライアントから依頼された源泉徴収事務等及び税務代理、税務書類の作成事務等を行う従業員等

①及び②は、税理士事務所の従業員等の個人番号に係る事務取扱担当者であり、③はクライアントの個人番号に係る事務取扱担当者である。税理士事務所における事務取扱担当者は、この2つに分類される。

特に③については、税理士業務の補助を担当する従業員等も該当するので、結果的に、一般的な税理士事務所においては、ほぼ全ての従業員等が事務取扱担当者に該当することが想定される。

なお、明確化した事務取扱担当者は、事務所ごとに策定する「特定個人情報取扱規程」等に規定する必要がある（⇒196ページ）。

❸ 個人データ

税理士等においては、クライアントの個人データに該当するものはそのほとんどが特定個人情報等に該当するものと思われるが、特定個人情報等に該当しない個人データについては、その範囲を明確にして取り扱う「従業者」を定めなければならない。

ただ、実際上、特定個人情報等の事務取扱担当者と別に定める必要性は少ないものと思われる。

[*5] マイナンバーガイドラインQA・A10-1。

Ⅲ 基本方針の策定

　個人情報ガイドライン（通）及びマイナンバーガイドラインでは、個人データ及び特定個人情報等の適正な取扱いの確保について、組織として取り組むために、基本方針を策定することが重要[*6]であると位置付けられている。

　基本方針に定める項目としては、次に掲げるものが挙げられる（この点は、両ガイドラインで共通である。）。

① 税理士事務所名
② 関係法令・ガイドライン等の遵守
③ 安全管理措置に関する事項
④ 質問及び苦情処理の窓口　等

　基本方針の内容としては、企業や税理士事務所のウェブサイトに掲載されている既存の個人情報保護方針[*7]にマイナンバーの取扱いを加えたものとイメージすればよい[*8]。基本方針の公表は義務付けられていないが[*9]、事務所の従業員等はもちろん、個人データ及び特定個人情報を取り扱うこととなるクライアントにも周知する必要がある。

　基本方針の具体的な形式等については、税理士事務所のための個人情報及び特定個人情報の適正な取扱いに関する基本方針のひな型を以下に掲載するので参照されたい。

[*6] マイナンバーガイドライン及び個人情報ガイドライン（通）では、基本方針の策定は「重要」として位置づけられ、策定が義務付けられているわけではない。もっとも、税理士事務所は、その本来業務においてクライアントの特定個人情報等を取り扱うこととなるので、すべからく基本方針を策定すべきであろう。

[*7] 「個人情報保護方針」とは、企業等が収集した個人情報の取扱いについての指針である。収集の目的、管理方法、用途及び免責事項等をまとめて明記したものを指し、「プライバシーポリシー」とも称されている。一般的に、インターネットのウェブサイト等で企業や運営主体の連絡先とともに公開される（『大辞泉』（小学館）参照）。税理士事務所のウェブサイトにおいても、一般的に、個人情報保護方針が掲載されている。

[*8] マイナンバーガイドラインQAには、「特定個人情報等の取扱いに係る基本方針は、既存の個人情報の取扱いに関する基本方針（個人情報保護方針等）を改正する方法又は別に策定する方法いずれでも差し支えありません。」と記述されている（A12-1）。

[*9] マイナンバーガイドラインQA・A12-2。

様式6-1 個人情報の適正な取扱いに関する基本方針（ひな型）

　○○○○税理士事務所（以下「当事務所」といいます。）は、個人情報の適正な取扱いの確保について組織として取り組むために、お客様、取引先及び従業員等の個人情報の保護を重要事項として位置づけ、「個人情報の適正な取扱いに関する基本方針」を以下のとおり定め、代表者、従業員、その他の従業者に周知し、徹底を図ります。

1．取組方針
　当事務所は、個人情報に関する法令、個人情報保護委員会等が策定するガイドラインその他の規範を遵守し、当事務所のお客様、取引先及び従業員等の個人情報を収集、利用、提供するに当たって、全従業者が個人情報の保護の重要性を理解し、当事務所が定めた取扱規程に従い適切に取り扱うとともに、個人情報保護の管理体制及びその取組について、継続的な改善に努めます。

2．利用目的
　当事務所は、個人情報を以下の利用目的の範囲内で取り扱います。
① 従業員等に係る源泉徴収事務、社会保険関係事務及び労働保険関係事務
② 務委嘱契約等に基づく年末調整事務及び法定調書作成事務
③ 業務委嘱契約等に基づく税務代理
④ 業務委嘱契約等に基づく税務書類の作成
⑤ 上記③及び④に付随して行う事務

3．第三者への提供に関する事項
　当事務所は、以下に定める場合を除き、あらかじめご本人の同意を得ることなく、個人情報を第三者に提供することは致しません。
① 法令に基づく場合
② 人の生命、身体又は財産の保護のために必要がある場合であって、本人の同意を得ることが困難であるとき
③ 公衆衛生の向上又は児童の健全な育成の推進のために特に必要がある場合であって、本人の同意を得ることが困難であるとき
④ 国の機関若しくは地方公共団体又はその委託を受けた者が法令の定める事務を遂行することに対して協力する必要がある場合であって、本人の同意を得ることにより当該事務の遂行に支障を及ぼすおそれがあるとき

4．安全管理措置に関する事項
（1）当事務所は、個人情報の漏えい、滅失又は毀損の防止等、個人情報の管理のために取扱規程を定め、必要かつ適切な安全管理措置を講じます。また、従業者に個人情報を取り扱わせるに当たっては、個人情報の安全管理措置が適切に

講じられるよう、当該従業者に対する必要かつ適切な監督を行います。
(2) 個人情報の取扱いについて、お客様、取引先及び従業員等の許諾を得て第三者に委託する場合には、十分な個人情報保護の水準を備える者を選定するとともに、契約等により安全管理措置を講じるよう定めた上で、委託先に対する必要かつ適切な監督を行います。

5．問い合わせ等に関する事項
　当事務所は、本人またはその代理人から、自己の保有個人データの開示、訂正、削除の求めがあったときは、次の各号の場合を除き、個人情報の取扱いに関するお問合せ等に対し、適切に対応いたします。
① 本人または第三者の生命、身体、財産その他の権利利益を害するおそれがある場合
② 当事務所の業務の適正な実施に著しい支障を及ぼすおそれがある場合
③ 法令に違反することになる場合

　　　　　　　　　　　　　　　　　　　　平成〇〇年〇月〇日
　　　　　　　　　　　　　　　　　　　　〇〇〇〇税理士事務所
　　　　　　　　　　　　　　　　　　　　所長　税理士　〇〇〇〇

〇〇税理士事務所（税理士法人）個人情報の適正な取扱いに関するお問合せ先
　事務所所在地
　電話番号
　メールアドレス

（出典）著者作成

様式6-2 特定個人情報等の適正な取扱いに関する基本方針（ひな型）

　〇〇〇〇税理士事務所（以下「当事務所」といいます。）は、個人番号及び特定個人情報（以下「特定個人情報等」といいます。）の適正な取扱いの確保について組織として取り組むために、お客様、取引先及び従業員等の特定個人情報等の保護を重要事項として位置づけ、「特定個人情報等の適正な取扱いに関する基本方針」を以下のとおり定め、代表者、従業員、その他の従業者に周知し、徹底を図ります。

1．特定個人情報等の適正な取扱い
　当事務所のお客様、取引先及び従業員等の特定個人情報等を取得、保管、利用、提供又は廃棄するに当たって、当事務所が定めた取扱規程に従い適切に取り扱います。

2．利用目的
　当事務所は、特定個人情報等を以下の利用目的の範囲内で取り扱います。

(1) 従業員等に係る源泉徴収事務、社会保険関係事務及び労働保険関係事務
(2) 業務委嘱契約等に基づく年末調整事務及び法定調書作成事務
(3) 業務委嘱契約等に基づく税務代理
(4) 業務委嘱契約等に基づく税務書類の作成
(5) 上記(3)及び(4)に付随して行う事務

3．安全管理措置に関する事項

(1) 当事務所は、特定個人情報等の漏えい、滅失又は毀損の防止等、特定個人情報等の管理のために取扱規程を定め、必要かつ適切な安全管理措置を講じます。また、従業者に特定個人情報等を取り扱わせるに当たっては、特定個人情報等の安全管理措置が適切に講じられるよう、当該従業者に対する必要かつ適切な監督を行います。
(2) 特定個人情報等の取扱いについて、お客様、取引先及び従業員等の許諾を得て第三者に委託する場合には、十分な特定個人情報保護の水準を備える者を選定するとともに、契約等により安全管理措置を講じるよう定めた上で、委託先に対する必要かつ適切な監督を行います。

4．関係法令、ガイドライン等の遵守

　当事務所は、個人情報及び特定個人情報等に関する法令、個人情報保護委員会が策定したガイドライン及び日本税理士会連合会が策定したガイドブックその他の規範を遵守し、全従業者が特定個人情報等の保護の重要性を理解し、適正な取扱い方法を実施します。

5．継続的改善

　当事務所は、特定個人情報等の保護が適正に実施されるよう、本基本方針及び所内規程類を継続して改善します。

6．お問合せ

　当事務所は、特定個人情報等の取扱いに関するお問合せに対し、適切に対応いたします。

平成〇〇年〇月〇日
〇〇〇〇税理士事務所
所長　税理士　〇〇〇〇

〇〇税理士事務所（税理士法人）特定個人情報等の適正な取扱いに関する基本方針に関するお問合せ先
　事務所所在地
　電話番号
　メールアドレス

(出典) 日税連作成資料を基に作成

Ⅳ 取扱規程等の策定

　本章Ⅱ❷「事務作業内容等の明確化」(⇒189ページ)において、あらかじめ個人番号を取り扱う事務、特定個人情報等の範囲、事務取扱担当者等を明確にしておく必要があることを述べたが、そこで明確にされた事務の流れを整理して、特定個人情報等の具体的な取扱いを定めるため、取扱規程等を策定しなければならない。

　取扱規程等には、①取得⇒②利用⇒③保存⇒④提供⇒⑤削除・廃棄という管理段階ごとに、取扱方法、責任者・事務取扱担当者及びその任務について定めることが考えられる。また、具体的に定める事項としては、次節以降で解説する安全管理措置を織り込むことが重要である。

　個人データについては、個人情報ガイドライン(通)では、「個人情報取扱事業者は、その取り扱う個人データの漏えい等の防止その他の個人データの安全管理のために、個人データの具体的な取扱いに係る規律を整備しなければならない。」とした上で、手法の例示として「個人データの取扱規程を策定することが考えられる。」としており、必ずしも取扱規程等の策定を義務としていない[10]。

　ただ、通常は、個人情報保護に関する取扱い規程等の(場合によっては情報セキュリティ規程等についても)策定が必要であると考えるべきであろう。

　なお、個人情報ガイドライン(通)では、規程等に安全管理措置を織り込むに当たり、特に、「情報システム(パソコン等の機器を含む。)を使用して個人データを取り扱う場合(インターネット等を通じて外部と送受信等する場合を含む。)は技術的安全管理措置の内容を織り込むことが重要である。」とされているので[11]、その点、注意が必要である。

　取扱規程等の具体的な形式等については、税理士事務所のための取扱規程等のひな型を以下に掲載しているので参照されたい。

＊10　個人情報ガイドライン(通)87ページ。
＊11　個人情報ガイドライン(通)87ページ。

様式6-3 ○○税理士事務所（税理士法人）個人情報等取扱規程（ひな型）

第1章　総則

（目　的）
第1条　本規程は、当事務所における個人情報の適正な取扱いの確保に関して、必要な事項を定めることを目的とする。

（定　義）
第2条　本規程において、各用語の定義は次の通りとする。
(1)　個人情報
　　　生存する個人に関する情報であって、当該情報に含まれる氏名、生年月日その他の記述等により特定の個人を識別することができるもの（他の情報と容易に照合することができ、それにより特定の個人を識別することができることとなるものを含む。）、又は個人識別符号が含まれるものをいう。
(2)　個人識別符号
　　　当該情報単体から特定の個人を識別するできるものとして個人情報の保護に関する法律の施行令に定められた文字、番号、記号その他の符号をいう。
(3)　個人情報データベース
　　　特定の個人情報をコンピュータを用いて検索することができるように体系的に構成した、個人情報を含む情報の集合物、又はコンピュータを用いていない場合であっても、ファイル、お客様台帳など書面で処理した個人情報を一定の規則（例えば、五十音順等）に従って整理・分類し、特定の個人情報を容易に検索可能な状態に置いているものをいう。
(4)　個人情報取扱事業者
　　　個人情報データベース等を事業の用に供している者のうち、国の機関、地方公共団体、独立行政法人等の保有する個人情報の保護に関する法律で定める独立行政法人等及び地方独立行政法人法で定める地方独立行政法人を除いた者をいう。
(5)　個人データ
　　　個人情報取扱事業者が管理する「個人情報データベース等」を構成する個人情報をいう。
(6)　保有個人データ
　　　個人情報取扱事業者が、本人又はその代理人から請求される開示、内容の訂正、追加又は削除、利用の停止、消去及び第三者への提供停止の全て（開示等）に応じることができる権限を有する「個人データ」をいう。ただし、以下に該当するものは除く。

ⅰ．当該個人データの存否が明らかになることにより、本人又は第三者の生命、身体又は財産に危害が及ぶおそれがあるもの。
 ⅱ．当該個人データの存否が明らかになることにより、違法又は不法な行為を助長し、又は誘発するおそれのあるもの。
 ⅲ．当該個人データの存否が明らかになることにより、国の安全が害されるおそれ、他国もしくは国際機関との信頼関係が損なわれるおそれ又は他国もしくは国際機関との交渉上不利益を被るおそれのあるもの。
 ⅳ．当該個人データの存否が明らかになることにより、犯罪の予防、鎮圧又は捜査その他の公共の安全と秩序の維持に支障が及ぶおそれがあるもの。
 ⅴ．6ヶ月以内に消去する（更新することは除く）こととなるもの。
(7) 本人
 個人情報によって識別される特定の個人をいう。
(8) 事務取扱担当者
 当事務所内の個人データを取り扱う部門にあって、個人情報等を取り扱う事務に従事する者をいう。
(9) 従業者
 当事務所にあって、直接間接に当事務所の指揮監督を受けて、当事務所の業務に従事している者をいう。
(10) 利用目的
 一連の個人情報の取扱いにより達成しようとする目的をいう。
(11) 個人情報の取扱い
 個人情報の取得、整理、分類、照合、処理、複製、委託、第三者提供、共同利用その他一切の利用、保有及び個人情報の廃棄、消去、破壊をいう。
(12) 本人の同意
 本人の個人情報が、個人情報取扱事業者によって示された取扱方法で取り扱われることを承諾する旨の当該本人の意思表示をいう。
(13) 明示
 本人に対し明確に示すことをいい、事業の性質及び個人情報の取扱状況に応じ、内容が本人に認識される合理的かつ適切な方法によるものをいう。
(14) 本人に通知
 本人に直接知らしめることをいい、事業の性質及び個人情報の取扱状況に応じ、内容が本人に認識される合理的かつ適切な方法によるものをいう。
(15) 公表
 広く一般に自己の意思を知らしめること（不特定多数の人々が知ることができるように発表すること）をいい、事業の性質及び個人情報の取扱状況に応じ、内容が本人に認識される合理的かつ適切な方法によるものをいう。

（適　　用）
第3条　本規程は、従業者に適用する。
2．本規程は、当事務所が現に保有している個人情報（その取扱いを委託されている個人情報を含む。）、及びその取扱いを委託している個人情報を対象とする。

（個人情報保護方針）
第4条　当事務所における個人情報の適法かつ適正な取扱いを確保するため、次の事項を含む個人情報保護方針を定める。
　（1）　個人情報に関し、法令等を遵守し、取扱規程に従い、適切に個人情報を取扱う旨の宣言文
　（2）　個人情報の利用目的
　（3）　個人情報の第三者提供に関する事項
　（4）　個人情報の安全管理措置に関する事項
　（5）　個人情報の取扱いに関する問合せ等に関する事項
2．個人情報保護方針は、従業者に周知せしめるものとする。

第2章　管理体制

（個人情報保護管理者）
第5条　当事務所は、個人情報の取扱いに関して総括的な責任を有する個人情報保護管理者を設置するものとし、その責任者は○○（所長、副所長等）とする。
2．個人情報保護管理者は、下記各号その他当事務所における個人情報管理に関する全ての職責と権限を有する。
　（1）　本規程第4条に基づく個人情報保護方針の策定、従業者への周知、一般への公表
　（2）　本規程に基づき個人情報の取扱いを管理する上で必要とされる事案の承認
　（3）　個人情報に関する安全対策の策定・推進
　（4）　個人情報の適正な取扱いの維持・推進を目的とした諸施策の策定・実施
　（5）　事故発生時の対応策の策定・実施

（事務取扱担当部門）
第6条　当事務所は、次の部門ごとに個人情報等に関する事務を行うものとする。
　①　従業員等に係る個人情報等に関する事務部門
　②　業務契約その他委任等により委託された個人情報関係事務、税務代理又は税務書類の作成に係る事務部門

（事務取扱担当者）
第7条　当事務所における個人情報等を取り扱う事務については、前条に規定する部門ごとに事務取扱担当者を明確にするものとする。
2．事務取扱担当者は、次の各号に掲げる方法により個人情報等を取り扱う。

① 事務取扱担当部門ごとに取得した個人情報等を含む書類等（磁気媒体及び電子媒体（以下、「磁気媒体等」という。）を含む。）は、当該部門において安全に管理する。
② 事務取扱担当者は、取得した個人情報等に基づき個人情報ファイルを作成する。
③ 従業員等の個人情報等を取り扱う事務取扱担当者は、源泉徴収票等を作成し、行政機関等に提出する。
④ 委託者の個人情報等を取り扱う事務取扱担当者は、税務書類等を作成し、行政機関等に提出するとともに、委託者に交付する。
3．事務取扱担当者は、個人情報等を取り扱う情報システム及び機器等を適切に管理し、利用権限のない者には使用させてはならない。
4．事務取扱担当者は、個人情報等の取扱状況を明確にするため、執務記録を作成し、適宜記録する。

（管理区域及び取扱区域）
第8条　当事務所は、個人データの情報漏えい等を防止するため、第6条に規定する部門ごとに個人データファイルを取り扱う情報システム等を管理する区域（以下、「管理区域」という。）及び個人データを取り扱う事務を実施する区域（以下、「取扱区域」という。）を明確にする。
2．管理区域とは、個人データファイルを取り扱う情報システム及び個人データファイルを管理するキャビネット等のある区域とし、他の区域との間仕切りの設置及びキャビネット等の施錠等の安全管理措置を講じることとする。
3．取扱区域とは、事務取扱担当者の机周辺とし、他の区域との間仕切りの設置及び座席配置等による安全管理措置を講じることとする。

（個人情報の取扱状況の確認）
第9条　個人情報保護管理者は、当事務所における個人情報の取扱いが関係法令、本規程等に基づき適正に運用されていることを定期的に確認する。
2．個人情報保護管理者（及び代表者）は、執務記録の内容を定期的に確認する。

（体制の見直し）
第10条　個人情報保護管理者は、必要に応じて個人情報の取扱いに関する安全対策、諸施策を見直し、改善しなければならない。

（苦情等への対応）
第11条　当事務所における個人情報の取扱いに関する苦情等があったときは、これに適切に対応する。
2．個人情報保護管理者は、前項の目的を達成するために必要な体制の整備を行うものとする。

第3章　個人情報の取得・利用等

（利用目的）
第12条　当事務所は、個人情報の利用目的をできる限り特定する。
2．個人情報は、あらかじめ本人の同意を得ずに、特定された利用目的の達成に必要な範囲を超えて取扱ってはならない。利用目的の範囲内か否かが不明な場合は、都度、個人情報保護管理者に判断を求めなければならない。
3．利用目的を変更する場合には、変更前の利用目的と相当の関連性を有すると認められる範囲を超えて行ってはならず、変更された利用目的は遅滞なく本人に通知または公表しなければならない。

（適正な取得）
第13条　個人情報は、偽りその他不正の手段により個人情報を取得してはならない。

（要配慮個人情報の取得の禁止）
第14条　原則として、下記各号に示す内容を含む個人情報は、これを取得し、または第三者に提供してはならない。但し、業務上必要であり、かつ、本人に対し当該情報の利用目的及びその必要性等について適切な情報を明示した上で明確に本人の同意を得た場合、または法令に特別の規定がある場合、あるいは司法手続上必要不可欠な場合はこの限りでない。
(1)　思想、信条及び信教に関する事項
(2)　人種、民族、家柄、本籍地、身体・精神障害、犯罪歴その他社会的差別の原因となる事項
(3)　勤労者の団結権の行使、団体交渉及びその他団体行動に関する事項
(4)　集団示威行為（デモ等）への参加、国または地方公共団体に対する請願権の行使及びその他の政治的権利の行使に関する事項
(5)　保健医療に関する事項
(6)　その他個人情報保護管理者の定める事項

（本人から直接個人情報を取得する際の措置）
第15条　申込書・アンケート・契約書等、書面（電子メール、当事務所ホームページへの記入等電磁的方法も含む）により本人から直接個人情報を取得する場合は、本人に対してあらかじめ利用目的を明示しなければならない。但し、下記各号に該当する場合はこの限りでない。
(1)　人の生命、身体または財産その他の権利利益を保護するため必要な場合
(2)　当事務所の権利または正当な利益を害するおそれがある場合
(3)　国または地方公共団体の法令に定める事務の遂行に支障を及ぼすおそれがある場合
(4)　取得の状況に照らし、利用目的が明らかであると認められる場合

（間接的に個人情報を取得する際の措置）
第16条　本人以外の第三者から個人情報を取得する場合は、当該個人情報が当該第三者において適法、適正に取得されたものでなければならず、かつ、当該第三者において、当事務所への個人情報の提供につき、適法な措置が講じられていなければならない。

第4章　個人情報の管理

（管理原則）
第17条　個人情報は、本規定に従い適切に分類・管理し、その重要度に応じて適切に取得、移送、利用、保管、廃棄されなければならない。

（個人データの正確性の確保）
第18条　個人データは、利用目的の達成に必要な範囲内において、正確かつ最新の内容に保つよう努めなければならない。

（個人データ取扱台帳）
第19条　個人情報保護管理者は、当事務所の全ての「個人データ」の種類・内容・保管場所等を記載（データベースへの入力を含む）した台帳を作成しなければならない。
2．個人情報保護管理者は、前項の台帳を定期に見直し、最新の状態を維持するよう努めなければならない。
3．事務取扱担当者は、自らの部門における「個人データ」の種類・内容・保管場所等を、個人情報保護管理者の求めに応じ、定期に報告しなければならない。また、自らの部門における「保有個人データ」の種類・内容・保管場所等を変更する場合には、事前に個人情報保護管理者に報告し、承認を得なければならない。

（安全管理措置）
第20条　当事務所においては、取扱う個人情報の漏洩、滅失または毀損の防止その他の安全管理のために、人的、物理的、技術的に適切な措置を講じるものとする。
2．各部門においては、下記各号に従って適切に個人情報を取り扱わなければならない。
　(1)　各部門において保管する個人情報を含む文書（磁気媒体を含む）は、施錠できる場所への保管、パスワード管理等により、散逸、紛失、漏洩の防止に努めなければならない。
　(2)　情報機器は適切に管理し、正式な利用権限のない者には使用させてはならない。
　(3)　個人情報を含む文書であって、保管の必要のないものは、速やかに廃棄しな

ければならない。
(4) 個人情報を含む文書の廃棄は、シュレッダー裁断、焼却、溶解等により、完全に抹消しなければならない。
(5) 個人情報を含む文書を他部門に伝達するときは、適切な方法・手順によることとし、必要な範囲を超えて控えを残さないよう扱うものとする。
(6) 個人情報を含む文書は、みだりに複写してはならない。
(7) その他個人情報の取扱いについて必要な事項は細則に定めるものとする。

(従業者の監督)
第21条 個人情報保護管理者は、従業者が個人データを取扱うにあたり、必要かつ適切な監督を行わなければならない。
2．事務取扱担当者は、自らの部門に属する従業者に対し、個人データの取扱いに関して必要かつ適切な監督を行わなければならない。
3．個人情報保護管理者は、従業者に対して個人情報の保護及び適正な取扱いに関する誓約書の提出を命じることができる。

(従業者に対する教育)
第22条 従業者に対する個人情報の保護及び適正な取扱いに関する教育方針は、個人情報保護管理者が決定する。
2．従業者は、個人情報保護管理者の指名した部門が主催し、または個人情報保護管理者が決定した方針に基づく研修を受けなければならない。

(委託先の監督)
第23条 個人情報保護管理者は、個人データの取扱いの全部または一部を委託する場合（労働者派遣契約または業務委託等契約により派遣労働者を受け入れる場合を含む）は、その取扱いを委託した個人データの安全管理が図られるよう、委託を受けた者（以下「委託先」という）に対する必要かつ適切な監督を行わなければならない。
2．前項の委託を行う個人情報保護管理者は、委託先に対して下記各号の事項を実施しなければならない。
(1) 委託先における個人情報の保護体制が十分であることを確認した上で委託先を選定すること
(2) 委託先との間で次の事項を含む契約を締結すること
①個人情報の適法かつ適切な取扱い（個人データに対する人的、物理的、技術的な安全管理措置を委託先が講じることを含む）
②個人情報に関する秘密保持
③委託した業務以外の個人情報の使用禁止
④個人情報を取扱う上での安全対策
⑤再委託に関する事項

再委託は原則として禁止し、再委託がやむを得ない場合は事前に書面による当事務所の同意を要し、委託先が再委託先と連帯して責任を負うことの確認
　　⑥契約内容が遵守されていることの確認
　　⑦個人情報に関する事故が生じた際の責任
　　⑧契約終了時の個人情報の返却及び抹消
　(3)　個人情報の取得を委託する場合は、当事務所が取得の主体であること並びに当事務所の指定する利用目的を明示するよう義務付けること

（第三者提供の制限）
第24条　あらかじめ本人の同意を得ないで、個人データを第三者に提供してはならない。但し、下記各号に該当する場合、本人の同意なく第三者提供ができる。
(1)　個人情報保護方針に定めた範囲内で第三者提供、共同利用するとき
(2)　人の生命、身体または財産の保護のために必要があり、かつ、本人の同意を得ることが困難であるとき
(3)　その他法令に基づく場合
2．第三者提供もしくは共同利用する場合、個人情報保護管理者の承認を得ること。
3．雇用管理に関する個人データを第三者に提供する場合には、本条第1項第2号乃至第3号に該当する場合を除き、下記各号に従わなければならない。
(1)　提供先において、その従業者に対し、当事務所が提供した個人データの取扱いを通じて知りえた個人情報を漏洩してはならず、かつ、盗用してはならないこととされていること。
(2)　当事務所が提供した個人データを提供先が他の第三者に提供する場合には、書面による当事務所の事前同意を要件とすること。但し、当該再提供が本条第1項各号に該当する場合を除く。
(3)　当事務所が提供した個人データの提供先における保有期間を明確化すること。
(4)　当事務所から提供を受ける目的達成後の個人データの返却または提供先における破棄または削除が適切かつ確実に行われること。
(5)　提供先における当事務所が提供した個人データの複写及び複製（安全管理上必要なバックアップを除く）を禁止すること。

第5章　開示・変更・利用停止等の請求の対応

（開　示）
第25条　当事務所は、当該本人が識別される「保有個人データ」の開示（保有の有無を含む）請求には、本人のプライバシー保護のため、本人（代理人を含み、以下本条及び次条において本人という）から開示等請求窓口に対し、原則として本人確認書類を添付した開示請求書により請求があった場合にのみ応じるものとする。

(1)　開示請求窓口は、〇〇とする。
　(2)　開示請求書の様式は、個人情報保護管理者が定めるものとする。
　(3)　本人確認書類は、個人情報保護管理者が定めるものとする。但し、開示請求者が本人であることが明らかな場合には、本人確認書類の提出を求めないことができる。
2．前項により本人による開示請求であることを確認した場合は、本人に対して書面または本人が同意した他の方法により、遅滞なく当該「保有個人データ」を開示するものとする。また、開示する書面の様式は、個人情報保護管理者が定めるものとする。
3．前項にかかわらず、開示することにより次の各号のいずれかに該当する場合は、個人情報保護管理者の決定により、その全部または一部を開示しないことができる。
　(1)　本人または第三者の生命、身体、財産その他の権利利益を害するおそれがある場合
　(2)　当事務所の業務の適正な実施に著しい支障を及ぼすおそれのある場合
　(3)　法令に違反することとなる場合
4．前項の定めに基づき「保有個人データ」の全部または一部を開示しない旨の決定をしたときは、遅滞なく、本人に対しその旨通知するものとする。この場合、その理由を説明するよう努めなければならない。
5．他の法令により、本人に対し当該本人が識別される「保有個人データ」を開示することとされている場合には、第3項は適用しない。
6．本人に対し「保有個人データ」を開示する場合には、手数料を請求できるものとする。この手数料は、実費を勘案して、合理的な範囲で個人情報保護管理者が定めるものとする。

（訂正等）
第26条　本人から、当該本人が識別される「保有個人データ」の内容が事実でないという理由によって、当該「保有個人データ」の訂正、追加または削除（以下「訂正等」という）を求められた場合には、遅滞なく必要な調査を行い、その結果に基づき当該「保有個人データ」の内容の訂正等を行うものとする。但し、以下の場合には訂正等の求めに応じないことができる。
　(1)　利用目的の達成に必要な範囲を超えている場合。
　(2)　他の法令の規定により、特別の手続が定められている場合。
2．当該本人が識別される「保有個人データ」の訂正等の請求に対しては、本人のプライバシー保護のため、本人から訂正等請求窓口に対し、原則として本人確認書類を添付した訂正等請求書により請求があった場合にのみ応じるものとする。
　(1)　訂正等請求窓口は、〇〇とする。
　(2)　訂正等請求書の様式は、個人情報保護管理者が定めるものとする。

(3) 本人確認書類は、個人情報保護管理者が定めるものとする。但し、訂正等請求者が本人であることが明らかな場合には、本人確認書類の提出を求めないことができる。
3．前2項により、「保有個人データ」の訂正等を行ったとき、または訂正等を行わない旨の決定をしたときは、本人に対し、遅滞なくその旨（訂正等を行ったときはその内容を含む）を通知するものとする。
4．第1項ただし書により訂正等の求めに応じない場合は、その理由を説明するよう努めなければならない。

（利用停止等）
第27条　本人から、当該本人が識別される「保有個人データ」が、第11条第3項（同意のない利用目的外の利用）及び第12条（適正な取得）に違反しているという理由によって、当該「保有個人データ」の利用の停止または消去が求められた場合、及び、第23条（第三者提供の制限）に違反しているという理由によって、当該「保有個人データ」の第三者提供の停止が求められた場合で、その求めに理由があることが判明した場合には、遅滞なく、当該求めに応じて当該措置（以下「利用停止等」という）を講じなければならない。但し、以下の場合には当該措置を講じないことができる。
(1) 違反を是正するために必要な範囲を超えている場合。
(2) 指摘された違反がなされていない場合。
2．前条第2項乃至第4項は本条に準用する。但し、同各項における「訂正等」を「利用停止等」に改める。

第6章　その他

（漏洩等の場合の報告）
第28条　個人情報保護管理者は、個人データの漏洩の事実または漏洩のおそれを把握した場合には、直ちに個人情報保護委員会または所管官庁に報告しなければならない。

（罰則）
第29条　当事務所は、本規定に違反した従業員に対して就業規則に基づき処分を行い、その他の従業者に対しては、契約または法令に照らして決定する。

附　則

第1条　本規程は、平成　年　月　日より実施する。

以　上

（出典）著者作成

様式6-4　○○税理士事務所（税理士法人）特定個人情報等取扱規程（ひな型）

第1章　総則
（目的）
第1条　本規程は、当事務所における個人番号及び特定個人情報（以下、「特定個人情報等」という。）の適正な取扱いの確保に関し必要な事項を定める。

（定義）
第2条　本規程において、各用語の定義は次の通りとする。
① 個人情報
　生存する個人に関する情報であって、当該情報に含まれる氏名、生年月日その他の記述等により特定の個人を識別することができるもの（他の情報と容易に照合することができ、それにより特定の個人を識別することができることとなるものを含む。）、又は個人識別符号が含まれるものをいう。
② 個人番号
　住民票コードを変換して得られる番号であって、当該住民票コードが記載された住民票に係る者を識別するために指定されるもの（個人番号に対応し、当該個人番号に代わって用いられる番号、記号その他の符号であって、住民票コード以外のものを含む。以下同じ。）をいう。
③ 特定個人情報
　個人番号をその内容に含む個人情報をいう。
④ 個人情報データベース等
　個人情報を含む情報の集合物であって、特定の個人情報について電子計算機を用いて検索することができるように体系的に構成したもののほか、特定の個人情報を容易に検索することができるように体系的に構成したものとして個人情報保護法施行令で定めるものをいう。
⑤ 個人情報ファイル
　個人情報データベース等であって、行政機関及び独立行政法人等以外の者が保有するものをいう。
⑥ 特定個人情報ファイル
　個人番号をその内容に含む個人情報ファイルをいう。
⑦ 個人番号利用事務
　行政機関、地方公共団体、独立行政法人等その他の行政事務を処理する者が、その保有する特定個人情報ファイルにおいて個人情報を効率的に検索し、及び管理するために必要な限度で個人番号を利用して処理する事務をいう。
⑧ 個人番号関係事務
　個人番号利用事務に関して行われる他人の個人番号を必要な限度で利用して行う事務をいう。

⑨　個人番号利用事務実施者

個人番号利用事務を処理する者及び個人番号利用事務の全部又は一部の委託を受けた者をいう。

⑩　個人番号関係事務実施者

個人番号関係事務を処理する者及び個人番号関係事務の全部又は一部の委託を受けた者をいう。

⑪　個人情報取扱事業者

個人情報データベース等を事業の用に供している者（国の機関、地方公共団体、独立行政法人及び地方独立行政法人を除く。）であって、個人情報データベース等を構成する個人情報によって識別される特定の個人の数（個人情報保護法施行令で定める者を除く。）の合計が過去6か月以内のいずれの日においても5,000を超えない者以外の者をいう。

⑫　個人情報取扱事業者でない個人番号取扱事業者

特定個人情報ファイルを事業の用に供している個人番号関係事務実施者又は個人番号利用事務実施者であって、国の機関、地方公共団体の機関、独立行政法人等及び地方独立行政法人以外のものから個人情報取扱事業者を除いた者をいう。

⑬　従業者

当事務所にあって、直接間接に当事務所の指揮監督を受けて、当事務所の業務に従事している者をいう。

⑭　特定個人情報等の取扱い

特定個人情報等の取得、安全管理措置、保管、利用、提供、委託及び廃棄・消去をいう。

（適用）

第3条　本規程は従業者に適用する。

2．本規程は、当事務所が取り扱う特定個人情報等を対象とする。

（特定個人情報等基本方針）

第4条　当事務所における特定個人情報等の適正な取扱いを確保するため、次の事項を含む特定個人情報等の適正な取扱いに関する基本方針（以下、「基本方針」という。）を定める。

①　特定個人情報等に関する法令を遵守するとともに、当事務所の事業内容に照らし特定個人情報等を適切に取り扱う旨の宣言文

②　特定個人情報等の利用目的

③　問い合わせに関する事項

④　特定個人情報等の安全管理措置に関する事項

⑤　特定個人情報等の社内体制に関する事項

2．基本方針は、従業者に周知する。

第2章　管理体制
（個人番号を取り扱う事務の範囲）
第5条　当事務所において個人番号を取り扱う事務は、次に掲げる事務に限定する。
　　① 従業員等に係る源泉徴収事務、社会保険関係事務及び労働保険関係事務
　　② 業務委嘱契約等に基づく年末調整事務及び法定調書作成事務
　　③ 業務委嘱契約等に基づく税務代理
　　④ 業務委嘱契約等に基づく税務書類の作成
　　⑤ 上記③及び④に付随して行う事務

（特定個人情報保護責任者）
第6条　当事務所は、特定個人情報等の取扱いに関して総括的な責任を有する特定個人情報保護責任者を設置するものとし、その責任者は○○（所長、副所長等）とする。
2．特定個人情報保護責任者は、次の各号に掲げる事項その他当事務所における特定個人情報等に関する全ての権限と責務を有する。
　　① 本規程第4条に規定する基本方針の策定、従業者への周知、一般への公表
　　② 本規程に基づき特定個人情報等の取扱いを管理する上で必要とされる事案の承認
　　③ 特定個人情報等に関する安全対策の策定・推進
　　④ 特定個人情報等の適正な取扱いの維持・推進等を目的とした諸施策の策定・実施
　　⑤ 事故発生時の対応策の策定・実施

（事務取扱担当部門）
第7条　当事務所は、次の部門ごとに特定個人情報等に関する事務を行うものとする。
　　① 従業員等に係る個人番号関係事務に関する事務部門
　　② 業務契約その他委任等により委託された個人番号関係事務、税務代理又は税務書類の作成に係る事務部門

（事務取扱担当者）
第8条　当事務所における特定個人情報等を取り扱う事務については、前条に規定する部門ごとに事務取扱担当者を明確にするものとする。
2．事務取扱担当者は、次の各号に掲げる方法により特定個人情報等を取り扱う。
　　① 事務取扱担当部門ごとに取得した特定個人情報等を含む書類等（磁気媒体及び電子媒体（以下、「磁気媒体等」という。）を含む。）は、当該部門において安全に管理する。
　　② 事務取扱担当者は、取得した特定個人情報等に基づき特定個人情報ファイルを作成する。
　　③ 従業員等の特定個人情報等を取り扱う事務取扱担当者は、源泉徴収票等

を作成し、行政機関等に提出する。
　　④　委託者の特定個人情報等を取り扱う事務取扱担当者は、税務書類等を作成し、行政機関等に提出するとともに、委託者に交付する。
3．事務取扱担当者は、特定個人情報等を取り扱う情報システム及び機器等を適切に管理し、利用権限のない者には使用させてはならない。
4．事務取扱担当者は、特定個人情報等の取扱状況を明確にするため、執務記録を作成し、適宜記録する。

（管理区域及び取扱区域）
第9条　当事務所は、特定個人情報等の情報漏えい等を防止するため、第7条に規定する部門ごとに特定情報ファイルを取り扱う情報システムを管理する区域（以下、「管理区域」という。）及び特定個人情報等を取り扱う事務を実施する区域（以下、「取扱区域」という。）を明確にする。
2．管理区域とは、特定個人情報ファイルを取り扱う情報システム及び特定個人情報ファイルを管理するキャビネット等のある区域とし、他の区域との間仕切りの設置及びキャビネット等の施錠等の安全管理措置を講じることとする。
3．取扱区域とは、事務取扱担当者の机周辺とし、他の区域との間仕切りの設置及び座席配置等による安全管理措置を講じることとする。

（従業者の教育）
第10条　当事務所は、従業者に対して定期的な研修の実施又は情報提供等を行い、特定個人情報等の適正な取扱いを図るものとする。

（従業者の監督）
第11条　当事務所は、従業者が特定個人情報等を取り扱うに当たり、必要かつ適切な監督を行う。

（特定個人情報等の取扱状況の確認）
第12条　特定個人情報保護責任者は、当事務所における特定個人情報等の取扱いが関係法令、本規程等に基づき適正に運用されていることを定期的に確認する。
2．特定個人情報保護責任者（及び代表者）は、執務記録の内容を定期的に確認する。

（体制の見直し）
第13条　当事務所は、必要に応じて特定個人情報等の取扱いに関する安全対策に関する諸施策について見直しを行い、改善を図るものとする。

（苦情等への対応）
第14条　当事務所における特定個人情報等の取扱いに関する苦情等があったときは、これに適切に対応する。
2．特定個人情報保護責任者は、前項の目的を達成するために必要な体制の整備を行うものとする。

第3章　個人番号の取得、利用等
（個人番号の取得、提供の求め）
第15条　当事務所は、第5条に規定する事務を処理するために必要がある場合に限り、本人又は他の個人番号関係事務実施者若しくは個人番号利用事務実施者に対して個人番号の提供を求めることができるものとする。
2．個人番号の提供を求める時期は、原則として個人番号を取り扱う事務が発生したときとする。ただし、個人番号を取り扱う事務が発生することが明らかなときは、契約等の締結時に個人番号の提供を求めることができるものとする。

（本人確認）
第16条　当事務所は、本人又は代理人から個人番号の提供を受けたときは、関係法令等に基づき本人確認を行うこととする。
2．書面の送付により個人番号の提供を受けるときは、併せて本人確認に必要な書面又はその写しの提出を求めるものとする。

（本人確認書類の保存）
第17条　提出された本人確認書類は、当該個人番号を利用する事務が終了するまでの間又は法定保存期間が終了するまでの間、これを適切に保管することができる。

（個人番号の利用）
第18条　当事務所は、第5条に規定する事務を処理するために必要な場合に限り、個人番号を利用するものとする。なお、たとえ本人の同意があったとしても、利用目的を超えて個人番号を利用してはならない。
2．人の生命、身体又は財産の保護のために必要がある場合であって、本人の同意があり、又は本人の同意を得ることが困難であるときは、前項の規定にかかわらず当事務所が保有している個人番号を利用することができる。

（特定個人情報ファイルの作成の制限）
第19条　当事務所は、第5条に規定する事務を処理するために必要な場合に限り、特定個人情報ファイルを作成するものとする。
2．特定個人情報ファイルには、パスワードを付与する等の保護措置を講じたうえで適切に保存する。

第4章　特定個人情報等の保管、管理等
（保管）
第20条　当事務所は、第5条に規定する事務が終了するまでの間、特定個人情報等を保管する。ただし、所管法令等により保存期間が定められているものについては、当該期間を経過するまでの間、特定個人情報等を保管する。
2．特定個人情報等を取り扱う機器、磁気媒体等及び書類等は、特定個人情報等の漏えい、滅失又は毀損の防止その他の安全管理の確保のため、次に掲げる方

法により保管又は管理する。
　　　① 特定個人情報等を取り扱う機器は、施錠できるキャビネット等に保管するか、又は盗難防止用のセキュリティワイヤー等により固定する。
　　　② 特定個人情報等を含む書類及び磁気媒体等は、施錠できるキャビネット等に保管する。
　　　③ 特定個人情報ファイルは、パスワードを付与する等の保護措置を講じたうえでこれを保存し、当該パスワードを適切に管理する。
　　　④ 特定個人情報等を含む書類であって、法定保存期間を有するものは、期間経過後速やかに廃棄することを念頭に保管する。
　3．特定個人情報等を含む書類又は特定個人情報ファイルを法定保存期間経過後も引き続き保管するときは、個人番号に係る部分をマスキング又は消去したうえで保管する。

（情報システムの管理）
第21条　当事務所において使用する情報システムにおいて特定個人情報等を取り扱うときは、次に掲げる方法により管理する。
　　　① 特定個人情報保護責任者は、情報システムを使用して個人番号を取り扱う事務を処理するときは、ユーザーIDに付与されるアクセス権により、特定個人情報ファイルを取り扱う情報システムを使用できる者を事務取扱担当者に限定する。
　　　② 事務取扱担当者は、情報システムを取り扱う上で、正当なアクセス権を有する者であることを確認するため、ユーザーID、パスワード等により認証する。
　　　③ 情報システムを外部からの不正アクセス又は不正ソフトウェアから保護するため、情報システム及び機器にセキュリティ対策ソフトウェア等を導入する。
　　　④ 特定個人情報等をインターネット等により外部に送信するときは、通信経路における情報漏えい等を防止するため、通信経路の暗号化等の措置を講じる。

（特定個人情報等の持出し等）
第22条　当事務所において保有する特定個人情報等を持ち出すときは、次に掲げる方法により管理する。
　　　① 特定個人情報等を含む書類を持ち出すときは、外部から容易に閲覧されないよう封筒に入れる等の措置を講じる。
　　　② 特定個人情報等を含む書類を郵送等により発送するときは、簡易書留等の追跡可能な移送手段等を利用する。
　　　③ 特定個人情報ファイルを磁気媒体等又は機器にて持ち出すときは、ファイルへのパスワードの付与等又はパスワードを付与できる機器の利用等の措置を講じる。

2．特定個人情報等を持ち帰る場合についても前項に準じた安全管理措置を講じる。

第5章　特定個人情報等の提供
（特定個人情報等の提供）
第23条　当事務所にて保有する特定個人情報等の提供は、第5条に規定する事務に限るものとする。
2．前項の規定のほか、行政手続における特定の個人を識別するための番号の利用等に関する法律（以下「番号法」という。）第19条各号に該当する場合には、当事務所で保有している特定個人情報等を提供することができる。

（開示、訂正）
第24条　当事務所にて保有する特定個人情報等については、適法かつ合理的な範囲に限り開示することとし、特定個人情報等の本人より訂正の申出があったときは、速やかに対応する。

（第三者提供の停止）
第25条　特定個人情報等が違法に第三者に提供されていることを知った本人からその提供の停止が求められた場合であって、その求めに理由があることが判明したときは、第三者への提供を停止する。

第6章　委託
（委託先の監督）
第26条　当事務所は、当事務所の従業員等に係る個人番号関係事務の全部又は一部を他者に委託するときは、委託先において安全管理が図られるよう、委託を受けた者に対する必要かつ適切な監督を行うこととする。
2．当事務所は、委託先に対して次に掲げる事項を実施する。
　①　委託先における特定個人情報等の保護体制が十分であることを確認した上で委託先を選定する。
　②　委託先との間で次の事項等を記載した契約を締結する。
　　特定個人情報等に関する秘密保持義務、事業所内からの特定個人情報等の持ち出しの禁止、特定個人情報等の目的外利用の禁止、再委託における条件、漏えい事案等が発生した場合の委託先の責任、委託契約終了後の特定個人情報等の返却又は廃棄、従業者に対する監督・教育、契約内容の遵守状況についての報告　等
3．委託先が当事務所の許諾を得て再委託するときには、再委託先の監督については、前2項の規定を準用する。

（再委託）
第27条　当事務所は、委託を受けた個人番号関係事務の全部又は一部を他者に再委託するときは、委託者の許諾を得なければならない。
2．当事務所は、再委託先に対し必要かつ適切な監督を行うものとし、再委託先の

監督については、前条の規定を準用する。

第 7 章　廃棄、消去
（特定個人情報等の廃棄、消去）
第 28 条　当事務所は、第 20 条第 1 項に規定する保管期間を経過した書類等について、次の通り速やかに廃棄する。
　　①　特定個人情報等を含む書類の廃棄は、焼却又は溶解等の復元不可能な手法により廃棄する。
　　②　特定個人情報ファイルは、完全削除ソフトウェア等により完全に消去する。
　　③　特定個人情報等を含む磁気媒体等は、破壊等により廃棄する。
　　④　特定個人情報ファイル中の個人番号又は一部の特定個人情報等を削除する場合は、容易に復元できない手法により削除する。

（廃棄の記録）
第 29 条　当事務所は、特定個人情報等を廃棄又は消去したときは、廃棄等を証明する記録等を保存する。

第 8 章　その他
（個人情報取扱事業者でない個人番号取扱事業者における特定個人情報等の取扱い）
第 30 条　個人情報取扱事業者でない個人番号取扱事業者においても、保有する特定個人情報等について、番号法に特段の定めのない事項については、個人情報の保護に関する法律における個人情報の保護措置に関する規定及び主務大臣のガイドライン等に基づき、適切に取り扱うものとする。

（所管官庁等への報告）
第 31 条　特定個人情報保護責任者は、特定個人情報の漏えいの事実又は漏えいの恐れを把握した場合には、個人情報保護委員会及び所管官庁に報告するよう努める。

（罰則）
第 32 条　当事務所は、本規程に違反した従業員に対して就業規則に基づき処分を行い、その他の従業者に対しては、契約又は法令に照らして処分を決定する。

附　則
1 ．本規程は、平成　年　月　日より実施する。

（出典）日税連資料を基に作成

様式6-5 ○○税理士事務所(税理士法人)特定個人情報等取扱規程(ひな型)

［大規模事務所用］

第1章　総則

(目的)

第1条　本規程は、当事務所における個人番号及び特定個人情報(以下、「特定個人情報等」という。)の適正な取扱いの確保に関し必要な事項を定める。

(定義)

第2条　本規程において、各用語の定義は次の通りとする。
① 個人情報
　　生存する個人に関する情報であって、当該情報に含まれる氏名、生年月日その他の記述等により特定の個人を識別することができるもの(他の情報と容易に照合することができ、それにより特定の個人を識別することができることとなるものを含む。)、又は個人識別符号が含まれるものをいう。
② 個人番号
　　住民票コードを変換して得られる番号であって、当該住民票コードが記載された住民票に係る者を識別するために指定されるもの(個人番号に対応し、当該個人番号に代わって用いられる番号、記号その他の符号であって、住民票コード以外のものを含む。以下同じ。)をいう。
③ 特定個人情報
　　個人番号をその内容に含む個人情報をいう。
④ 個人情報データベース等
　　個人情報を含む情報の集合物であって、特定の個人情報について電子計算機を用いて検索することができるように体系的に構成したもののほか、特定の個人情報を容易に検索することができるように体系的に構成したものとして個人情報保護法施行令で定めるものをいう。
⑤ 個人情報ファイル
　　個人情報データベース等であって、行政機関及び独立行政法人等以外の者が保有するものをいう。
⑥ 特定個人情報ファイル
　　個人番号をその内容に含む個人情報ファイルをいう。
⑦ 個人番号利用事務
　　行政機関、地方公共団体、独立行政法人等その他の行政事務を処理する者が、その保有する特定個人情報ファイルにおいて個人情報を効率的に検索し、及び管理するために必要な限度で個人番号を利用して処理する事務をいう。
⑧ 個人番号関係事務
　　個人番号利用事務に関して行われる他人の個人番号を必要な限度で利用し

て行う事務をいう。
　⑨　個人番号利用事務実施者
　　　個人番号利用事務を処理する者及び個人番号利用事務の全部又は一部の委託を受けた者をいう。
　⑩　個人番号関係事務実施者
　　　個人番号関係事務を処理する者及び個人番号関係事務の全部又は一部の委託を受けた者をいう。
　⑪　個人情報取扱事業者
　　　個人情報データベース等を事業の用に供している者（国の機関、地方公共団体、独立行政法人及び地方独立行政法人を除く。）であって、個人情報データベース等を構成する個人情報によって識別される特定の個人の数（個人情報保護法施行令で定める者を除く。）の合計が過去6か月以内のいずれの日においても5,000を超えない者以外の者をいう。
　⑫　個人情報取扱事業者でない個人番号取扱事業者
　　　特定個人情報ファイルを事業の用に供している個人番号関係事務実施者又は個人番号利用事務実施者であって、国の機関、地方公共団体の機関、独立行政法人等及び地方独立行政法人以外のものから個人情報取扱事業者を除いた者をいう。
　⑬　従業者
　　　当事務所にあって、直接間接に当事務所の指揮監督を受けて、当事務所の業務に従事している者をいう。
　⑭　特定個人情報等の取扱い
　　　特定個人情報等の取得、安全管理措置、保管、利用、提供、委託及び廃棄・消去をいう。

（適用）
第3条　本規程は従業者に適用する。
2．本規程は、当事務所が取り扱う特定個人情報等を対象とする。

（特定個人情報等基本方針）
第4条　当事務所における特定個人情報等の適正な取扱いを確保するため、次の事項を含む特定個人情報等の適正な取扱いに関する基本方針（以下、「基本方針」という。）を定める。
　①　特定個人情報等に関する法令を遵守するとともに、当事務所の事業内容に照らし特定個人情報等を適切に取り扱う旨の宣言文
　②　特定個人情報等の利用目的
　③　問い合わせに関する事項
　④　特定個人情報等の安全管理措置に関する事項
　⑤　特定個人情報等の社内体制に関する事項

2．基本方針は、従業者に周知する。

第2章　管理体制
（個人番号を取り扱う事務の範囲）
第5条　当事務所において個人番号を取り扱う事務は、次に掲げる事務に限定する。
　① 従業員等に係る源泉徴収事務、社会保険関係事務及び労働保険関係事務
　② 業務委嘱契約等に基づく年末調整事務及び法定調書作成事務
　③ 業務委嘱契約等に基づく税務代理
　④ 業務委嘱契約等に基づく税務書類の作成
　⑤ 上記③及び④に付随して行う事務

（特定個人情報保護責任者）
第6条　当事務所は、特定個人情報等の取扱いに関して総括的な責任を有する特定個人情報保護責任者を次の通り設置する。
　① 特定個人情報保護責任者は〇〇〇の中より任命されるものとする。
　② 特定個人情報保護責任者の任期は、〇〇〇決議によりその任命を解かれるまでとする。
　③ 特定個人情報保護責任者は、特定個人情報管理を担当する部門長を指名し、特定個人情報管理に関する業務を分担させることができる。
2．特定個人情報保護責任者は、特定個人情報等に関する監査を除き、次の各号に掲げる事項その他当事務所における特定個人情報等に関する全ての権限と責務を有するものとする。
　① 本規程第4条に規定する基本方針の策定、従業者への周知、一般への公表
　② 本規程に基づき特定個人情報等の取扱いを管理する上で必要とされる事案の承認
　③ 特定個人情報等に関する安全対策の策定・推進
　④ 特定個人情報等の適正な取扱いの維持・推進等を目的とした諸施策の策定・実施
　⑤ 事故発生時の対応策の策定・実施

（部門長の責務）
第7条　部門長は、自らの部門に所属する従業者の特定個人情報等の取扱いに関する権限と責務を有するものとする。
2．部門長は、自らの部門に所属する従業者が特定個人情報等について適正に取り扱うよう必要かつ適切な監督を行うものとする。
3．部門長は、自らの部門に所属する従業者から提出された特定個人情報等を含む文書について、速やかに担当の事務取扱部門へ受け渡すものとする。
4．部門長は、自らの部門において特定個人情報等の漏えい等の事故又は本規程に違反している事実が発生したことを知ったとき又はその疑いが生じたと判断し

たときは、直ちにその旨を特定個人情報保護責任者に報告し、指示を求めなければならない。
5．部門長は、特定個人情報等の取扱いを管理するうえで、必要があると認められるときは、細則等を定めることとする。この場合、特定個人情報保護責任者の承認を受けなければならない。

（監査責任者）
第8条　監査責任者は、〇〇〇が任命し、当事務所内の特定個人情報等を取り扱う業務において、関係法令、本規程等が遵守され、適法かつ適正に取り扱われているかについて、定期的に監査し、その結果を代表者及び特定個人情報保護責任者に報告する。
2．監査責任者は、特定個人情報等の取扱いに関する監査に必要な監査担当者を選任することができる。

（事務取扱担当部門）
第9条　当事務所は、次の部門ごとに特定個人情報等に関する事務を行うものとする。
　　① 従業員等に係る個人番号関係事務に関する事務部門
　　② 業務契約その他委任等により委託された個人番号関係事務、税務代理又は税務書類の作成に係る事務部門

（事務取扱担当者）
第10条　当事務所における特定個人情報等を取り扱う事務については、前条に規定する部門ごとに事務取扱担当者を明確にするものとする。
2．事務取扱担当者は、次の各号に掲げる方法により特定個人情報等を取り扱う。
　　① 事務取扱担当部門ごとに取得した特定個人情報等を含む書類等（磁気媒体及び電子媒体（以下、「磁気媒体等」という。）を含む。）は、当該部門において安全に管理する。
　　② 事務取扱担当者は、取得した特定個人情報等に基づき特定個人情報ファイルを作成する。
　　③ 従業員等の特定個人情報等を取り扱う事務取扱担当者は、源泉徴収票等を作成し、行政機関等に提出する。
　　④ 委託者の特定個人情報等を取り扱う事務取扱担当者は、税務書類等を作成し、行政機関等に提出するとともに、委託者に交付する。
3．事務取扱担当者は、特定個人情報等を取り扱う情報システム及び機器等を適切に管理し、利用権限のない者には使用させてはならない。
4．事務取扱担当者は、特定個人情報等の取扱状況を明確にするため、執務記録を作成し、適宜記録する。

（管理区域及び取扱区域）
第11条　当事務所は、特定個人情報等の情報漏えい等を防止するため、第9条に規定する部門ごとに特定情報ファイルを取り扱う情報システムを管理する区域（以下、「管理区域」という。）及び特定個人情報等を取り扱う事務を実施する区域（以下、「取扱区域」という。）を明確にする。
2．管理区域とは、特定個人情報ファイルを取り扱う情報システム及び特定個人情報ファイルを管理するキャビネット等のある区域とし、他の区域との間仕切りの設置及びキャビネット等の施錠等の安全管理措置を講じることとする。
3．取扱区域とは、事務取扱担当者の机周辺とし、他の区域との間仕切りの設置及び座席配置等による安全管理措置を講じることとする。

（従業者の教育）
第12条　当事務所は、従業者に対して定期的な研修の実施又は情報提供等を行い、特定個人情報等の適正な取扱いを図るものとする。

（従業者の監督）
第13条　当事務所は、従業者が特定個人情報等を取り扱うに当たり、必要かつ適切な監督を行う。

（特定個人情報等の取扱状況の確認）
第14条　特定個人情報保護責任者は、当事務所における特定個人情報等の取扱いが関係法令、本規程等に基づき適正に運用されていることを定期的に確認する。
2．特定個人情報保護責任者（及び代表者）は、執務記録の内容を定期的に確認する。

（監査の実施）
第15条　監査責任者は、当事務所における特定個人情報等の取扱いが法令、本規程その他の規範と合致していることを定期的に監査する。
2．監査責任者は、特定個人情報等の取扱いに関する監査報告書を代表者及び特定個人情報保護責任者に報告する。

（体制の見直し）
第16条　当事務所は、必要に応じて特定個人情報等の取扱いに関する安全対策に関する諸施策について見直しを行い、改善を図るものとする。

（苦情等への対応）
第17条　当事務所は、当事務所における特定個人情報等の取扱いに関する苦情等に対する窓口を設け、適切に対応する。
2．特定個人情報保護責任者は、前項の目的を達成するために必要な体制の整備を行うものとする。

第3章　個人番号の取得、利用等
（個人番号の取得、提供の求め）
第18条　当事務所は、第5条に規定する事務を処理するために必要がある場合に限り、本人又は他の個人番号関係事務実施者若しくは個人番号利用事務実施者に対して個人番号の提供を求めることができるものとする。
2．個人番号の提供を求める時期は、原則として個人番号を取り扱う事務が発生したときとする。ただし、個人番号を取り扱う事務が発生することが明らかなときは、契約等の締結時に個人番号の提供を求めることができるものとする。

（本人確認）
第19条　当事務所は、本人又は代理人から個人番号の提供を受けたときは、関係法令等に基づき本人確認を行うこととする。
2．書面の送付により個人番号の提供を受けるときは、併せて本人確認に必要な書面又はその写しの提出を求めるものとする。

（本人確認書類の保存）
第20条　提出された本人確認書類は、当該個人番号を利用する事務が終了するまでの間又は法定保存期間が終了するまでの間、これを適切に保管することができる。

（個人番号の利用）
第21条　当事務所は、第5条に規定する事務を処理するために必要な場合に限り、個人番号を利用するものとする。なお、たとえ本人の同意があったとしても、利用目的を超えて個人番号を利用してはならない。
2．前項の規定のほか、行政手続における特定の個人を識別するための番号の利用等に関する法律（以下「番号法」という。）第19条各号に該当する場合には、当事務所で保有している特定個人情報等を提供することができる。

（特定個人情報ファイルの作成の制限）
第22条　当事務所は、第5条に規定する事務を処理するために必要な場合に限り、特定個人情報ファイルを作成するものとする。
2．特定個人情報ファイルには、パスワードを付与する等の保護措置を講じたうえで適切に保存する。

第4章　特定個人情報等の保管、管理等
（保管）
第23条　当事務所は、第5条に規定する事務が終了するまでの間、特定個人情報等を保管する。ただし、所管法令等により保存期間が定められているものについては、当該期間を経過するまでの間、特定個人情報等を保管する。
2．特定個人情報等を取り扱う機器、磁気媒体等及び書類等は、特定個人情報等

の漏えい、滅失又は毀損の防止その他の安全管理の確保のため、次に掲げる方法により保管又は管理する。
① 特定個人情報等を取り扱う機器は、施錠できるキャビネット等に保管するか、又は盗難防止用のセキュリティワイヤー等により固定する。
② 特定個人情報等を含む書類及び磁気媒体等は、施錠できるキャビネット等に保管する。
③ 特定個人情報ファイルは、パスワードを付与する等の保護措置を講じたうえでこれを保存し、当該パスワードを適切に管理する。
④ 特定個人情報等を含む書類であって、法定保存期間を有するものは、期間経過後速やかに廃棄することを念頭に保管する。
3．特定個人情報等を含む書類又は特定個人情報ファイルを法定保存期間経過後も引き続き保管するときは、個人番号に係る部分をマスキング又は消去したうえで保管する。

（情報システムの管理）
第24条　当事務所において使用する情報システムにおいて特定個人情報等を取り扱うときは、次に掲げる方法により管理する。
① 特定個人情報保護責任者は、情報システムを使用して個人番号を取り扱う事務を処理するときは、ユーザーIDに付与されるアクセス権により、特定個人情報ファイルを取り扱う情報システムを使用できる者を事務取扱担当者に限定する。
② 事務取扱担当者は、情報システムを取り扱う上で、正当なアクセス権を有する者であることを確認するため、ユーザーID、パスワード等により認証する。
③ 情報システムを外部からの不正アクセス又は不正ソフトウェアから保護するため、情報システム及び機器にセキュリティ対策ソフトウェア等を導入する。
④ 特定個人情報等をインターネット等により外部に送信するときは、通信経路における情報漏えい等を防止するため、通信経路の暗号化等の措置を講じる。

（特定個人情報等の持出し等）
第25条　当事務所において保有する特定個人情報等を持ち出すときは、次に掲げる方法により管理する。
① 特定個人情報等を含む書類を持ち出すときは、外部から容易に閲覧されないよう封筒に入れる等の措置を講じる。
② 特定個人情報等を含む書類を郵送等により発送するときは、簡易書留等の追跡可能な移送手段等を利用する。

③ 特定個人情報ファイルを磁気媒体等又は機器にて持ち出すときは、ファイルへのパスワードの付与等又はパスワードを付与できる機器の利用等の措置を講じる。
2．特定個人情報等を持ち帰る場合についても前項に準じた安全管理措置を講じる。

第5章　特定個人情報等の提供

（特定個人情報等の提供）
第26条　当事務所にて保有する特定個人情報等の提供は、第5条に規定する事務に限るものとする。
2．前項の規定のほか、行政手続における特定の個人を識別するための番号の利用等に関する法律（以下「番号法」という。）第19条各号に該当する場合には、当事務所で保有している特定個人情報等を提供することができる。

（開示、訂正）
第27条　当事務所にて保有する特定個人情報等については、適法かつ合理的な範囲に限り開示することとし、特定個人情報等の本人より訂正の申出があったときは、速やかに対応する。

（第三者提供の停止）
第28条　特定個人情報等が違法に第三者に提供されていることを知った本人からその提供の停止が求められた場合であって、その求めに理由があることが判明したときは、第三者への提供を停止する。

第6章　委託

（委託先の監督）
第29条　当事務所は、当事務所の従業員等に係る個人番号関係事務の全部又は一部を他者に委託するときは、委託先において安全管理が図られるよう、委託を受けた者に対する必要かつ適切な監督を行うこととする。
2．当事務所は、委託先に対して次に掲げる事項を実施する。
　① 委託先における特定個人情報等の保護体制が十分であることを確認した上で委託先を選定する。
　② 委託先との間で次の事項等を記載した契約を締結する。
　　特定個人情報等に関する秘密保持義務、事業所内からの特定個人情報等の持ち出しの禁止、特定個人情報等の目的外利用の禁止、再委託における条件、漏えい事案等が発生した場合の委託先の責任、委託契約終了後の特定個人情報等の返却又は廃棄、従業者に対する監督・教育、契約内容の遵守状況についての報告　等
3．委託先が当事務所の許諾を得て再委託するときには、再委託先の監督については、前2項の規定を準用する。

（再委託）
第30条　当事務所は、委託を受けた個人番号関係事務の全部又は一部を他者に再委託するときは、委託者の許諾を得なければならない。
２．当事務所は、再委託先に対し必要かつ適切な監督を行うものとし、再委託先の監督については、前条の規定を準用する。

第7章　廃棄、消去
（特定個人情報等の廃棄、消去）
第31条　当事務所は、第23条第1項に規定する保管期間を経過した書類等について、次の通り速やかに廃棄する。
　①　特定個人情報等を含む書類の廃棄は、焼却又は溶解等の復元不可能な手法により廃棄する。
　②　特定個人情報ファイルは、完全削除ソフトウェア等により完全に消去する。
　③　特定個人情報等を含む磁気媒体等は、破壊等により廃棄する。
　④　特定個人情報ファイル中の個人番号又は一部の特定個人情報等を削除する場合は、容易に復元できない手法により削除する。

（廃棄の記録）
第32条　当事務所は、特定個人情報等を廃棄又は消去したときは、廃棄等を証明する記録等を保存する。

第8章　その他
（個人情報取扱事業者でない個人番号取扱事業者における特定個人情報等の取扱い）
第33条　個人情報取扱事業者でない個人番号取扱事業者においても、保有する特定個人情報等について、番号法に特段の定めのない事項については、個人情報の保護に関する法律における個人情報の保護措置に関する規定及び主務大臣のガイドライン等に基づき、適切に取り扱うものとする。

（所管官庁等への報告）
第34条　特定個人情報保護責任者は、特定個人情報の漏えいの事実又は漏えいの恐れを把握した場合には、特定個人情報保護委員会及び所管官庁に報告するよう努める。

（罰則）
第35条　当事務所は、本規程に違反した従業員に対して就業規則に基づき処分を行い、その他の従業者に対しては、契約又は法令に照らして処分を決定する。

附　則
１．本規程は、平成　年　月　日より実施する。

（出典）日税連資料を基に作成

Ⅴ 組織的安全管理措置

　税理士事務所において個人番号を取り扱う事務における責任者及び分担を明確にし、個人番号を適正に取り扱うための組織体制を整備しなければならない。
　そのために講ずべき組織的安全管理措置は、①組織体制の整備、②取扱規程等に基づく運用、③取扱状況を確認する手段の整備、④情報漏えい等事案に対応する体制整備、並びに⑤取扱状況の把握及び安全管理措置の見直しが挙げられる。以下、それぞれ解説する。

❶　組織体制の整備

　組織体制を整備するためには、個人番号を取り扱う事務の責任者及び事務取扱担当者を定め、それぞれの役割を確認する必要がある。

(1) 事務における責任者の設置及び責任の明確化

　税理士事務所の所長や副所長等の中から個人番号を取り扱う事務の責任者を定めて、その責任を明確化する必要がある。
　一般的な税理士事務所においては、所長を責任者にすることが想定されるが、それぞれの事務所の規模等に応じて適任者を選定すればよい。

(2) 事務取扱担当者の明確化及びその役割の明確化

　本章Ⅱ❷(3)「事務取扱担当者」(⇒190ページ）で述べたように、税理士事務所における個人番号の事務取扱担当者は、以下のように分類されることが想定される。
　①　事務所従業員等の個人番号に係る事務取扱担当者
　②　クライアントの個人番号に係る事務取扱担当者
　事務取扱担当者は、担当する事務に限って特定個人情報等を取り扱うことができる。したがって、税理士事務所内のほとんどの従業員等が該当することとなる②の事務取扱担当者は、①を兼務している場合を除き、事務所従業員等の特定個人情報を取り扱うことはできない。
　また、特定個人情報等を複数の部署で取り扱う場合には、各部署の任務の

分担及び責任の明確化を図る必要がある。

●図表6-4　税理士事務所における組織体制整備の例

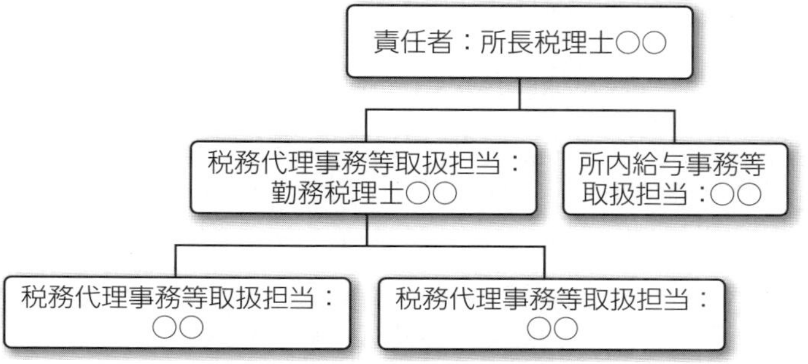

```
           責任者：所長税理士○○
              │
       ┌──────┴──────┐
  税務代理事務等取扱担当：   所内給与事務等
     勤務税理士○○        取扱担当：○○
       │
   ┌───┴───┐
税務代理事務等取扱担当： 税務代理事務等取扱担当：
     ○○              ○○
```

(出典) 著者作成

❷ 取扱規程等に基づく運用

本章Ⅳで解説した取扱規程等に基づき運用が行なわれているか、特定個人情報を取り扱う事務が適正に行われているかを確認する必要がある。

(1) チェックリストの活用

取扱規程等に基づき特定個人情報を取り扱う事務が適正に行われているかを確認する手段としては、チェックリストの活用が有効である。

取扱規程等に基づく事務所の管理体制が整備されているかを確認するためのチェックリスト及び特定個人情報を取り扱う事案ごとに個人番号の取得から廃棄までの事務を確認するためのチェックリストの各サンプルを、以下に掲載するので活用されたい。

Ⅴ　組織的安全管理措置

● 様式6-6　特定個人情報等取扱規程に関する事務所管理体制チェックリスト（サンプル）

段階	対応	確認事項	チェック☑	備考
規程等の整備	特定個人情報等基本方針の策定(任意)	基本方針を策定しているか。	☐	
	特定個人情報等取扱規程の策定	取扱規程を策定しているか。	☐	
管理体制	個人番号を取り扱う事務の範囲	①従業員等に係る源泉徴収事務、社会保険関係事務及び労働保険関係事務 ②業務委嘱契約等に基づく年末調整事務及び法定調書作成事務 ③業務委嘱契約等に基づく税務代理 ④業務委嘱契約等に基づく税務書類の作成 ⑤上記③及び④に付随して行う事務	—	
	特定個人情報保護責任者	氏名 ☐☐☐　☐☐☐	—	
	部門長	○○部門： 氏名　☐☐☐　☐☐☐ ○○部門： 氏名　☐☐☐　☐☐☐	—	
	監査責任者	氏名　☐☐☐　☐☐☐	—	
	事務取扱担当者	○○部門： 氏名　☐☐☐　☐☐☐ 　　　☐☐☐　☐☐☐ 　　　☐☐☐　☐☐☐ ○○部門： 氏名　☐☐☐　☐☐☐ 　　　☐☐☐　☐☐☐ 　　　☐☐☐　☐☐☐	—	
	取扱区域の確認	従業員等の特定個人情報等の事務取扱区域： 顧問先の特定個人情報等の事務取扱区域：	—	（例）事務所見取図を参照（担当者・機器の位置等）
	取扱区域の管理	（例）座席配置の工夫	☐	
	管理区域の確認	従業員等の特定個人情報等の管理区域： 顧問先の特定個人情報等の管理区域：	—	（例）事務所見取図を参照（サーバー・機器の位置等）

段階	対応	確認事項	チェック☑	備考
	管理区域の管理	(例)(管理区域が個室の場合、)鍵の管理を責任者が行う。	☐	
	従業者の教育	(例)税理士会研修資料を提供のうえ説明を行う。	☐	
	従業者の監督・取扱状況の確認方法	(例)執務記録の記録・決裁、監査の実施等	☐	

【参考】
「特定個人情報等取扱規程に関する事務所管理体制チェックリスト」は、取扱規程等に基づく事務所の管理体制が整備されているかを確認するためのチェックリストです。
<記載方法>
① 確認事項欄に自らの事務所において実施する安全管理措置等として講じる項目を簡記します。
② チェック欄に安全管理措置等の対策状況をチェックします。
③ 備考欄には、対策の内容等を適宜簡記します。
※ ▒▒部分は記載例です。適宜編集してご活用ください。

(出典)日税連資料を基に作成

● 様式6-7　特定個人情報等の取扱いに関する事務チェックリスト（サンプル）

段階	確認事項	チェック☑	備考
取得	取得する特定個人情報等は、個人番号を取り扱う事務の範囲内か。	☐	
	取得する特定個人情報等は、特定個人情報等の範囲内の項目か。	☐	
	本人又は代理人の本人確認はしたか。	☐	(例) ・個人番号カード （確認した書類をメモ）
	本人確認書類の保存はしたか。	☐	
	執務記録に取得状況を記録したか。	☐	
利用	利用する特定個人情報等は、個人番号を取り扱う事務の範囲内か。	☐	
	利用する特定個人情報等は、特定個人情報等の範囲内の項目か。	☐	
	特定個人情報ファイルを作成したか。	☐	
	特定個人情報ファイルの管理簿に記録したか。	☐	
	執務記録に利用状況を記録したか。	☐	
保管・管理	保管する特定個人情報等は、個人番号を取り扱う事務の範囲内か。	☐	
	保管する特定個人情報等は、特定個人情報等の範囲内の項目か。	☐	

V　組織的安全管理措置

段階	確認事項	チェック☑	備考
	保管する特定個人情報等は、法定保存期間を過ぎていないか。	☐	
	法定保存期間を過ぎた特定個人情報等を含む書類を保管し続ける場合、個人番号をマスキング又は削除等したうえ保管しているか。	☐	
	書類・磁気媒体等（USB等）は施錠できるキャビネット等に保管されているか。	☐	
	機器は固定されているか。又は、施錠できるキャビネット等に保管されているか。	☐	
	特定個人情報ファイル等は、パスワードにより保護されているか。	☐	
	情報システムを使用している場合、アクセス権限は、事務取扱担当者・部門長・責任者に限定されているか。	☐	
	情報システムに付与されているユーザーID・パスワードは、適正に管理されているか。	☐	
	情報システム・機器を不正アクセス又は不正ソフトウェアから保護するための対策は取っているか。	☐	（例） ・セキュリティソフトの導入 ・ソフトウェアを最新に更新する。
	特定個人情報等をインターネット等により外部に送信する場合の情報漏えい等の防止策を取っているか。	☐	
	特定個人情報等を書類で持ち出す場合には、外部から閲覧されないよう措置をとっているか。	☐	
	特定個人情報等を郵送等により発送する場合、追跡可能な移送手段を利用しているか。	☐	
	特定個人情報等を磁気媒体等又は機器により持ち出す場合、パスワード又は暗号化等の対策はとっているか。	☐	
	執務記録に管理状況・持出し状況等を記録したか。	☐	
提供	提供する特定個人情報等は、個人番号を取り扱う事務の範囲内か。	☐	
	提供する特定個人情報等は、特定個人情報等の範囲内の項目か。	☐	
	執務記録に提供状況を記録したか。	☐	
開示・訂正・利用停止	特定個人情報等の開示請求は適法かつ合理的か。	☐	
	訂正内容に係る書類を確認したか。	☐	（例） ・住民票の写し等

段階	確認事項	チェック☑	備考
	訂正の必要を認める場合、保有する特定個人情報等を適切に修正したか。	☐	
	第三者提供の停止を求める理由は適法かつ合理的か。	☐	
	第三者提供の停止を認める場合、適切に対応したか。	☐	
	執務記録へ記録したか。	☐	
廃棄	当事務所で取り扱う事務で使用しないこととなった特定個人情報等を廃棄したか。	☐	
	書類の廃棄方法は復元不可能な手法か。	☐	(例) ・マスキングのうえシュレッダー細断 ・○○運輸により溶解
	データの削除方法は復元不可能な手法か。	☐	(例) ・完全削除ソフトウェア使用
	廃棄の証明書がある場合は保存しているか。	☐	
	執務記録に廃棄・削除の記録をしたか。	☐	
その他	個人情報保護の観点から適切に取り扱っているか。	☐	
	特定個人情報の漏えい等の事実又は恐れを把握した場合には、責任者に報告したか。	☐	
	特定個人情報の漏えい等の事実又は恐れを把握した場合には、個人情報保護委員会及び所管官庁に報告したか。	☐	

【参考】
「特定個人情報等の取扱いに関する事務チェックリスト」は、特定個人情報等を取り扱う事案ごとに、個人番号の取得から廃棄までの事務を確認するためのチェックリストです。
適宜、欄外に特定個人情報ファイル名や通し番号を付してご利用ください。
<記載方法>
① 確認事項を確認し、チェック欄に取扱規程等の遵守状況をチェックします。
② 必要に応じて、備考欄には実施日や対応した内容等を簡記します。
※ ■部分は記載例です。適宜編集してご活用ください。

(出典)日税連資料を基に作成

(2) 執務記録の作成

　また、取扱規程等に基づく運用状況を記録・確認するための手段としては、執務記録を作成することも有効である。
　以下に示すような執務記録に替えて、業務処理簿、業務日誌等へ記録することも想定される。ただし、いずれの場合においても、特定個人情報等は記

載しない様式としなければならない。

執務記録等には、責任者である所長等の確認欄を設け、運用状況の適正性を定期的に確認するようにしておく。

過去の執務記録等は、ファイルに綴じる等して保管しておけばよい。また、これらの執務記録は、情報システム上で管理する方法も考えられる。

なお、以下に示す執務記録（簡易版）及び執務記録（詳細版）のエクセルデータが日税連ウェブサイトの税理士ガイドブックのコーナーからダウンロードできるので、活用されたい。

① 執務記録（簡易版）の様式・記載例

税理士事務所内の取扱規程等に基づく運用状況を一括して記録する簡易版の執務記録の様式・記載例を以下に示す。

①作業日、②作業内容等（出力状況・持ち運び状況を含む）及び③担当者・責任者を記載することがポイントである。

●様式6-8　特定個人情報関係執務記録（簡易版：記載例）

日付	会社名	ファイル・書類	作業内容/利用目的	担当	所長（確認日）	備考
00/00/00	（株）A社	特定個人情報ファイル	USB持出し 〇年分年調打合せ、A社に持参	〇〇	印(00/00)	データにパスワード保護
00/00/00	（株）A社	特定個人情報ファイル	USB戻し 00/00〇年分年調打合せ（於、A社）	〇〇	印(00/00)	USB内の特定個人情報ファイル削除
00/00/00	（株）A社	特定個人情報ファイル	データ更新	〇〇	印(00/00)	〇名追加、退職〇名削除
00/00/00	当事務所	〇年分源泉徴収票	源泉徴収票作成・配布	△△	印(00/00)	封緘して手交
00/00/00	当事務所	〇年分年調関係書類	職員〇名から受理	△△	印(00/00)	本人確認済
00/00/00	（株）B社	□年分源泉徴収票	廃棄	◇◇	印(00/00)	〇〇運輸廃棄サービス（溶解処理）
00/00/00	〃	特定個人情報ファイル	退職者データ削除（〇名）	◇◇	印(00/00)	00年00月00日時点

(出典)日税連資料を基に作成

② 執務記録（詳細版）の様式・記載例

税理士事務所内の取扱規程等に基づく運用状況をクライアントごとに記録する詳細版の執務記録の様式・記載例を以下に示す。

なお、クライアントごとではなく、特定個人情報ファイル（⇒45ページ）ごとにシート分けする方法も考えられる。

①作業日、②特定個人情報ファイルの種類、書類名称等、③作業内容、④取扱担当部署、⑤担当者、⑥利用目的、⑦削除・廃棄状況などを記載することがポイントである。

●様式6-9　特定個人情報関係執務記録（詳細版：記載例）

会社名：C株式会社　特定個人情報ファイル名：AAAAAAA　作成日：0000/00/00

削除・廃棄日：　／　／

担当部署：○○課　　担当者：○○ ○○/○○ ○○　　責任者：○○ ○○/○○ ○○

日付	ファイル・書類	作業内容	利用目的	担当	課長（確認日）	所長（確認日）	備考
00/00/00	データ	アルバイト追加（○名）	データ更新	○○	印(00/00)	印(00/00)	本人確認済
00/00/00	○年分源泉徴収票・年調書類	データ作成・保存	○年分年末調整	△△	印(00/00)	印(00/00)	番号部分目隠しシール貼付
00/00/00	○年分源泉徴収票・年調書類	出力・C社へ郵送	納品	○○	印(00/00)	印(00/00)	封緘して簡易書留

［タブ：株式会社A／株式会社B／C株式会社／…／NPO法人Z］

（出典）日税連資料を基に作成

❸ 取扱状況を確認する手段の整備－管理簿の作成等

特定個人情報ファイル等の取扱状況の分かる記録を保存する必要がある。

(1) 特定個人情報ファイルの作成制限

事業者が特定個人情報ファイル（⇒45ページ）を作成することができるのは、個人番号利用事務等を処理するために必要な範囲に限られている（番号29）。

したがって、税理士等が特定個人情報ファイルを作成することができるのは、個人番号関係事務を処理するために必要な範囲に限られることとなる。

例えば、税理士等は、個人のクライアントを管理する目的で、特定個人情報ファイルを作成することはできない。

なお、法定調書作成ソフトウェア等の情報システムを利用している場合には、当該情報システムによって特定個人情報等は管理されることとなるため、当該情報システム以外の例えばエクセル等の一般の表計算ソフト等により特定個人情報ファイルを作成することは、基本的には、想定しづらい。

(2) 管理簿の作成

特定個人情報ファイル等の取扱状況の分かる記録を保存するためには、以下に示すような管理簿を整備することが有効である。なお、管理簿には、特定個人情報等は記載しない。

●様式6-10　特定個人情報ファイル管理簿（記載例）

種類	名称等			責任者	担当者	作成年月日	廃棄年月日
	会社名	名称/利用目的	年分				
ファイル	A社	給与管理システム	H27	○○○	○○○	H28.00.00	
書類	A社	源泉徴収票(写)	H27	○○○	○○○	H28.00.00	

(出典) 日税連資料を基に作成

管理簿において、責任者と事務取扱担当者を明確にすることで不正防止が図られる。

なお、この管理簿のエクセルデータが日税連ウェブサイトの税理士ガイドブックのコーナーからダウンロードできるので、活用されたい。

上記管理簿によらない場合、取扱状況を確認するために記録する項目は、次に掲げるものが挙げられる。

・特定個人情報ファイルの種類、名称
・責任者、取扱部署
・利用目的
・削除・廃棄状況
・アクセス権を有する者　等

（2）システムログ又は利用実績の記録

　また、給与計算や法定調書作成のためのソフトウェア等の情報システムを導入している場合は、システムログ又は利用実績を記録しなければならず、定期的に確認・出力し、ファイルに保存しておくことが望ましい。

　情報システム上の記録項目としては、次に掲げるものが挙げられる。
・システムの利用状況（利用者、ログイン実績、アクセスログ等）の記録
・特定個人情報ファイルの利用・出力状況の記録
・特定個人情報ファイルの削除・廃棄状況の記録　等

　なお、各ベンダーが提供しているマイナンバー制度に対応した各種ソフトウェアには、システムログ又は利用実績の記録及び定期的な出力の機能が組み込まれているものが多いと思われる。

❹　情報漏えい等事案に対応する体制整備

　税理士事務所において情報漏えい等の事案の発生又は兆候を把握した場合に、適切かつ迅速に対応するための体制を整備する必要がある。

　具体的には、情報漏えい等事案が発生した場合等に備え、次のような対応方法を定めておく必要がある。
・責任者への報告
・事実関係の調査及び原因の究明
・影響を受ける可能性のある本人への連絡
・個人情報保護委員会、事業所管大臣及び所属税理士会等への報告
・再発防止策の検討及び決定
・事実関係及び再発防止策等の公表　等

　また、税理士職業賠償責任保険、個人情報漏えい保険等への加入についても検討が必要である。

　なお、情報漏えい等の事案が発生した場合、二次被害の防止、類似事案の発生防止等の観点から、事案の規模によっては、事実関係及び再発防止策等を早急に公表することが必要となる場合もある。情報漏えい等事案が発生した場合の具体的な対応方法については、第9章（⇒309ページ以下）で詳述する。

❺ 取扱状況の把握及び安全管理措置の見直し

特定個人情報ファイル等の取扱状況及び取扱規程等の運用状況は定期的に確認する必要がある。そして、必要に応じて、安全管理措置の評価、見直し及び改善に取り組むよう努めなければならない。

税理士事務所における対応方法としては、前述の特定個人情報ファイル等の管理簿ないし執務記録等を保存し、定期的に責任者が確認するということである。

●図表6-5　事務作業の見直し（組織的安全管理措置）

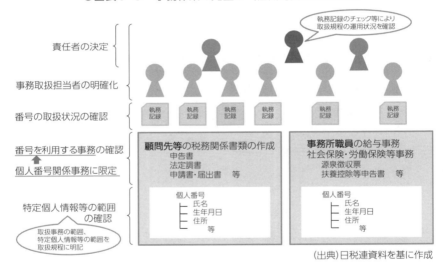

(出典)日税連資料を基に作成

❻ 個人データに関する安全管理措置

個人データについても、個人情報ガイドライン（通）は、安全管理措置として、①組織体制の整備、②個人データの取扱いに係る規律に従った運用、③個人データの取扱状況を確認する手段の整備取扱規程等に基づく運用[*12]、

[*12] ただし、特定個人情報と異なり、「運用の状況を確認するため、システムログ又は利用実績を記録することも重要である」とされ、記録は義務とされていない（個人情報ガイドライン（通）88ページ）。

④漏えい等の事案に対応する体制の整備並びに⑤取扱状況の把握及び安全管理措置の見直し、を挙げており[*13]、個人データに関しても基本的に同様の組織的安全管理措置を講じる必要がある。

[*13] 個人情報ガイドライン（通）88〜91ページ。

Ⅵ 物理的安全管理措置

　特定個人情報等の漏えい等を防止するためなどの物理的安全管理措置としては、①特定個人情報を取り扱う区域の管理、②機器、電子媒体等、書類等の管理、及び③個人番号の保管と削除又は廃棄を適切に講じることが必要となる。以下、それぞれ解説する。

❶ 特定個人情報を取り扱う区域の管理

　特定個人情報の情報漏えい等を防止するための措置として、特定個人情報等を取り扱う事務を実施する区域（以下「取扱区域」という。）、及び特定個人情報ファイルを取り扱う情報システムを管理する区域（以下「管理区域」という。）を区分し、明確にすることが必要となる。

　そのために、それぞれの税理士事務所における取扱区域及び管理区域を確認し、レイアウト等を設定する必要がある。

（1）取扱区域の区分

　取扱区域は、事務取扱担当者が事務作業を行うスペースとなる。取扱区域は、事務取扱担当者以外からできるだけ隔離する等の工夫が必要である。

　隔離の手法例は以下のとおりである（全ての方法を採用するのではなく、例示を参考に実施可能な方法を採用すればよい。）。

・座席配置を工夫し、事務取扱担当者以外の往来が少なくなるよう配置
・机やパソコンの画面を事務取扱担当者以外に後ろから覗き見される可能性が低くなるよう配置
・間仕切り（パーテーション）を設ける　等

　本章Ⅴ❶(2)「事務取扱担当者の明確化及びその役割の明確化」（⇒224ページ）で述べたように、税理士事務所における個人番号の事務取扱担当者は、以下のように分類されることが想定される。

　①　事務所従業員等の個人番号に係る事務取扱担当者
　②　クライアントの個人番号に係る事務取扱担当者

　このうち、①については事務所従業員等の給与計算等の事務担当者である

から、限定的である。これに対して②は、クライアントの税務代理や税務書類の作成事務に従事する職員等が該当するので、事務所内のほとんどの従業員等が該当することになるものと考えられる。そこで、①の事務取扱担当者と②の事務取扱担当者の取扱区域を区分する必要があるものと考えられる。すなわち、原則として、①の事務取扱担当者を上記例示の手法等により、他の従業員等から隔離する等の工夫を要することとなる。

(2) 管理区域の区分

　管理区域は、特定個人情報等を取り扱う情報システムや機器等を管理するスペースとなる。

　管理区域を区分している場合には、区域への入退室等の管理が必要となる。機器にて管理している場合は、施錠できるキャビネット等に保管するか、セキュリティワイヤー等で固定して管理する。

　入退室等管理の手法例は以下のとおりである（全ての方法を採用するのではなく、例示を参考に実施可能な方法を採用すればよい。）。

・ICカード、ナンバーキー等による入退室管理
・管理区域へ持ち込む、又は管理区域から持ち出す機器の制限
・管理区域の鍵の管理　　　等

　税理士事務所においては、上記の取扱区域の場合と同様に、①事務所従業員等の特定個人情報等を取り扱う情報システム等を管理するスペースと②クライアントの特定個人情報等を取り扱う情報システム等を管理するスペースを区分する必要があるものと考えられる。もっとも、これは、例えば、事務所の従業員等の源泉徴収に係る資料や社会保険関係資料の管理区域をクライアントの資料の管理区域と区分しなければならないという、いわば当然のことである。

　クライアントの特定個人情報等に関して、一般的な税理士事務所においては、全ての従業員等が事務取扱担当者となることが想定される。その場合、事務所における事務作業スペース全てが取扱区域及び管理区域に該当することとなる。事務所における事務作業スペース全てが取扱区域に該当するといっても、外部の来訪者等に情報漏えいしないよう、来客スペースと事務スペースの区分が明確になるよう工夫する必要はある。また、事務所全体が管理区域になるので、事務所の鍵の管理・施錠の確認を確実に行えばよいという

ことである。

❷ 機器、電子媒体等、書類等の管理

特定個人情報等を取り扱う機器、電子媒体等及び書類等は、適正に管理・保管し、盗難防止策を図る必要がある。

(1) 機器・書類等の管理・保管

特定個人情報等を含む電子媒体等及び書類等は、施錠できるキャビネット、書庫、デスク等に保管することが考えられる。

また、特定個人情報等を取り扱う機器等は、セキュリティワイヤー等により固定するか、使用後に施錠できるキャビネット等に保管することが考えられる。

(2) 電子媒体等の取り扱いにおける漏えい等の防止

特定個人情報等が記録された電子媒体等又は書類等を取扱区域又は管理区域の内外へ持ち運ぶ場合には、容易に個人番号が判明しないよう、安全な方策を講じることにより、紛失・盗難等の防止に配慮する必要がある。

電子媒体等又は書類等を持ち運ぶ場合の安全方策の手法例は以下のとおりである（全ての方法を採用するのではなく、例示を参考に実施可能な方法を採用すればよい。）。ただし、行政機関等に法定調書等をデータで提出するに当たっては、行政機関等が指定する提出方法に従えばよい。

〔電子媒体等の持出し〕
- パスワードによる保護
- データの暗号化
- 施錠できる搬送容器の使用
- 追跡可能な移送手段の利用　等

〔書類等の持出し〕
- 封入、封緘
- 目隠しシールの貼付　等

このほか、特定個人情報等が記録された書類等を郵送する場合[*14]は、簡易

[*14] 受給者交付用の源泉徴収票や支払調書を本人に交付する場合の個人番号の取扱いについては、第5章Ⅲ❷（⇒158ページ）及び同❺（⇒168ページ）参照。確定申告書の控えを本人に交付する場合の個人番号の取扱いについては、第5章Ⅱ❻（⇒147ページ）参照。

書留等、荷物の追跡サービスが付加されている方法をとるべきである。

なお、特定個人情報等の持出し・発送記録は、執務記録等に記録する。

●図表6-6　事務所のレイアウト等の見直し（物理的安全管理措置）

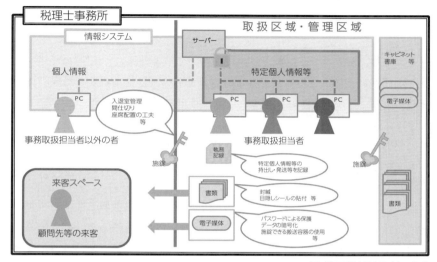

(出典)日税連資料を基に作成

❸ 個人番号の保管と削除又は廃棄

(1) 特定個人情報の保管制限

特定個人情報は、番号法19条各号で限定的に明記された事務を行う必要がある場合に限り、保管し続けることができることとされている（番号20）。

そのため、個人番号が記載された書類等のうち所管法令によって一定期間保存が義務付けられているものは、その期間に限って保管することとなり、期間経過後、その事務を処理する必要がなくなった場合は、できるだけ速やかに個人番号を削除又は書類等を廃棄しなければならない[15]。ただし、個人番号部分を復元できない程度にマスキング又は削除した上で他の情報の保管を継続することは可能である。

＊15　継続的に保管できる場合の事例については、60ページ参照。

例えば、扶養控除等申告書は、法令上7年間保存することとされていることから（所税則76の3）、当該期間を経過した場合には、当該申告書に記載された個人番号を保管しておく必要はなく、原則として、個人番号が記載された扶養控除等申告書をできるだけ速やかに廃棄するか、扶養控除等申告書の個人番号部分を復元できない程度にマスキング又は削除しなければならない。

そのため、個人番号が記載された扶養控除等申告書等の書類[*16]については、保存期間経過後における廃棄又は個人番号部分の削除を前提とした保管体制を整備することが望ましい。現実的には、特定個人情報等の保管については、できるだけ保存期間経過後における個人番号の削除を前提とした情報システムに集約し、書類等については、個人番号の記載が法令で義務付けられているものを除き、できるだけ出力しない、又は個人番号を印字しない等の対応をとることが賢明であろう。

この点、前述の例に挙げた扶養控除等申告書等の源泉徴収に関する一定の申告書については、原則として書面によらなければならないが、給与等の受給者が源泉徴収に関する申告書に記載すべき事項を電磁的方法により給与等の源泉徴収義務者に提供することができるという特例制度がある[*17]（所税198②、203④、203の5④）。前述のような保存期間経過後の個人番号の削除又は廃棄のことを考えれば、この特例制度のような電磁的方法が有効と考えられる。

もっとも、給与所得の源泉徴収票や支払調書等の作成事務のために提供を受けた特定個人情報等を電磁的記録として保存している場合においても、その事務に用いる必要がなく、所管法令で定められている保存期間を経過した場合には、原則として、個人番号をできるだけ速やかに削除又は廃棄しなければならない。

そのため、特定個人情報等を保存するシステムにおいては、保存期間経過

---

*16 第5章Ⅲ❶(4)（⇒150ページ）で述べたように、扶養控除等申告書等については、番号記載帳簿を備えつける等して申告書等に個人番号を記載しない方法もある。
*17 給与等の支払を受ける者（受給者）が給与等の支払者（源泉徴収義務者）に対して提出する源泉徴収に関する申告書が対象。手続対象者は、給与等、退職手当等及び公的年金等の源泉徴収義務者である。

後における削除又は廃棄を前提としたシステムを構築することが望ましい。現実的には、各ベンダーが提供するそのようなシステムが組み込まれた法定調書作成ソフトウェア等を利用することとなろう。

　また、クライアントから預かっている書類については、委託業務終了後速やかに、法定保存期間を伝えた上でクライアントに返却するべきである。

(2) 書類・機器等の削除又は廃棄の手法

　(1)で述べたように、個人番号を取り扱う事務を行う必要がなくなった場合で、所管法令等において定められている保存期間等を経過した場合には、個人番号をできるだけ速やかに復元不可能な手段で削除又は廃棄しなければならない。

　特定個人情報ファイル中の個人番号又は一部の特定個人情報を削除する場合、容易に復元できない手段を採用することが考えられる。

　以下では、削除又は廃棄の対象物ごとにその具体的な手法について解説する（以下で述べる全ての方法を採用するのではなく、例示を参考に実施可能な方法を採用すればよい。）。

　① 　書類等の削除又は廃棄

　　特定個人情報等が記載された書類等を廃棄する場合、焼却又は溶解等の復元不可能な手段を採用する。

　　焼却又は溶解については、専門業者に依頼することが現実的であるが、これらの方法のほか、例えば、復元不可能な程度に細断可能なシュレッダーの利用又は個人番号部分を復元不可能な程度にマスキングすること等の復元不可能な手段を採用することが考えられる。

　　また、個人番号が記載された書類については、保存期間経過後における個人番号の削除を前提とした手続を予め定めておくことが有効である。

　② 　機器・電子媒体等の削除又は廃棄

　　特定個人情報等が記録された機器又は電子媒体等を廃棄する場合、専用のデータ削除ソフトウェアの利用又は物理的な破壊等により、復元不可能な手段を採用することが考えられる。なお、データ復元用の専用ソフトウェア、プログラム、装置等を用いなければ復元できない場合には、復元不可

能な手段と認められる[*18]。

前述のように、特定個人情報等を取り扱う情報システムにおいては、保存期間経過後における個人番号の削除を前提とした情報システムを構築することが考えられる。

③　削除又は廃棄の記録の保存

個人番号若しくは特定個人情報ファイルを削除した場合、又は電子媒体等を廃棄した場合には、削除又は廃棄した記録を保存しなければならない。

これらの作業を専門業者等に委託する場合には、委託先が確実に削除又は廃棄したことについて、証明書等により確認し、当該証明書等は保存する。証明書等がない場合でも、管理簿や執務記録等に削除等の記録を保存するべきである。

❹　個人データに関する安全管理措置

個人データについても、個人情報ガイドライン（通）は、安全管理措置として、①個人データを取り扱う区域の管理、②機器及び電子媒体等の盗難等の防止、③電子媒体等を持ち運ぶ場合の漏えい等の防止、並びに④個人データの削除及び機器、電子媒体等の廃棄[*19]、を挙げており[*20]、個人データに関しても基本的に同様の物理的安全管理措置を講じる必要がある。

[*18] マイナンバーガイドラインQA・A 15-2。
[*19] ただし、特定個人情報と異なり、「個人データを削除した場合、又は、個人データが記録された機器、電子媒体等を廃棄した場合には、削除又は廃棄した記録を保存することや、それらの作業を委託する場合には、委託先が確実に削除又は廃棄したことについて証明書等により確認することも重要である」とされ、記録等は義務とされていない（個人情報ガイドライン（通）93ページ）。
[*20] 個人情報ガイドライン（通）93～95ページ。

Ⅶ 技術的安全管理措置

　特定個人情報等の漏えい等を防止するためなどの技術的安全管理措置としては、①情報システムのアクセス制御、②アクセス者の識別と認証、③外部からの不正アクセス等の防止、及び④データの漏えい等の防止を適切に講じることが必要となる。以下、それぞれ解説する。

❶ 情報システムのアクセス制御

　情報システムを利用して個人番号関係事務等を行う場合、適切なアクセス制御が必要となる。
　アクセス制御の手法例は以下のとおりである（全ての方法を採用するのではなく、例示を参考に実施可能な方法を採用すればよい。）。
・個人番号と紐付けて使用する情報の範囲をアクセス制御により限定
・特定個人情報ファイルを取り扱う情報システムをアクセス制御により限定
・ユーザーID等に付与するアクセス権により、特定個人情報ファイルを取り扱う情報システムを使用できる者を事務取扱担当者に限定　等

❷ アクセス者の識別と認証

　特定個人情報等を取り扱う情報システムは、事務取扱担当者が正当なアクセス権を有する者であることを識別し、認証する必要がある。
　事務取扱担当者の識別方法としては、システムにおけるユーザーID等（ユーザーID・パスワード、磁気・ICカード、生体情報等）の利用が考えられる。なお、ユーザーIDは当然のことながら、共用はせず、類推されやすいものは避けるべきである。また、パスワードについても、類推されやすいものは避け、定期的な変更、アカウント作成時に付与されたパスワードは使用せず、可能な限り文字列を長くする（8文字以上推奨）などの配慮を要する。
　なお、❶で述べたアクセス制御及びアクセス者の識別・認証については、現実的には、各ベンダーが提供するそのようなシステムが組み込まれた法定調書作成ソフトウェア等を利用することとなろう。

❸ 外部からの不正アクセス等の防止

情報システムを外部からの不正アクセス又は不正ソフトウェアから保護する仕組みを導入し、適切に運用する必要がある。

不正アクセス又は不正ソフトウェアから保護する手法例は以下のとおりである（全ての方法を採用するのではなく、例示を参考に実施可能な方法を採用すればよい。）。

・ファイアウォール等を設置し、不正アクセスを遮断
・セキュリティ対策ソフトウェア（ウィルス対策ソフトウェア）等の導入による入出力データにおける不正ソフトウェア等の有無の確認
・機器やソフトウェア等に標準装備されている自動更新機能等の活用
・ログ等の分析を定期的に行い、不正アクセスを検知　等

❹ データの漏えい等の防止

特定個人情報等をインターネット等により外部に送信する場合、通信経路における情報漏えい等を防止する措置を講じる必要がある。

そのための手法としては、データのパスワードによる保護や暗号化、通信経路の暗号化等を講じることが考えられる。

❺ 個人データに関する安全管理措置

個人データについても、個人情報ガイドライン（通）は、安全管理措置として、①情報システムのアクセス制御、②アクセス者の識別と認証、③外部からの不正アクセス等の防止、及び④データの漏えい等の防止、を挙げており[21]、個人データに関しても基本的に同様の技術的安全管理措置を講じる必要がある。

---

*21 個人情報ガイドライン（通）96～98ページ。

●図表6-7　情報システムの管理方法の検討（技術的安全管理措置）

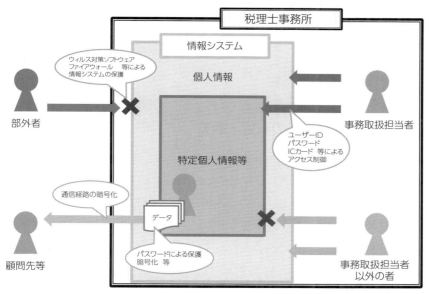

（出典）日税連資料を基に作成

Ⅶ　技術的安全管理措置

Ⅷ 人的安全管理措置

 特定個人情報等を適正に取り扱うための人的安全管理措置としては、①事務取扱担当者の監督・教育、及び②従業員等への周知を適切に講じることが必要となる。以下、それぞれ解説する。

❶ 事務取扱担当者の監督・教育

 特定個人情報等が適正に取り扱われるためには、事務取扱担当者に対して必要かつ適切な監督及び教育を行う必要がある。
 本章Ⅴ❶(2)「事務取扱担当者の明確化及びその役割の明確化」(⇒224ページ)で述べたように、税理士事務所においては、従事するほぼ全ての従業員等が事務取扱担当者に該当することが想定される。
 また、個人情報保護法上、個人情報取扱事業者は、従業者に個人データを取り扱わせるに当たっては、安全管理措置が適切に講じられるよう、当該従業者に対する必要かつ適切な監督を行わなければならない（個人情報21）。
 したがって、税理士事務所については、事務取扱担当者にかかわらず、全ての従業員等に対する監督及び教育が不可欠であると考えられる。
 一方、税理士及びその従業員等には、税理士法上の守秘義務が課されている（税理士38、54）。守秘義務により、税理士及び従業員等は、業務上知り得た情報を正当な理由がある場合を除き、外部等に漏らすことが禁止されている。ここで、「正当な理由」とは、本人の許諾又は法令に基づく義務があることをいうものとされているので（税理士法基本通達38-1）、本人の許諾がある場合には税理士法上の守秘義務は解除されることとなるが、番号法上の特定個人情報等については、本人の許諾があっても番号法上の利用範囲外での利用や提供は認められていないことに留意しなければならない。
 また、税理士等には、従業員等への監督義務も課されている（税理士41の2）。
 以上の諸点により、税理士及びその従業員等への定期的な研修の実施や資料の提供等が必要となる。

もっとも、それぞれの税理士事務所内で独自の研修を定期的に実施することは容易ではなかろう。したがって、日税連や単位税理士会において、税理士会員及びその従業員等に対して、特定個人情報等を適正に取り扱うための定期的な研修（マルチメディア配信やDVDの配布が有効と思われる。）や資料提供が実施されることが期待される。

●図表6-8　事務取扱担当者への教育・監督（人的安全管理措置）

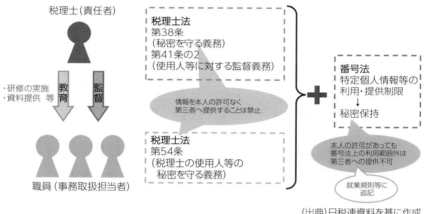

（出典）日税連資料を基に作成

❷　従業員等への周知

　税理士事務所の従業員等による特定個人情報等の漏えいを防止するためには、特定個人情報等についての秘密保持に関する事項を就業規則や雇用契約締結時[*22]の誓約書等に盛り込むことが有効である。
　就業規則と誓約書のサンプルを以下に掲載するので参照されたい。

＊22　既に雇用契約のある者については、番号法施行後にあらためて提出を求めればよい。

Ⅷ　人的安全管理措置　　**247**

様式6-11 ○○○○税理士事務所（税理士法人）就業規則モデル

平成　　年　　月　　日制定
平成　　年　　月　　日届出

第1章　総則
（目的）
第1条　この規則は、○○○○税理士事務所（以下「事務所」という。）（※）の使用人等の就業に関する事項を定めたものである。
2　この規則に定めた事項のほか、使用人等の就業に関する事項は、労働基準法（以下「労基法」という。）その他の法令に定めるところによる。

> ※税理士法人の場合は、「○○税理士法人（以下「法人」という。）」等と表記することが適当と考えられる。以下の条項においても同様とする。

（使用人等の定義）
第2条　この規則で使用人等とは、第2章に定めるところにより事務所に採用された者で、次に掲げる者をいう。
① 所属税理士
　　税理士法第2条第3項及び税理士施行規則第8条第2号に規定するところにより、事務所の所長税理士の補助者として業務に従事する税理士である就業者
② 職員等
　　税理士登録を行っていない就業者

（規則遵守の義務）
第3条　事務所は、この規則に定める労働条件により、使用人等に就業させる義務を負う。また、使用人等は、この規則を遵守し、相互に協力して所業の発展に努めなければならない。

第2章　採用、異動等
（採用）
第4条　事務所は、就職を希望する者の中から選考により使用人等として採用する。

（採用決定者の提出書類）
第5条　選考試験に合格し、採用された者は、採用後○週間以内に次の書類を提出しなければならない。
① 履歴書
② 住民票記載事項証明書（源泉徴収票等の作成事務及び健康保険・厚生年金等に関する事務に使用するため、本人の「個人番号」が記載されたもの）
③ 税理士資格を有することを証する書面又は税理士登録を行っていることを証する書面の写し（所属税理士としての採用の場合に限る。）（※）
④ 第11条から第13条、第17条を遵守する旨の誓約書（税理士法上の禁止義務に限定）

⑤　技能資格証明書（簿記等）
⑥　前職あるものは厚生年金保険及び雇用保険被保険者証並びに当年分の源泉徴収票
⑦　その他事務所が指定する書類

> ※税理士未登録の者の場合（事務所採用後、所属税理士として登録予定の者の場合）は税理士試験合格証書、特別税理士試験合格証書、税理士試験免除決定通知書等の写しが想定される。
> また、既に税理士登録（開業税理士又は他開業事務所の所属税理士等）をしている者については登録事項証明書等が想定される。

（試用期間）
第6条　使用人等として、新たに採用した者については、採用の日から〇か月間を試用期間とする。
2　前項について、事務所が特に認めたときは、この期間を短縮し、又は設けないことがある。
3　試用期間中又は試用期間満了の後、引き続き使用人等として勤務させることが不適当と認められる者については、第7章の手続きに従い解雇する。
4　試用期間は勤続年数に通算する。

（労働条件の明示）
第7条　事務所は、使用人等を採用するとき、採用時の賃金、就業場所、従事する業務、労働時間、休日、その他の労働条件を記した労働条件通知書及びこの規則を交付して労働条件を明示するものとする。

（人事異動）
第8条　事務所は、業務上必要がある場合に、使用人等に対して従事する業務の変更を命ずることがある。
2　前項の場合、使用人等は正当な理由なくこれを拒むことはできない。

（休職）
第9条　使用人等が、次のいずれかに該当するときは、所定の期間休職とする。
①　業務外の傷病による欠勤が〇か月を超え、なお療養を継続する必要があるため勤務できないとき…〇年以内
②　前号のほか、特別な事情があり休職させることが適当と認められるとき…必要な期間
2　休職期間中に休職事由が消滅したときは、原則として元の職務に復帰させる。ただし、元の職務に復帰させることが困難又は不適当な場合には、他の職務に就かせることがある。
3　第1項第1号により休職し、休職期間が満了してもなお傷病が治癒せず就業が困難な場合は、休職期間の満了をもって退職とする。

第3章　服務規律

（服務）
第10条　使用人等は、職務上の責任を自覚し、誠実に職務を遂行するとともに、事務所

の指示命令に従い、職務能率の向上及び職場秩序の維持に努めなければならない。

（税理士関係法令等の遵守）
第11条　使用人等は、税理士事務所の職務の特性及び責任を自覚するとともに、税理士に関する法令、日本税理士会連合会の会則及び税理士会の会則規則等を遵守しなければならない。

（職員等のにせ税理士行為の禁止等）
第12条　職員等は、税理士法第52条の規定に鑑み、単独で税理士法第2条第1項第1号から第3号に規定する税理士業務（税務代理、税務書類の作成及び税務相談）を行ってはならない。

（職員等の名称使用制限）
第13条　職員等は、税理士法第53条の規定に鑑み、外部に対し、自らに関して、税理士に類似する名称又は役職等を用いてはならない。

（所属税理士の直接受任）
第14条　所属税理士は、税理士法施行規則第1条の2の規定に鑑み、他人の求めに応じ自ら委嘱を受けて税理士法第2条第1項又は第2項の業務に従事（以下「直接受任」という。）しようとする場合には、その都度、あらかじめ、事務所の所長税理士の書面による承諾を得なければならない。
2　その他、所属税理士の直接受任に関して必要な事項については、別に定めるところによる。（※）

> ※所属税理士の直接受任に関して必要な事項の定めについては、日本税理士会連合会が公表している「所属税理士が他人の求めに応じ自ら業務の委嘱を受ける場合の約定書（モデル）」を参照されたい。

（セクシュアルハラスメントの禁止）
第15条　性的な言動又は行為により、他の使用人等に不利益や不快感を与えたり、就業環境を害するようなことをしてはならない。

（パワーハラスメントの禁止）
第16条　職務上の地位や人間関係などの職場内の優位性を背景にした、業務の適正な範囲を超える言動により、他の使用人等に精神的・身体的な苦痛を与えたり、就業環境を害するようなことをしてはならない。

（秘密を守る義務）
第17条　使用人等は、税理士法第38条又は第54条の規定に鑑み、正当な理由がなくて、税理士業務に関して知り得た秘密を他に漏らし、又は窃用してはならない。事務所の使用人等でなくなった後においても、また同様とする。
2　使用人等は、行政手続における特定の個人を識別するための番号の利用等に関する法律第12条の規定に鑑み、税理士業務に関して知り得た個人番号及び特定個人情報を他に漏らし、又は窃用してはならない。また、事務所の使用人等でなくなった後においては、当該税理士業務に関して知り得た個人番号及び特定個人情報を一切取り扱ってはならない。

3　使用人等は、事務所及び関与先等に関する情報の管理に十分注意を払うとともに、自らの業務に関係のない情報を不当に取得してはならない。
4　使用人等は、職場又は職種を異動あるいは退職するに際して、自らが管理していた事務所及び取引先等に関するデータ・情報書類等を速やかに返却しなければならない。

（遵守事項）
第18条　使用人等は、第10条から第17条までに規定する事項のほか、次の事項を守らなければならない。
①　許可なく職務以外の目的で事務所の施設、物品等を使用しないこと
②　職務に関連して自己の利益を図り、又は他より不当に金品を借用し、若しくは贈与を受ける等不正な行為を行わないこと
③　勤務中は職務に専念し、正当な理由なく勤務場所を離れないこと
④　私生活上の非違行為や事務所に対する正当な理由のない誹謗中傷等であって、事務所の名誉信用を損ない、業務に重大な悪影響を及ぼす行為をしないこと
⑤　許可なく他の事務所等の業務に従事しないこと
⑥　許可なく勤務時間中に私用外来者と面会しないこと
⑦　酒気を帯びて就業しないこと
⑧　その他使用人等としてふさわしくない行為をしないこと

（始業及び終業時刻の記録）
第19条　使用人等は、始業及び終業時にタイムカードを自ら打刻し、始業及び終業の時刻を記録しなければならない。

（遅刻、早退、欠勤等）
第20条　使用人等は、遅刻、早退若しくは欠勤をし、又は勤務時間中に私用で事業場から外出する際は、事前に○○○に対し申し出るとともに、承認を受けなければならない。ただし、やむを得ない理由で事前に申し出ることができなかった場合は、事後に速やかに届出をし、承認を得なければならない。
2　前項の場合は、第45条に定めるところにより、原則として不就労分に対応する賃金は控除する。

（委任）
第21条　使用人等の服務規律につき、この規則に定めのない事項は別に定める。（※）

※1　使用人等の服務規律につき、以下のような、より詳細な庶務的規定は就業規則にはそぐわないため、日本税理士会連合会が策定した「税理士事務所等の内部規律及び内部管理体制に関する指針」を参照のうえ、別個に規程等を定めることが望ましい。
・使用人等の報告・連絡・相談に関する規程
・守秘義務を遵守するための文書管理及びデータ管理に関する規程
・使用人等の研修に関する規程
・犯罪収益移転防止法の取引時確認等の措置に関する規程　　　等
※2　また、社会保障・税番号制度の導入を受け、「特定個人情報の適正な取扱いに関するガイドライン（事業者編）」（平成26年12月11日個人情報保護委員会）

により、税理士事務所等を含む事業者は、特定個人情報等の取扱いに関する規程を別途策定しなければならないこととされている。当該規程例等については、「税理士のためのマイナンバー対応ガイドブック」(平成27年4月日本税理士会連合会規制改革特別委員会)を参照されたい。

第4章 労働時間、休憩及び休日

(労働時間及び休憩時間)(※)
第22条 労働時間は、1週間については40時間、1日については8時間とする。
2 始業・終業の時刻及び休憩時間は、次のとおりとする。ただし、業務の都合その他やむを得ない事情により、これらを繰り上げ、又は繰り下げることがある。この場合、前日までに労働者に通知する。

始業	終業	休憩
○時○○分	○○時○○分	○時より○時までの○時間

※本条は完全週休2日を採用した場合を前提としている。1か月単位の変形労働時間制(隔週週休2日制を採用する場合)又は1年単位の変形労働時間制を採用する場合は、厚生労働省が公表しているモデル就業規則を参照されたい。

(休日)
第23条 休日は、次のとおりとする。
① 土曜日及び日曜日
② 国民の祝日(日曜日と重なったときは翌日)
③ 年末年始(12月○日~1月○日)
④ 夏季休日(○月○日~○月○日)
⑤ その他事務所が指定する日
2 業務の都合により事務所が必要と認める場合は、あらかじめ前項の休日を他の日と振り替えることがある。
3 前項の場合は、前日までに振替えによる休日を指定して使用人等に通知する。

(時間外及び休日労働等)
第24条 業務の都合により、第22条の所定労働時間を超え、又は第23条の所定休日に労働させることがある。
2 前項の場合、法定労働時間を超える労働又は法定休日における労働については、あらかじめ事務所は使用人等の過半数代表者と書面による労使協定を締結するとともに、これを所轄の労働基準監督署長に届け出るものとする。
3 妊娠中の女性、産後1年を経過しない女性労働者(以下「妊産婦」という。)であって請求した者及び18歳未満の者については、第2項による時間外労働又は休日若しくは深夜(午後10時から午前5時まで)労働に従事させない。
4 災害その他避けることのできない事由によって臨時の必要がある場合には、第1項から前項までの制限を超えて、所定労働時間外又は休日に労働させることがある。ただし、この場合であっても、請求のあった妊産婦については、所定労働時間外労働又は休日労働に従事させない。

第5章　休暇等

（年次有給休暇）

第25条　採用日から6か月間継続勤務し、所定労働日の8割以上出勤した使用人等に対しては、10日の年次有給休暇を与える。その後1年間継続勤務するごとに、当該1年間において所定労働日の8割以上出勤した使用人等に対しては、下の表のとおり勤続期間に応じた日数の年次有給休暇を与える。

勤続期間	6か月	1年6か月	2年6か月	3年6か月	4年6か月	5年6か月	6年6か月以上
付与日数	10日	11日	12日	14日	16日	18日	20日

2　前項の規定にかかわらず、週所定労働時間30時間未満であり、かつ、週所定労働日数が4日以下（週以外の期間によって所定労働日数を定める使用人等については年間所定労働日数が216日以下）の使用人等に対しては、下の表のとおり所定労働日数及び勤続期間に応じた日数の年次有給休暇を与える。

週所定労働日数	1年間の所定労働日数	勤続期間						
		6か月	1年6か月	2年6か月	3年6か月	4年6か月	5年6か月	6年6か月以上
4日	169日～216日	7日	8日	9日	10日	12日	13日	15日
3日	121日～168日	5日	6日	6日	8日	9日	10日	11日
2日	73日～120日	3日	4日	4日	5日	6日	6日	7日
1日	48日～72日	1日	2日	2日	2日	3日	3日	3日

3　第1項又は第2項の年次有給休暇は、使用人等があらかじめ請求する時季に取得させる。ただし、使用人等が請求した時季に年次有給休暇を取得させることが事業の正常な運営を妨げる場合は、他の時季に取得させることがある。

4　前項の規定にかかわらず、使用人等代表との書面による協定により、各使用人等の有する年次有給休暇日数のうち5日を超える部分について、あらかじめ時季を指定して取得させることがある。

5　第1項及び第2項の出勤率の算定に当たっては、下記の期間については出勤したものとして取り扱う。

① 年次有給休暇を取得した期間
② 産前産後の休業期間
③ 育児休業、介護休業等育児又は家族介護を行う労働者の福祉に関する法律（平成3年法律第76号。以下「育児・介護休業法」という。）に基づく育児休業及び介護休業した期間
④ 業務上の負傷又は疾病により療養のために休業した期間

6　付与日から1年以内に取得しなかった年次有給休暇は、付与日から2年以内に限り繰り越して取得することができる。

7　前項について、繰り越された年次有給休暇とその後付与された年次有給休暇のいずれも取得できる場合には、繰り越された年次有給休暇から取得させる。

8　事務所は、毎月の賃金計算締切日における年次有給休暇の残日数を、当該賃金の支払明細書に記載して使用人等に通知する。

（年次有給休暇の時間単位での付与）
第26条　使用人等代表との書面による協定に基づき、前条の年次有給休暇の日数のうち、1年について5日の範囲で次により時間単位の年次有給休暇（以下「時間単位年休」という。）を付与する。
(1)　時間単位年休付与の対象者は、すべての使用人等とする。
(2)　時間単位年休を取得する場合の、1日の年次有給休暇に相当する時間数は、以下のとおりとする。
　①　所定労働時間が　5　時間を超え　6　時間以下の者…　6　時間
　②　所定労働時間が　6　時間を超え　7　時間以下の者…　7　時間
　③　所定労働時間が　7　時間を超え　8　時間以下の者…　8　時間
(3)　時間単位年休は1時間単位で付与する。
(4)　本条の時間単位年休に支払われる賃金額は、所定労働時間労働した場合に支払われる通常の賃金の1時間当たりの額に、取得した時間単位年休の時間数を乗じた額とする。
(5)　上記以外の事項については、前条の年次有給休暇と同様とする。

（産前産後の休業）
第27条　6週間（多胎妊娠の場合は14週間）以内に出産予定の女性使用人等から請求があったときは、休業させる。
2　産後8週間を経過していない女性使用人等は、就業させない。
3　前項の規定にかかわらず、産後6週間を経過した女性使用人等から請求があった場合は、その者について医師が支障がないと認めた業務に就かせることがある。

（母性健康管理の措置）
第28条　妊娠中又は出産後1年を経過しない女性使用人等から、所定労働時間内に、母子保健法（昭和40年法律第141号）に基づく保健指導又は健康診査を受けるために申出があったときは、次の範囲で時間内通院を認める。
　①　産前の場合
　　　　　妊娠23週まで　……………… 4週に1回
　　　　　妊娠24週から35週まで ……… 2週に1回
　　　　　妊娠36週から出産まで ……… 1週に1回
　　　ただし、医師又は助産師（以下「医師等」という。）がこれと異なる指示をしたときには、その指示により必要な時間
　②　産後（1年以内）の場合
　　　　　医師等の指示により必要な時間
2　妊娠中又は出産後1年を経過しない女性使用人等から、保健指導又は健康診査に基づき勤務時間等について医師等の指導を受けた旨申出があった場合、次の措置を講ずる。
　①　妊娠中の通勤緩和措置として、通勤時の混雑を避けるよう指導された場合は、原則として○時間の勤務時間の短縮又は○時間以内の時差出勤を認める。
　②　妊娠中の休憩時間について指導された場合は、適宜休憩時間の延長や休憩の回

③　妊娠中又は出産後の女性使用人等が、その症状等に関して指導された場合は、医師等の指導事項を遵守するための作業の軽減や勤務時間の短縮、休業等の措置をとる。

（育児時間及び生理休暇）
第29条　1歳に満たない子を養育する女性使用人等から請求があったときは、休憩時間のほか1日について2回、1回について30分の育児時間を与える。
2　生理日の就業が著しく困難な女性使用人等から請求があったときは、必要な期間休暇を与える。

（育児・介護休業、子の看護休暇等）
第30条　使用人等のうち必要のある者は、育児・介護休業法に基づく育児休業、介護休業、子の看護休暇、介護休暇、育児のための所定外労働の免除、育児・介護のための時間外労働及び深夜業の制限並びに所定労働時間の短縮措置等（以下「育児・介護休業等」という。）の適用を受けることができる。
2　育児休業、介護休業等の取扱いについては、「育児・介護休業等に関する規則」（※）で定める。

> ※育児・介護休業等に関するモデル規則は、厚生労働省が公表している「育児・介護休業等に関する規則の規定例」等を参照されたい。

（慶弔休暇）
第31条　使用人等が申請した場合は、次のとおり慶弔休暇を与える。
　　①　本人が結婚したとき　　　　　　　　　　　　　　　　　　○日
　　②　妻が出産したとき　　　　　　　　　　　　　　　　　　　○日
　　③　配偶者、子又は父母が死亡したとき　　　　　　　　　　　○日
　　④　兄弟姉妹、祖父母、配偶者の父母又は兄弟姉妹が死亡したとき　　○日
　　⑤　その他、前各号に準じ事務所が必要と認めたとき　　　必要と認めた期間

（病気休暇）
第32条　使用人等が私的な負傷又は疾病のため療養する必要があり、その勤務しないことがやむを得ないと認められる場合に、病気休暇を○日与える。

（裁判員等のための休暇）
第33条　使用人等が裁判員若しくは補充裁判員となった場合又は裁判員候補者となった場合には、次のとおり休暇を与える。
　　①　裁判員又は補充裁判員となった場合　　　　　必要な日数
　　②　裁判員候補者となった場合　　　　　　　　　必要な時間

第6章　賃金
（賃金の構成）
第34条　賃金の構成は、次のとおりとする。
　　(1)　基本給

(2)　手当
　　①　家族手当
　　②　通勤手当
　　③　役職手当
　　④　技能・資格手当
　　⑤　精勤手当
　(3)　割増賃金
　　①　時間外労働割増賃金
　　②　休日労働割増賃金
　　③　深夜労働割増賃金

(基本給)
第35条　基本給は、本人の職務内容、技能、勤務成績、年齢等を考慮して各人別に決定する。

(家族手当)
第36条　家族手当は、次の家族を扶養している使用人等に対し支給する。
　①　配偶者　　　　　　月額　〇〇〇〇〇　円
　②　18歳未満の子
　　　1人につき　　　　月額　〇〇〇〇〇　円
　③　65歳以上の父母
　　　1人につき　　　　月額　〇〇〇〇〇　円

(通勤手当)
第37条　通勤手当は、月額〇〇〇〇〇円までの範囲内において、通勤に要する実費に相当する額を支給する。

(役職手当)
第38条　役職手当は、以下の職位にある者に対し支給する。
　　　〇〇（役職名）　月額　〇〇〇〇〇　円
　　　〇〇　　　　　　月額　〇〇〇〇〇　円
　　　〇〇　　　　　　月額　〇〇〇〇〇　円
2　昇格によるときは、発令日の属する賃金月から支給する。この場合、当該賃金月においてそれまで属していた役付手当は支給しない。
3　降格によるときは、発令日の属する賃金月の次の賃金月から支給する。

(技能・資格手当)
第39条　技能・資格手当は、次の資格を持ち、その職務に就く者に対し支給する。
　　　〇〇（技能・資格名※）月額　〇〇〇〇〇　円
　　　〇〇　　　　　　　　月額　〇〇〇〇〇　円
　　　〇〇　　　　　　　　月額　〇〇〇〇〇　円

※技能・資格の例
　所属税理士の場合…税理士登録
　職員等の場合…税理士試験合格（一部科目含む）、簿記検定等

（精勤手当）
第40条　精勤手当は、当該賃金計算期間における出勤成績により、次のとおり支給する。
　①　無欠勤の場合　　　　　　月額　○○○○○　円
　②　欠勤1日以内の場合　　　月額　○○○○○　円
2　前項の精勤手当の計算においては、次のいずれかに該当するときは出勤したものとみなす。
　①　年次有給休暇を取得したとき
　②　業務上の負傷又は疾病により療養のため休業したとき
3　第1項の精勤手当の計算に当たっては、遅刻又は早退○回をもって、欠勤1日とみなす。

（割増賃金）
第41条　時間外労働に対する割増賃金は、次の割増賃金率に基づき、次項の計算方法により支給する。
　(1)　1か月の時間外労働の時間数に応じた割増賃金率は、次のとおりとする。この場合の1か月は毎月○日を起算日とする。
　　①　時間外労働45時間以下・・・25％
　　②　時間外労働45時間超〜60時間以下・・35％
　　③　時間外労働60時間超・・・・50％
　　④　③の時間外労働のうち代替休暇を取得した時間・・・35％（残り15％の割増賃金は代替休暇に充当する。）
　(2)　1年間の時間外労働の時間数が360時間を超えた部分については、40％とする。この場合の1年は毎年○月○日を起算日とする。
　(3)　時間外労働に対する割増賃金の計算において、上記(1)及び(2)のいずれにも該当する時間外労働の時間数については、いずれか高い率で計算することとする。
2　割増賃金は、次の算式により計算して支給する。（※）
　(1)　時間外労働の割増賃金
　　（時間外労働が1か月45時間以下の部分）
$$\frac{基本給＋役職手当＋技能・資格手当＋精勤手当}{1か月の平均所定労働時間数} \times 1.25 \times 時間外労働の時間数$$

　　（時間外労働が1か月45時間超〜60時間以下の部分）
$$\frac{基本給＋役職手当＋技能・資格手当＋精勤手当}{1か月の平均所定労働時間数} \times 1.35 \times 時間外労働の時間数$$

　　（時間外労働が1か月60時間を超える部分）
$$\frac{基本給＋役職手当＋技能・資格手当＋精勤手当}{1か月の平均所定労働時間数} \times 1.50 \times 時間外労働の時間数$$

　　（時間外労働が1年360時間を超える部分）
$$\frac{基本給＋役職手当＋技能・資格手当＋精勤手当}{1か月の平均所定労働時間数} \times 1.40 \times 時間外労働の時間数$$

　(2)　休日労働の割増賃金（法定休日に労働させた場合）
$$\frac{基本給＋役職手当＋技能・資格手当＋精勤手当}{1か月の平均所定労働時間数} \times 1.35 \times 休日労働の時間数$$

Ⅷ　人的安全管理措置

(3)　深夜労働の割増賃金（午後10時から午前5時までの間に労働させた場合）
$$\frac{基本給＋役職手当＋技能・資格手当＋精勤手当}{1か月の平均所定労働時間数} \times 0.25 \times 深夜労働の時間数$$

3　前項の1か月の平均所定労働時間数は、次の算式により計算する。
$$\frac{（365－年間所定休日日数）\times 1日の所定労働時間}{12}$$

> ※本割増賃金の算式は月給制を前提としたものである。日給制、時間給制を採用する場合は、厚生労働省が公表しているモデル就業規則を参照されたい。

（代替休暇）
第42条　1か月の時間外労働が60時間を超えた使用人等に対して、労使協定に基づき、次により代替休暇を与えるものとする。
2　代替休暇を取得できる期間は、直前の賃金締切日の翌日から起算して、翌々月の賃金締切日までの2か月とする。
3　代替休暇は、半日又は1日で与える。この場合の半日とは、
　　午前（　　：　　～　　：　　）又は午後（　　：　　～　　：　　）のことをいう。
4　代替休暇の時間数は、1か月60時間を超える時間外労働時間数に換算率を乗じた時間数とする。この場合において、換算率とは、代替休暇を取得しなかった場合に支払う割増賃金率50％から代替休暇を取得した場合に支払う割増賃金率35％を差し引いた15％とする。また、使用人等が代替休暇を取得した場合は、取得した時間数を換算率(15％)で除した時間数については、15％の割増賃金の支払を要しないこととする。
5　代替休暇の時間数が半日又は1日に満たない端数がある場合には、その満たない部分についても有給の休暇とし、半日又は1日の休暇として与えることができる。ただし、前項の割増賃金の支払を要しないこととなる時間の計算においては、代替休暇の時間数を上回って休暇とした部分は算定せず、代替休暇の時間数のみで計算することとする。
6　代替休暇を取得しようとする者は、1か月に60時間を超える時間外労働を行った月の賃金締切日の翌日から5日以内に、事務所に申し出ることとする。代替休暇取得日は、使用人等の意向を踏まえ決定することとする。
7　事務所は、前項の申出があった場合には、支払うべき割増賃金額のうち代替休暇に代替される割増賃金額を除いた部分を通常の賃金支払日に支払うこととする。ただし、当該月の末日の翌日から2か月以内に取得がなされなかった場合には、取得がなされないことが確定した月に係る賃金支払日に残りの15％の割増賃金を支払うこととする。
8　事務所は、第6項に定める期間内に申出がなかった場合は、当該月に行われた時間外労働に係る割増賃金の総額を通常の賃金支払日に支払うこととする。ただし、第6項に定める期間内に申出を行わなかった使用人等から、第2項に定める代替休暇を取得できる期間内に改めて代替休暇の取得の申出があった場合には、事務所の承認により、代替休暇を与えることができる。この場合、代替休暇の取得があった月に係る賃金支払日に過払分の賃金を精算するものとする。

（休暇等の賃金）
第43条　年次有給休暇の期間は、所定労働時間労働したときに支払われる通常の賃金

を支払う。
2　産前産後の休業期間、育児時間、生理休暇、母性健康管理のための休暇、育児・介護休業法に基づく育児休業期間、介護休業期間及び子の看護休暇期間、裁判員等のための休暇の期間は、(無給／通常／基本給の〇〇％を支払う…等)(※1)の賃金を支払うこととする。
3　第9条に定める休職期間中は、原則として賃金を支給しない(〇か月までは〇割を支給する)。(※2)

> ※1、※2
> 　産前産後の休業期間、育児時間、生理休暇、母性健康管理のための休暇、育児・介護休業法に基づく育児休業期間、介護休業期間及び子の看護休暇期間、裁判員等のための休暇の期間、慶弔休暇、病気休暇、休職の期間を無給とするか有給とするかについては、各事務所において決め、就業規則に定めることが望ましい。
> 　また、有給とする場合は、例えば「通常の賃金を支払う」、「基本給の〇〇％を支払う」とするなど、できるだけ具体的に定めることが望ましい。

(臨時休業の賃金)
第44条　事務所側の都合により、所定労働日に使用人等を休業させた場合は、休業1日につき労基法第12条に規定する平均賃金の6割を支給する。ただし、1日のうちの一部を休業させた場合にあっては、その日の賃金については労基法第26条に定めるところにより、平均賃金の6割に相当する賃金を保障する。

(欠勤等の扱い)
第45条　欠勤、遅刻、早退及び私用外出については、基本給から当該日数又は時間分の賃金を控除する。
2　前項の場合、控除すべき賃金の1時間あたりの金額の計算は以下のとおりとする。(※)
　　　基本給÷1か月平均所定労働時間数
　　　(1か月平均所定労働時間数は第41条第3項の算式により計算する。)

> ※本算式は月給制を前提としたものである。日給制を採用する場合は、厚生労働省が公表しているモデル就業規則を参照されたい。

(賃金の計算期間及び支払日)
第46条　賃金は、毎月〇日に締め切って計算し、翌月〇日に支払う。ただし、支払日が休日に当たる場合は、その前日に繰り上げて支払う。
2　前項の計算期間の中途で採用された使用人等又は退職した使用人等については、月額の賃金は当該計算期間の所定労働日数を基準に日割計算して支払う。

(賃金の支払と控除)
第47条　賃金は、使用人等に対し、通貨で直接その全額を支払う。
2　前項について、使用人等が同意した場合は、使用人等本人の指定する金融機関の預貯金口座又は証券総合口座へ振込により賃金を支払う。
3　次に掲げるものは、賃金から控除する。
　①　源泉所得税

② 復興特別所得税
③ 住民税
④ 健康保険、厚生年金保険及び雇用保険の保険料の被保険者負担分
⑤ 使用人等代表との書面による協定により賃金から控除することとした社宅入居料、財形貯蓄の積立金及び組合費

（賃金の非常時払い）
第48条　使用人等又はその収入によって生計を維持する者が、次のいずれかの場合に該当し、そのために使用人等から請求があったときは、賃金支払日前であっても、既往の労働に対する賃金を支払う。
① やむを得ない事由によって1週間以上帰郷する場合
② 結婚又は死亡の場合
③ 出産、疾病又は災害の場合
④ 退職又は解雇により離職した場合
⑤ その他事務所が必要と認めた場合

（昇給）
第49条　昇給は、勤務成績その他が良好な使用人等について、毎年○月○日をもって行うものとする。ただし、事務所の業績の著しい低下その他やむを得ない事由がある場合は、行わないことがある。
2　顕著な業績が認められた使用人等については、前項の規定にかかわらず昇給を行うことがある。
3　昇給額は、使用人等の勤務成績等を考慮して各人ごとに決定する。

（賞与）
第50条　賞与は、原則として、下記の算定対象期間に在籍した使用人等に対し、事務所の業績等を勘案して下記の支給日に支給する。ただし、事務所の業績の著しい低下その他やむを得ない事由により、支給時期を延期し、又は支給しないことがある。

算定対象期間	支給日
○月○日から○月○日まで	○月○日
○月○日から○月○日まで	○月○日

2　前項の賞与の額は、事務所の業績及び使用人等の勤務成績などを考慮して各人ごとに決定する。

第7章　定年、退職及び解雇

（定年等）（※）
第51条　使用人等の定年は、満60歳とし、定年に達した日の属する月の末日をもって退職とする。
2　前項の規定にかかわらず、定年後も引き続き雇用されることを希望し、解雇事由又は退職事由に該当しない使用人等については、満65歳までこれを継続雇用する。

> ※本条は定年を満60歳とする場合を前提としたものである。定年を満65歳とする場合は、厚生労働省が公表しているモデル就業規則を参照されたい。

（退職）
第52条　前条に定めるもののほか、使用人等が次のいずれかに該当するときは、退職とする。
① 退職を願い出て会社が承認したとき、又は退職願を提出して14日を経過したとき
② 期間を定めて雇用されている場合、その期間を満了したとき
③ 第9条に定める休職期間が満了し、なお休職事由が消滅しないとき
④ 死亡したとき
2　使用人等が退職し、又は解雇された場合、その請求に基づき、使用期間、業務の種類、地位、賃金又は退職の事由を記載した証明書を遅滞なく交付する。

（解雇）
第53条　使用人等が次のいずれかに該当するときは、解雇することがある。
① 勤務状況が著しく不良で、改善の見込みがなく、使用人等としての職責を果たし得ないとき
② 勤務成績又は業務能率が著しく不良で、向上の見込みがなく、他の職務にも転換できない等就業に適さないとき
③ 業務上の負傷又は疾病による療養の開始後3年を経過しても当該負傷又は疾病が治らない場合であって、使用人等が傷病補償年金を受けているとき又は受けることとなったとき（事務所が打ち切り補償を支払ったときを含む。）
④ 精神又は身体の障害により業務に耐えられないとき
⑤ 試用期間における作業能率又は勤務態度が著しく不良で、使用人等として不適格であると認められたとき
⑥ 第64条第2項に定める懲戒解雇事由に該当する事実が認められたとき
⑦ 事業の運営上又は天災事変その他これに準ずるやむを得ない事由により、事業の縮小又は閉鎖等を行う必要が生じ、かつ他の職務への転換が困難なとき
⑧ その他前各号に準ずるやむを得ない事由があったとき
2　前項の規定により使用人等を解雇する場合は、少なくとも30日前に予告をする。予告しないときは、平均賃金の30日分以上の手当を解雇予告手当として支払う。ただし、予告の日数については、解雇予告手当を支払った日数だけ短縮することができる。
3　前項の規定は、労働基準監督署長の認定を受けて使用人等を第64条に定める懲戒解雇をする場合又は次の各号のいずれかに該当する使用人等を解雇する場合は適用しない。
① 日々雇い入れられる使用人等（ただし、1か月を超えて引き続き使用されるに至った者を除く。）
② 2か月以内の期間を定めて使用する使用人等（ただし、その期間を超えて引き続き使用されるに至った者を除く。）
③ 試用期間中の使用人等（ただし、14日を超えて引き続き使用されるに至った者を除く。）
4　第1項の規定による使用人等の解雇に際して使用人等から請求のあった場合は、解雇の理由を記載した証明書を交付する。

第8章　退職金

（退職金の支給）
第54条　勤続〇年以上の使用人等が退職し又は解雇されたときは、この章に定めるところにより退職金を支給する。ただし、自己都合による退職者で、勤続〇年未満の者には退職金を支給しない。また、第63条第2項により懲戒解雇された者には、退職金の全部又は一部を支給しないことがある。
2　継続雇用制度の対象者については、定年時に退職金を支給することとし、その後の再雇用については退職金を支給しない。

（退職金の額）
第55条　退職金の額は、退職又は解雇の時の基本給の額に、勤続年数に応じて定めた下表の支給率を乗じた金額とする。

勤続年数	支給率
5年未満	〇〇
5年～10年	〇〇
10年～15年	〇〇
15年～20年	〇〇

勤続年数	支給率
20年～25年	〇〇
25年～30年	〇〇
35年～40年	〇〇
40年～	〇〇

2　第9条により休職する期間については、事務所の都合による場合を除き、前項の勤続年数に算入しない。

（退職金の支払方法及び支払時期）
第56条　退職金は、支給事由の生じた日から〇か月以内に、退職した使用人等（死亡による退職の場合はその遺族）に対して支払う。

第9章　災害補償等

（災害予防）
第57条　使用人等は消防具、救急品の備付場所並びにその使用方法を知得しておかなければならない。
2　火災その他非常災害の発生を発見し、又はその危険があることを知ったときは、臨機の処置をとるとともに直ちにその旨を担当者その他居合わせた者に連絡し、その被害を最小限に止めるよう努めなければならない。

（健康診断）
第58条　使用人等に対しては、採用の際及び毎年1回（深夜労働に従事する者は6か月ごとに1回）、定期に健康診断を行う。
2　長時間の労働により疲労の蓄積が認められる使用人等に対し、その者の申出により医師による面接指導を行う。
3　第1項の健康診断並びに前項の面接指導の結果必要と認めるときは、一定期間の就業禁止、労働時間の短縮、配置転換その他健康保持上必要な措置を命ずることがある。

（健康管理上の個人情報の取扱い）
第59条　事務所への提出書類及び身上その他の個人情報（家族状況も含む。）並びに健

康診断書その他の健康情報は、次の目的のために利用する。
①　会社の労務管理、賃金管理、健康管理
②　他の職務への転換等のための人事管理
2　使用人等の定期健康診断の結果、使用人等から提出された診断書、産業医等からの意見書、過重労働対策による面接指導結果その他使用人等の健康管理に関する情報は、使用人等の健康管理のために利用するとともに、必要な場合には産業医等に診断、意見聴取のために提供するものとする。

（災害補償）
第60条　使用人等が業務上の事由又は通勤により負傷し、疾病にかかり、又は死亡した場合は、労基法及び労働者災害補償保険法（昭和22年法律第50号）に定めるところにより災害補償を行う。

第10章　教育訓練

（教育訓練）
第61条　事務所は、業務に必要な知識、技能を高め、資質の向上を図るため、使用人等に対し、必要な教育訓練を行う。
2　使用人等は、事務所から教育訓練を受講するよう指示された場合には、特段の事由がない限り教育訓練を受けなければならない。
3　前項の指示は、教育訓練開始日の少なくとも〇週間前までに該当使用人等に対し文書で通知する。
4　使用人等の教育訓練に関し、この規則に定めのない事項は別に定める。（※）

> ※使用人等の教育訓練につき、以下のような、より詳細な規定は就業規則には馴染まないため、日本税理士会連合会が策定した「税理士事務所等の内部規律及び内部管理体制に関する指針」を参照のうえ、別個に定めることが望ましい。
> ・教育担当者の決定
> ・講師の選定
> ・研修の科目
> ・外部研修
> 　等

第11章　表彰及び制裁

（表彰）
第62条　事務所は、使用人等が次のいずれかに該当するときは、表彰することがある。
①　業務上有益な考案等を行い、会社の業績に貢献したとき
②　永年にわたって誠実に勤務し、その成績が優秀で他の模範となるとき
③　社会的功績があり、会社及び使用人等の名誉となったとき
④　前各号に準ずる善行又は功労があると事務所が認めたとき
2　表彰は、原則として賞状のほか賞金を授与する。

（懲戒の種類）
第63条　事務所は、使用人等が次条のいずれかに該当する場合は、その情状に応じ、次の区分により懲戒を行う。

① けん責
　　始末書を提出させて将来を戒める。
② 減給
　　始末書を提出させて減給する。ただし、減給は１回の額が平均賃金の１日分の５割を超えることはなく、また、総額が１賃金支払期における賃金総額の１割を超えることはない。
③ 出勤停止
　　始末書を提出させるほか、〇日間を限度として出勤を停止し、その間の賃金は支給しない。
④ 懲戒解雇
　　予告期間を設けることなく即時に解雇する。この場合において、所轄の労働基準監督署長の認定を受けたときは、解雇予告手当（平均賃金の30日分）を支給しない。

（懲戒の事由）
第64条　使用人等が次のいずれかに該当するときは、情状に応じ、けん責、減給又は出勤停止とする。
① 正当な理由なく無断欠勤が〇日以上に及ぶとき
② 正当な理由なくしばしば欠勤、遅刻、早退をしたとき
③ 過失により事務所に損害を与えたとき
④ 素行不良で社内の秩序及び風紀を乱したとき
⑤ 第10条から第18条に違反したとき
⑥ その他この規則に違反し又は前各号に準ずる不都合な行為があったとき
２　使用人等が次のいずれかに該当するときは、懲戒解雇とする。ただし、平素の服務態度その他情状によっては、第53条に定める普通解雇、前条に定める減給又は出勤停止とすることがある。
① 重要な経歴を詐称して雇用されたとき
② 正当な理由なく無断欠勤が〇日以上に及び、出勤の督促に応じなかったとき
③ 正当な理由なく無断でしばしば遅刻、早退又は欠勤を繰り返し、〇回にわたって注意を受けても改めなかったとき
④ 正当な理由なく、しばしば業務上の指示・命令に従わなかったとき
⑤ 故意又は重大な過失により事務所に重大な損害を与えたとき
⑥ 事務所内において刑法その他刑罰法規の各規定に違反する行為を行い、その犯罪事実が明らかとなったとき（当該行為が軽微な違反である場合を除く。）
⑦ 素行不良で著しく社内の秩序又は風紀を乱したとき
⑧ 数回にわたり懲戒を受けたにもかかわらず、なお、勤務態度等に関し、改善の見込みがないとき
⑨ 第10条から第18条に違反し、その情状が悪質と認められるとき
⑩ その他前各号に準ずる不適切な行為があったとき

第12章　無期労働契約への転換（※）
（無期労働契約への転換）
第65条　期間の定めのある労働契約で雇用する使用人等のうち、通算契約期間が５年を超える使用人等は、別に定める様式で申込むことにより、現在締結している有期労

働契約の契約期間の末日の翌日から、期間の定めのない労働契約での雇用に転換することができる。
2 前項の通算契約期間は、平成25年4月1日以降に開始する有期労働契約の契約期間を通算するものとし、現在締結している有期労働契約については、その末日までの期間とする。ただし、労働契約が締結されていない期間が連続して6ヶ月以上ある使用人等については、それ以前の契約期間は通算契約期間に含めない。
3 この規則に定める労働条件は、第1項の規定により期間の定めのない労働契約での雇用に転換した後も引き続き適用する。ただし、無期労働契約へ転換した使用人に係る定年は、満__歳とし、定年に達した日の属する月の末日をもって退職とする。

※期間の定めのある労働契約（有期労働契約）で働く社員に適用される就業規則を別に作成する場合には、上記の条項を追加する。

第13章　公益通報者保護
（公益通報者の保護）
第66条　事務所は、使用人等から組織的又は個人的な法令違反行為等に関する相談又は通報があった場合には、別に定めるところにより処理を行う。

(出典) 日税連資料を基に作成

| 様式6-12 | 誓約書（モデル） |

平成　年　月　日

○○○○税理士事務所（税理士法人）
　　所長　○○　○○　殿

現住所＿＿＿＿＿＿＿＿＿＿＿＿

氏　名＿＿＿＿＿＿＿＿＿＿㊞

　私は、貴税理士事務所（税理士法人）の【所属税理士・職員等】（該当する方に○をする。）として入所の上は、下記事項を厳守履行することを誓約いたします。

記

1. 貴税理士事務所（税理士法人）の就業規則及び服務に関する諸規程に従い誠実に行動するほか、以下の事項については、特に厳守すること。
(1)　税理士事務所の職務の特性及び責任を自覚するとともに、税理士に関する法令、日本税理士会連合会の会則及び税理士会の会則規則等を遵守すること。
(2)　税理士法第52条の規定に鑑み、単独で税理士法第2条第1項第1号から第3号に規定する税理士業務（税務代理、税務書類の作成及び税務相談）を行わないこと。
(3)　税理士法第53条の規定に鑑み、外部に対し、自らに関して、税理士に類似する名称又は役職等を用いないこと。
(4)　税理士法第38条又は第54条の規定に鑑み、正当な理由がなくて、税理士業務に関して知り得た秘密を他に漏らし、又は窃用しないこと。また、事務所の使用人等でなくなった後においても、同様とすること。
(5)　行政手続における特定の個人を識別するための番号の利用等に関する法律第12条の規定に鑑み、税理士業務において知り得た個人番号及び特定個人情報を他に漏らし、又は窃用しないこと。また、事務所の使用人等でなくなった後においては、当該税理士業務において知り得た個人番号及び特定個人情報を一切取り扱わないこと。
2. 貴税理士事務所の使用人等として名誉信用を損なうような行為をしないこと。
3. 採用に関して提出した書類の記載事項中に相違のあった事実が判明した場合には、採用を取り消されても異存のないこと。
4. 故意又は重大な過失により損害をおかけしたときはその責任を負うこと。

以上

（出典）日税連資料を基に作成

❸ 個人データに関する安全管理措置

　個人データについても、個人情報ガイドライン（通）では、安全管理措置として、従業者の教育を挙げている（従業者への周知を含む。）[*23]。

　従業者の監督については、個人情報保護法21条において、個人取扱事業者は、従業者に対する監督をしなければならない旨が定められているが、これについては、あらためて次節で述べる。

　ただ、これらの教育や監督を実際に行なうのは、特定個人情報等に関するものとあわせて行なうこととなろう。

＊23 個人情報ガイドライン（通）92ページ。

Ⅸ　従業者の監督

　個人情報取扱事業者は、その従業者に個人データを取り扱わせるに当たっては、当該個人データの安全管理が図られるよう、当該従業者に対する必要かつ適切な監督を行わなければならない（個人情報21）。

　この規定は、本来、従業者の監督は安全管理措置の一環として行なわれるものであるが、その重要性に鑑み、個人情報取扱事業者の従業者に対する監督義務を明記することにより、その監督責任を明確にしたものである。

　ここで、「従業者」とは、個人情報取扱事業者の組織内にあって直接間接に事業者の指揮監督を受けて事業者の業務に従事している者等をいい、雇用関係にある従業員（正社員、契約社員、嘱託社員、パート社員、アルバイト社員等）のみならず、取締役、執行役、理事、監査役、監事、派遣社員[24]等も含まれるとされている[25]。

　また、監督について、「個人データが漏えい等をした場合に本人が被る権利利益の侵害の大きさを考慮し、事業の規模及び性質、個人データの取扱状況（取り扱う個人データの性質及び量を含む。）等に起因するリスクに応じて、個人データを取り扱う従業者に対する教育、研修等の内容及び頻度を充実させるなど、必要かつ適切な措置を講ずることが望ましい。」とされている[26]。

　個人情報ガイドライン（通）において、従業者に対して必要かつ適切な監督を行っていない例として、以下のものが挙げられている[27]。

【従業者に対して必要かつ適切な監督を行っていない事例】
① 従業者が、個人データの安全管理措置を定める規程等に従って業務を行っていることを確認しなかった結果、個人データが漏えいした場合

---

[24] 「従業者」とは、個人情報取扱事業者の指揮監督を受けて業務に従事している者等をいい、事業者との雇用契約の有無を問わない。したがって、派遣社員であっても、派遣先事業者（個人情報取扱事業者）の指揮監督を受けてその業務に従事している限り、当該事業者の「従業者」に該当する（個人情報ガイドラインQA・A4-4）。
[25] 個人情報ガイドライン（通）42ページ。
[26] 個人情報ガイドライン（通）42ページ。
[27] 個人情報ガイドライン（通）42ページ。

② 内部規程等に違反して個人データが入ったノート型パソコン又は外部記録媒体が繰り返し持ち出されていたにもかかわらず、その行為を放置した結果、当該パソコン又は当該記録媒体が紛失し、個人データが漏えいした場合

Ⅹ 委託先等の監督

❶ 委託先の監督

(1) 個人情報保護法の規制

　個人情報取扱事業者は、個人データの取扱いの全部又は一部を委託する場合は、その取扱いを委託された個人データの安全管理が図られるよう、委託を受けた者に対する必要かつ適切な監督を行わなければならない（個人情報22）。

　「個人データの取扱いの委託」とは、契約の形態・種類を問わず、個人情報取扱事業者が他の者に個人データの取扱いを行わせることをいい、具体的には、個人データの入力（本人からの取得を含む。）、編集、分析、出力等の処理を行うことを委託すること等が想定されている[28]。

　委託先に対する必要かつ適切な措置とは何かについて、個人情報ガイドライン（通）は、以下の３つを挙げている[29]。

　① 適切な委託先の選定

　　委託先の選定に当たっては、委託先の安全管理措置が、少なくとも個人情報保護法20条及び個人情報ガイドライン（通）で委託元に求められるものと同等であることを確認するため、本章においてこれまで述べてきた各項目[30]が、委託する業務内容に沿って、確実に実施されることについて、あらかじめ確認しなければならない。

　② 委託契約の締結

　　委託契約には、当該個人データの取扱いに関する、必要かつ適切な安全管理措置として、委託元、委託先双方が同意した内容とともに、委託先に

---

*28　個人情報ガイドライン（通）44ページ。
*29　個人情報ガイドライン（通）43ページ。
*30　各項目とは、具体的には基本方針の策定、個人データの取扱いに関する規律の整備、組織的安全管理措置、人的安全管理措置、物理的安全管理措置及び技術的安全管理措置である。

おける委託された個人データの取扱状況を委託元が合理的に把握することを盛り込むことが望ましい。

③ 委託先における個人データ取扱状況の把握

委託先における委託された個人データの取扱状況を把握するためには、定期的に監査を行う等[*31]により、委託契約で盛り込んだ内容の実施の程度を調査した上で、委託の内容等の見直しを検討することを含め、適切に評価することが望ましい。

なお、委託元が個人情報保護法20条（安全管理措置）が求める水準を超える高い水準の措置を講じている場合に、委託先はこれと同等の措置を講じることまで義務付けられるわけではなく、法律上は、委託先は個人情報保護法20条が求める水準の安全管理措置を講じれば足りると解されている[*32]。

個人情報ガイドライン（通）は、委託を受けた者に対して必要かつ適切な監督を行っていない事例として、以下のものを挙げている[*33]。

【委託を受けた者に対して必要かつ適切な監督を行っていない事例】

① 個人データの安全管理措置の状況を契約締結時及びそれ以後も適宜把握せず外部の事業者に委託した結果、委託先が個人データを漏えいした場合

② 個人データの取扱いに関して必要な安全管理措置の内容を委託先に指示しなかった結果、委託先が個人データを漏えいした場合

③ 再委託の条件に関する指示を委託先に行わず、かつ委託先の個人データの取扱状況の確認を怠り、委託先が個人データの処理を再委託した結果、当該再委託先が個人データを漏えいした場合

④ 契約の中に、委託元は委託先による再委託の実施状況を把握することが盛り込まれているにもかかわらず、委託先に対して再委託に関する報告を求めるなどの必要な措置を行わず、委託元の認知しない再委託が行われた結果、当該再委託先が個人データを漏えいした場合

[*31] ただし、委託元が委託先に立入検査等を行なうことは義務ではなく、取扱いを委託する個人データの内容や規模に応じて適切な方法（口頭による確認も含む。）を講じれば足りるものと考えられている（個人情報ガイドラインQA・A4-8）。

[*32] 個人情報ガイドラインQA・A4-9

[*33] 個人情報ガイドライン（通）43～44ページ。

(2) 番号法における規制

　企業等の民間事業者は、個人番号関係事務（⇒45ページ）を当然に、税理士等や社会保険労務士等に委託することができるが、番号法は個人情報保護法と同様に一定の制限を置いている。

　すなわち、個人番号関係事務の全部又は一部の委託をする場合、委託者は、委託先において、番号法に基づき委託者自らが果たすべき安全管理措置と同等の措置が講じられるよう必要かつ適切な監督を行わなければならない（番号11）。

　ここで「必要かつ適切な監督」には、これも個人データの場合と同様に、①委託先の適切な選定、②委託先に安全管理措置を遵守させるために必要な契約の締結、及び③委託先における特定個人情報の取扱状況の把握が含まれる。

　また、委託者は、委託先の設備、技術水準、従業者に対する監督・教育の状況、その他委託先の経営環境等をあらかじめ確認しなければならない。

❷ 再委託

(1) 個人情報保護法における規制

　個人情報保護法においては、再委託に関する点は特に明確に規定されていない[34]。

　この点、個人情報ガイドライン（通）では、委託先が再委託を行おうとする場合は、委託先が委託元になると考え、委託を行う場合と同様、委託元は、委託先が再委託する相手方、再委託する業務内容、再委託先の個人データの取扱方法等について、委託先から事前報告を受け又は承認を行うこと、及び委託先を通じて又は必要に応じて自らが、定期的に監査を実施すること等により、委託先が再委託先に対して本条の委託先の監督を適切に果たすこと、及び再委託先が個人情報保護法20条に基づく安全管理措置を講ずることを十分に確認することが望ましいとされている[35]。再委託先が再々委託を行う場

---

*34　そのため、安全管理措置と別個に委託の規定が明確に規定されているとも考えられる。

*35　なお、委託先が委託先について「必要かつ適切な監督」を行っていない場合で、委託先が再委託した際に、再委託先が不適切な取扱いを行ったときは、元の委託先によ

合以降も、再委託を行う場合と同様である。

(2) 番号法における規制

番号法上、委託先が下請け先や孫請け先等に再委託や再々委託等する場合は、個人データの場合と違い、最初の委託者の許諾を得た場合に限り、再委託をすることができる（番号10①）。また、委託者は、委託先だけではなく、再委託先・再々委託先に対しても間接的に監督義務を負う（図表6-9）。

●図表6-9　番号法上の再委託の取扱い

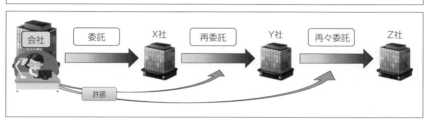

(出典)個人情報保護委員会資料を基に作成

ここで再委託のための委託者の許諾を得るタイミングは、原則としては「再委託を行おうとする時点」でその許諾を求めることとなる。ただし、委託先があらかじめ決まった業者の専用システムを利用している場合などで、以下の一定の条件を満たすときは、最初の委託先と委託契約を締結する時点で、再委託の許諾を得ることもできる[*36]。

る法違反と判断され得るので、再委託をする場合は注意を要する（個人情報ガイドライン（通）44ページ）。
*36　マイナンバーガイドラインQA・Q3-9。

【委託時に再委託の許諾を得る条件】
最初の委託先との委託契約の時点で、
①再委託先となる可能性のある業者が具体的に特定されていること。
②適切な資料等に基づいて、その業者が特定個人情報を保護するための十分な措置を講ずる能力があることが確認できること。
③実際に再委託が行われたときに、必要に応じて、委託者に対してその旨の報告をし、再委託の状況について委託先が委託者に対して定期的に報告するとの合意がなされていること。
の3つを満たしていること。

(3) クラウドサービス等の利用

　税理士等が実際に個人データや個人番号を取り扱う事務を意識して再委託することはあまりないと思われるが、税理士等が法定調書作成ソフトウェア等の活用につき、各ベンダーとのクラウドサービス契約や保守サービス契約を締結している場合には、再委託に該当する場合があるので、注意を要する。
　すなわち、個人データ及び特定個人情報を取り扱う情報システムについて、クラウドサービス契約のように外部のベンダーを活用している場合、再委託に該当するか否かについては、当該ベンダーが当該契約内容を履行するに当たって個人データや個人番号をその内容に含む電子データを取り扱うのか否かが判断基準となる。当該ベンダーが個人データや個人番号をその内容に含む電子データを取り扱わない場合には、そもそも、個人データを取り扱う事務又は個人番号関係事務の全部又は一部の委託を受けたとみることはできないので、再委託には該当しない。
　当該ベンダーが個人データや個人番号をその内容に含む電子データを取り扱わない場合とは、契約条項によって当該事業者が個人データや個人番号をその内容に含む電子データを取り扱わない旨が定められており、適切にアクセス制御を行っている場合等が考えられる[37]。
　したがって、税理士等が法定調書作成ソフトウェア等の活用につき、各ベンダーとのクラウドサービス契約を締結している場合には、当該契約条項を確認して、再委託に該当するか否かを判断すればよい。

---

*37　マイナンバーガイドラインQA・A3-12。

また、個人データや特定個人情報を取り扱う情報システムの保守の全部又は一部に外部のベンダーを活用している場合については、当該保守サービスを提供するベンダーがサービス内容の全部又は一部として個人データや個人番号をその内容に含む電子データを取り扱う場合には、再委託に該当する。一方、単純なハードウェア・ソフトウェア保守サービスのみを行う場合で、契約条項によって当該事業者が個人データや個人番号をその内容に含む電子データを取り扱わない旨が定められており、適切にアクセス制御を行っている場合等には、再委託に該当しない[38]。

　したがって、税理士等が法定調書作成ソフトウェア等の活用につき、ベンダーとの保守サービス契約を締結している場合には、前述のクラウドサービス契約の場合と同様に、当該契約条項を確認して、再委託に該当するか否かを判断すればよい。

---

[38] マイナンバーガイドラインQA・A3-14。なお、保守サービスを提供するベンダーが、保守のため記録媒体等を持ち帰ることが想定される場合は、あらかじめ個人データや特定個人情報の保管を委託し、安全管理措置を確認する必要がある。

XI　委託契約等の見直し

　以上のように、個人情報保護法及び番号法において委託先の監督について定められているが、税理士等は、クライアントから個人データの取扱いや個人番号関係事務の全部又は一部の委託を受ける立場である。

　また、税理士等は、税理士法37条に規定される信用失墜行為の禁止及び同38条に規定される守秘義務の規定を遵守しなければならず、その点からも、クライアントの個人データや特定個人情報等について、必要かつ適切な安全管理措置を講じる必要がある。

　したがって、税理士等がクライアントの個人データ及び特定個人情報等を取り扱う業務の委嘱を受けている場合には、すべからく、業務契約書を作成し、個人データ及び特定個人情報等の取扱いについて明記すべきである。

　既に業務契約書を締結している場合は、当該契約書を改訂し、個人データ及び特定個人情報の取扱いに係る規定を設けるか、別途、覚書等の書面を取り交わしておく必要がある。具体的には、委託契約の内容としては、以下の諸点等を盛り込まなければならない。

・秘密保持義務
・事業所内からの個人データ及び特定個人情報の持出しの禁止
・個人データ及び特定個人情報の目的外利用の禁止
・再委託における条件
・漏えい事案等が発生した場合の委託先の責任
・委託契約終了後の個人データ・特定個人情報の返却又は廃棄
・従業者に対する監督・教育
・契約内容の遵守状況について報告

　これらの契約内容を盛り込んだ「業務契約書」、「特定個人情報等の外部委託に関する合意書」及び「特定個人情報の取扱いに関する覚書」のひな形を以下に掲載するので、参考にされたい。なお、これらのうち業務契約書と合意書はセットで用い、覚書は単体で用いる。すなわち、業務契約書の締結や改訂が困難な場合に覚書を取り交わせばよい。

```
┌ ─ ─ ┐
  印
 
  紙
└ ─ ─ ┘
```

様式6-12　業務契約書

　委任者株式会社〇〇（以下「甲」という。）と受任者税理士（又は税理士法人）◇◇（以下「乙」という。）は、税理士の業務に関して下記のとおり契約を締結する。

第1条　委任業務の範囲
　税務に関する委任の範囲は、次の項目とする。
　1　甲の法人税、事業税、住民税及び消費税の税務書類の作成並びに税務代理業務の他、甲の年末調整事務及び法定調書作成事務に係る書類の作成並びに手続代理業務
　2　甲の税務調査の立会い
　3　甲の税務相談
　会計に関する委任の範囲は、次の項目とする。
　4　甲の総勘定元帳及び試算表の作成並びに決算
　5　甲の会計処理に関する指導及び相談
　前記に掲げる項目以外の業務については、別途協議する。

第2条　契約期間
　平成　年　月　日から平成　年　月　日までの　年間とする。
　ただし、双方より意思表示のない限り、自動継続することを妨げない。

第3条　報酬の額
　報酬は、当事務所（又は税理士法人）が定める報酬規定に基づく別紙計算明細書による。
　1　顧問報酬として月額　　　　円
　2　税務書類及び決算書類作成の報酬として　　　　円
　3　税務調査立会い報酬として1日当たり　　　　円
　上記各報酬額には別途消費税が付加される。
　4　報酬の額は、第2条に係らず改訂することができる。

第4条　支払時期及び支払方法
　1　顧問報酬の支払時期は、毎月　日締の同月　日までに乙の指定口座に振り込むものとする。
　2　税務書類作成及び決算に係る報酬等は、乙の業務終了後　月以内に乙の指定口座に振り込むものとする。
　　振込口座
　　口座名義　　　　　銀行　　　支店　　　預金　　　口座番号

第5条　特定個人情報等の取扱い
　乙は甲との「特定個人情報等の外部委託に関する合意書」に則り、甲から乙に開示又は提供された個人番号及び特定個人情報（以下「特定個人情報等」という。）を適切に取り扱うものとする。

第6条　資料等の提供及び責任
1　甲は、委任業務の遂行に必要な説明、書類、記録その他の資料（以下「資料等」という。）をその責任と費用負担において乙に提供しなければならない。
2　資料等は、乙の請求があった場合には、甲は速やかに提出しなければならない。資料等の提出が乙の正確な業務遂行に要する期間を経過した後であるときは、それに基づく不利益は甲において負担する。
3　甲の資料等の提供不足、誤りに基づく不利益は、甲において負担する。
4　乙は、業務上知り得た甲の秘密を正当な理由なく他に漏らし、又は窃用してはならない。
5　乙は、甲から提供を受けた特定個人情報等を他に漏らし、又は窃用してはならない。

第7条　情報の開示と説明及び免責
1　乙は、甲の委任事務の遂行に当たり、とるべき処理の方法が複数存在し、いずれかの方法を選択する必要があるとき、並びに相対的な判断を行う必要があるときは、甲に説明し、承諾を得なければならない。
2　甲が前項の乙の説明を受け承諾をしたときは、当該項目につき後に生じる不利益について乙はその責任を負わない。

第8条　設備投資などの通知
　消費税の納付及び還付を受ける場合については、課税方法の選択により不利益を受けることがあるので、甲は建物新築、設備の購入など多額の設備投資を行うときは、事前に乙に通知する。甲が通知をしないことによる不利益について乙はその責任を負わない。

第9条　反社会的勢力の排除
1　甲及び乙は、それぞれ相手方に対し、次の各号の事項を確約する。
　一　自らが、暴力団、暴力団関係企業、総会屋若しくはこれらに準ずる者又はその構成員（以下「反社会的勢力」という。）ではないこと。
　二　自らの役員（業務を執行する社員、取締役、執行役又はこれらに準ずる者をいう）が反社会的勢力ではないこと。
　三　反社会的勢力に自己の名義を利用させ、本契約を締結するものでないこと。
　四　本契約の有効期間内に、自ら又は第三者を利用して、次の行為をしないこ

と。
　　ア　相手方に対する脅迫的な言動又は暴力を用いる行為
　　イ　偽計又は威力を用いて相手方の業務を妨害し、又は信用を毀損する行為
　2　甲又は乙の一方について、本契約の有効期間内に、次のいずれかに該当した場合には、その相手方は、何らの催告を要せずして、本契約を解除することができる。
　　一　前項1号又は2号の確約に反する申告をしたことが判明した場合
　　二　前項3号の確約に反し契約をしたことが判明した場合
　　三　前項4号の確約に反する行為をした場合

第10条　その他
　本契約に定めのない事項並びに本契約の内容につき変更が生じることとなった場合は、甲乙協議のうえ、誠意をもってこれを解決するものとする。

第11条　特記事項
　本契約を証するため、本書2通を作成し、甲乙各々記名押印のうえ、各自1通を保有する。

　　　　年　　月　　日
　　　　　委任者（甲）住　　　所
　　　　　　　　　　　氏　　　名　　　　　　　　　　　　　　印

　　　　　受任者（乙）事務所所在地（又は税理士法人所在地）
　　　　　　　　　　　税理士氏名（又は税理士法人名）　　　　印

（出典）日税連資料を基に作成

様式6-13 特定個人情報等の外部委託に関する合意書（ひな型）

　○○○（以下「甲」という。）と＊＊＊（以下「乙」という。）は、甲乙間に＊年＊月＊日締結の業務契約書に基づき甲が乙に業務契約書第1条に規定する業務（以下「本件業務」という。）を委託するに当たり、甲から乙に開示又は提供する特定個人情報等の取扱いに関して、以下のとおり合意する。

（定義）
第1条　個人情報とは、甲から乙に開示又は提供される個人に関する情報であって、当該情報に含まれる氏名、住所、生年月日その他の記述又は画像もしくは音声により当該個人を識別できるもの（他の情報と容易に照合することによって当該個人を識別することができるものを含む。）、又は個人識別情報が含まれるものをいい、その開示又は提供媒体を問わない。
2．個人番号とは、住民票コードを変換して得られる番号であって、当該住民票コードが記載された住民票に係る者を識別するために指定されるもの（個人番号に対応し、当該個人番号に代わって用いられる番号、記号その他の符号であって、住民票コード以外のものを含む。以下同じ。）をいう。
3．特定個人情報とは、個人番号をその内容に含む個人情報をいう。

（特定個人情報等の適切な取扱い）
第2条　乙は、特定個人情報等を甲の機密事項としてその保護に努め、これを適法かつ適切に管理・取り扱うものとする。

（利用目的）
第3条　乙は、特定個人情報等を、本件業務の遂行のためにのみ利用するものとし、番号法により例外的取扱いができる場合を除き、その他の目的には利用しないものとする。

（第三者への非開示等）
第4条　乙は、特定個人情報等を、両当事者以外の第三者に開示又は漏えいしないものとする。
2．乙は、特定個人情報等の紛失、破壊、改ざん、漏えい等の危険に対して、合理的な安全管理措置を講じるものとする。

（特定個人情報等の持出し）
第5条　乙は、特定個人情報等の記録された磁気媒体等又は書類等を持ち出す場合は、安全管理措置を講じるものとする。
2．乙は、特定個人情報等の記録された磁気媒体等又は書類等を持ち帰る場合についても、前項に準じた安全管理措置を講じるものとする。

（従業者に対する監督・教育）
第6条　乙は、従業者が特定個人情報等を取り扱うにあたり、必要かつ適切な監督を行

うものとする。
2．乙は、従業者に対し、特定個人情報等の適正な取扱いを周知徹底するとともに適切な教育を行うものとする。

（再委託）
第7条　乙は、本件業務に関する特定個人情報等の取扱いを、甲の許諾を得た場合に限り第三者に再委託できるものとする。
2．乙は、甲の許諾を得て第三者に本件業務に関する特定個人情報等の取扱いを再委託する場合においても、当該第三者に対し本合意書と同様の義務を課すものとし、当該第三者の行為につき、甲に対し当該第三者と連帯して責めを負うものとする。

（管理状況の報告・調査）
第8条　乙は、本件業務に関する特定個人情報等の管理状況について、甲の求めに応じ報告しなければならない。
2．甲は、本件業務に関する特定個人情報等の管理状況を調査することができる。

（事故発生時の措置）
第9条　乙は、万が一特定個人情報等の紛失、破壊、改ざん、漏えい等の事故が発生した場合には、直ちに甲に通知するとともに、当該事故による損害を最小限にとどめるために必要な措置を、自らの責任と負担で講じるものとする。
2．前項の場合には、乙は、発生した事故の再発を防ぐため、その防止策を検討し、甲と協議の上決定した防止策を、自らの責任と負担で講じるものとする。
3．万が一、乙において特定個人情報等の紛失、破壊、改ざん、漏えい等の事故が発生し、甲が第三者より請求を受け、また第三者との間で紛争が生じた場合には、乙は甲の指示に基づき、自らの責任と負担でこれに対処するものとする。この場合、甲が損害を被った場合には、甲は乙に対して当該損害の賠償を請求できるものとする。

（特定個人情報等の返還）
第10条　乙は、甲からの本件業務の委託が終了したときは、速やかに甲から提供された特定個人情報等及びその複製物を返還するとともに、磁気媒体等に記録した特定個人情報等がある場合には、これを完全に削除し、以後特定個人情報等を保有しないものとする。
2．前項の規定に関わらず、乙は、本人である甲、税務当局等からの本件業務に関する内容の照会、情報提供の要請等（以下「内容照会等」という。）に対応するために必要がある場合には、甲の許諾を得て、当該内容照会等を処理する期間を限度として、特定個人情報等を保有することができる。

上記合意の証として本書2通を作成し、甲乙記名捺印の上、各1通を保有する。

　　　　　　　　　　　平成　年　月　日　　甲

　　　　　　　　　　　　　　　　　　　　　乙

（出典）日税連資料を基に作成

様式6-14　特定個人情報等の取扱いに関する覚書（ひな型）

　○○○（以下「甲」という。）と＊＊＊（以下「乙」という。）は、甲が乙に■■■■業務(注)（以下「本件業務」という。）を委託するに当たり、甲から乙に開示又は提供する特定個人情報等の取扱いに関して、以下のとおり覚書を締結する。

　　　　　　　　　　　　　(注) 受託する業務内容に応じて編集すること。
　　　　　　　　　　　　　　　（例）
　　　　　　　　　　　　　　　・甲の年末調整事務及び法定調書作成事務に係る書類
　　　　　　　　　　　　　　　　の作成並びに手続代理業務
　　　　　　　　　　　　　　　・○○税申告に係る税務書類作成並びに税務代理業務
　　　　　　　　　　　　　　　・○○税申告に係る税務書類作成業務

（定義）
第1条　個人情報とは、甲から乙に開示又は提供される個人に関する情報であって、当該情報に含まれる氏名、住所、生年月日その他の記述又は画像もしくは音声により当該個人を識別できるもの（他の情報と容易に照合することによって当該個人を識別することができるものを含む。）、又は個人識別符号が含まれるものをいい、その開示又は提供媒体を問わない。
2．個人番号とは、住民票コードを変換して得られる番号であって、当該住民票コードが記載された住民票に係る者を識別するために指定されるもの（個人番号に対応し、当該個人番号に代わって用いられる番号、記号その他の符号であって、住民票コード以外のものを含む。以下同じ。）をいう。
3．特定個人情報とは、個人番号をその内容に含む個人情報をいう。

（特定個人情報等の適切な取扱い）
第2条　乙は、特定個人情報等を甲の機密事項としてその保護に努め、これを適法かつ適切に管理・取り扱うものとする。

（利用目的）
第3条　乙は、特定個人情報等を、本件業務の遂行のためにのみ利用するものとし、番号法により例外的取扱いができる場合を除き、その他の目的には利用しないものとする。

（第三者への非開示等）
第4条　乙は、特定個人情報等を、両当事者以外の第三者に開示又は漏えいしないものとする。
2．乙は、特定個人情報等の紛失、破壊、改ざん、漏えい等の危険に対して、合理的な安全管理措置を講じるものとする。

（特定個人情報等の持出し）
第5条　乙は、特定個人情報等の記録された磁気媒体等又は書類等を持ち出す場合は、安全管理措置を講じるものとする。

2．乙は、特定個人情報等の記録された磁気媒体等又は書類等を持ち帰る場合についても、前項に準じた安全管理措置を講じるものとする。

（従業者に対する監督・教育）
第6条　乙は、従業者が特定個人情報等を取り扱うにあたり、必要かつ適切な監督を行うものとする。
2．乙は、従業者に対し、特定個人情報等の適正な取扱いを周知徹底するとともに適切な教育を行うものとする。

（再委託）
第7条　乙は、本件業務に関する特定個人情報等の取扱いを、甲の許諾を得た場合に限り第三者に再委託できるものとする。
2．乙は、甲の許諾を得て第三者に本件業務に関する特定個人情報等の取扱いを再委託する場合においても、当該第三者に対し本覚書と同様の義務を課すものとし、当該第三者の行為につき、甲に対し当該第三者と連帯して責めを負うものとする。

（管理状況の報告・調査）
第8条　乙は、本件業務に関する特定個人情報等の管理状況について甲の求めに応じ報告しなければならない。
2．甲は、本件業務に関する特定個人情報等の管理状況を調査することができる。

（事故発生時の措置）
第9条　乙は、万が一特定個人情報等の紛失、破壊、改ざん、漏えい等の事故が発生した場合には、直ちに甲に通知するとともに、当該事故による損害を最小限にとどめるために必要な措置を、自らの責任と負担で講じるものとする。
2．前項の場合には、乙は、発生した事故の再発を防ぐため、その防止策を検討し、甲と協議の上決定した防止策を、自らの責任と負担で講じるものとする。
3．万が一、乙において特定個人情報等の紛失、破壊、改ざん、漏えい等の事故が発生し、甲が第三者より請求を受け、また第三者との間で紛争が生じた場合には、乙は甲の指示に基づき、自らの責任と負担でこれに対処するものとする。この場合、甲が損害を被った場合には、甲は乙に対して当該損害の賠償を請求できるものとする。

（特定個人情報等の返還）
第10条　乙は、甲からの本件業務の委託が終了したときは、速やかに甲から提供された特定個人情報等及びその複製物を返還するとともに、磁気媒体等に記録した特定個人情報等がある場合には、これを完全に削除し、以後特定個人情報等を保有しないものとする。
2．前項の規定に関わらず、乙は、本人である甲、税務当局等からの本件業務に関する内容の照会、情報提供の要請等（以下「内容照会等」という。）に対応するために必要がある場合には、甲の許諾を得て、当該内容照会等を処理する期間を限度として、特定個人情報等を保有することができる。

上記合意の証として本書2通を作成し、甲乙記名捺印の上、各1通を保有する。

平成　年　月　日　　　甲

乙

(出典) 日税連資料を基に作成

● 様式6-15　【参考】策定が必要な書類

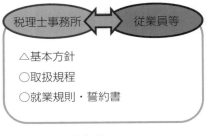

※　○：策定等必須のもの
　　△：策定すると望ましいもの

(出典) 日税連作成資料

XII 個人データ、個人番号の廃棄

❶ 個人データ

　前述のように、個人情報取扱事業者は、利用目的の達成に必要な範囲内において、個人データを正確かつ最新の内容に保つよう努めなければならないが、その一方で、利用する必要がなくなったときは、当該個人データを遅滞なく消去するよう努めなければならない（個人情報19）。

　これは実際上も、不必要なデータを保有するのは、コストを要し漏えいの危険等があることから、利用目的が達成され当該目的との関係では当該個人データを保有する合理的な理由が存在しなくなった場合や、利用目的が達成されなかったものの当該目的の前提となる事業自体が中止となった場合等は、当該個人データを遅滞なく消去するよう努めるべきである。

　ただし、次項で述べる個人番号と異なり、具体的な廃棄の時期に関する個人情報保護法上の規定はなく、以上の取扱いは、努力義務である。

❷ 個人番号

　これに対し、個人番号については、番号法上、収集・保管制限があり（番号20）、関係事務を処理する必要がなくなった場合で、所管法令において定められている保存期間を経過したときには、個人番号をできるだけ速やかに廃棄又は削除しなければならないとされていることは、本章Ⅵ❸で述べたとおりである（⇒239ページ）。

●個人情報ガイドライン（通）「（別添）講ずべき安全管理措置の内容」の中小規模事業者における対応方法（抜粋）

安全管理措置の内容（本則）	中小規模事業者における対応方法
A　基本方針の策定 　個人情報取扱事業者は、個人データの適正な取扱いの確保について組織として取り組むために、基本方針を策定することが重要である。	同左
B　個人データの取扱いに係る規律の整備 　個人情報取扱事業者は、その取り扱う個人データの漏えい等の防止その他の個人データの安全管理のために、個人データの具体的な取扱い。	○　個人データの取得、利用、保存等を行う場合の基本的な取扱方法を整備する。
C　組織的安全管理措置 　個人情報取扱事業者は、組織的安全管理措置として、次に掲げる措置を講じなければならない。	
a　組織体制の整備 　　安全管理措置を講ずるための組織体制を整備しなければならない。	○　個人データを取り扱う従業者が複数いる場合、責任ある立場の者とその他の者を区分する。
b　個人データの取扱いに係る規律に従った運用 　　整備された個人データの取扱いに係る規律に従った運用の状況を確認するため、システムログ又は利用実績を記録することも重要である。	○　あらかじめ整備された基本的な取扱方法に従って個人データが取り扱われていることを、責任ある立場の者が確認する。
c　個人データの取扱状況を確認する手段の整備 　　個人データの取扱状況を確認するための手段を整備しなければならない。	○　あらかじめ整備された基本的な取扱方法に従って個人データが取り扱われていることを、責任ある立場の者が確認する。
d　漏えい等の事案に対応する体制の整備 　　漏えい等の事案の発生又は兆候を把握した場合に適切かつ迅速に対応するための体制を整備しなければならない。 　　漏えい等の事案が発生した場合、二次被害の防止、類似事案の発生防止等の観点から、事案に応じて、事実関係及び再発防止策等を早急に公表することが重要である。	○　漏えい等の事案の発生時に備え、従業者から責任ある立場の者に対する報告連絡体制等をあらかじめ確認する。
e　取扱状況の把握及び安全管理措置の見直し 　　個人データの取扱状況を把握し、安全管理措置の評価、見直し及び改善に取り組まなければならない。特定個人情報等の取扱状況を把握し、安全管理措置の評価、見直し及び改善に取り組む。	○　責任ある立場の者が、個人データの取扱状況について、定期的に点検を行う。
D　人的安全管理措置 　個人情報取扱事業者は、人的安全管理措置として、次に掲げる措置を講じなければならない。また、個人情報取扱事業者は、従業者に個人データを取り扱わせるに当たっては、法第21条に基づき従業者に対する監督をしなければならない。	
従業者の教育 　　従業者に、個人データの適正な取扱いを周知徹底するとともに適切な教育を行わなければならない。	同左

安全管理措置の内容（本則）	中小規模事業者における対応方法
E　物理的安全管理措置 個人情報取扱事業者は、物理的安全管理措置として、次に掲げる措置を講じなければならない。	
a　個人データを取り扱う区域の管理 　個人情報データベース等を取り扱うサーバやメインコンピュータ等の重要な情報システムを管理する区域（以下「管理区域」という。）及びその他の個人データを取り扱う事務を実施する区域（以下「取扱区域」という。）について、それぞれ適切な管理を行わなければならない。	○　個人データを取り扱うことのできる従業者及び本人以外が容易に個人データを閲覧等できないような措置を講ずる。
b　機器及び電子媒体等の盗難等の防止 　個人データを取り扱う機器、電子媒体及び書類等の盗難又は紛失等を防止するために、適切な管理を行わなければならない。	同左
c　電子媒体等を持ち運ぶ場合の漏えい等の防止 　個人データが記録された電子媒体又は書類等を持ち運ぶ場合、容易に個人データが判明しないよう、安全な方策を講じなければならない。 　なお、「持ち運ぶ」とは、個人データを管理区域又は取扱区域から外へ移動させること又は当該区域の外から当該区域へ移動させることをいい、事業所内の移動等であっても、個人データの紛失・盗難等に留意する必要がある。	○　個人データが記録された電子媒体又は個人データが記載された書類等を持ち運ぶ場合、パスワードの設定、封筒に封入し鞄に入れて搬送する等、紛失・盗難等を防ぐための安全な方策を講ずる。
d　個人データの削除及び機器、電子媒体等の廃棄 　個人データを削除し又は個人データが記録された機器、電子媒体等を廃棄する場合は、復元不可能な手段で行わなければならない。 　また、個人データを削除した場合、又は、個人データが記録された機器、電子媒体等を廃棄した場合には、削除又は廃棄した記録を保存することや、それらの作業を委託する場合には、委託先が確実に削除又は廃棄したことについて証明書等により確認することも重要である。	○　個人データを削除し、又は、個人データが記録された機器、電子媒体等を廃棄したことを、責任ある立場の者が確認する。
F　技術的安全管理措置 個人情報取扱事業者は、情報システム（パソコン等の機器を含む。）を使用して個人データを取り扱う場合（インターネット等を通じて外部と送受信等する場合を含む。）、技術的安全管理措置として、次に掲げる措置を講じなければならない。	
a　アクセス制御 　担当者及び取り扱う個人情報データベース等の範囲を限定するために、適切なアクセス制御を行わなければならない。	○　個人データを取り扱うことのできる機器及び当該機器を取り扱う従業者を明確化し、個人データへの不要なアクセスを防止する。
b　アクセス者の識別と認証 　個人データを取り扱う情報システムを使用する従業者が正当なアクセス権を有する者であることを、識別した結果に基づき認証しなければならない。	○　機器に標準装備されているユーザー制御機能（ユーザーアカウント制御）により、個人情報データベース等を取り扱う情報システムを使用する従業者を識別・認証する。

安全管理措置の内容（本則）	中小規模事業者における対応方法
c　外部からの不正アクセス等の防止 　個人データを取り扱う情報システムを外部からの不正アクセス又は不正ソフトウェアから保護する仕組みを導入し、適切に運用しなければならない。	○　個人データを取り扱う機器等のオペレーティングシステムを最新の状態に保持する。 ○　個人データを取り扱う機器等にセキュリティ対策ソフトウェア等を導入し、自動更新機能等の活用により、これを最新状態とする。
d　情報システムの使用に伴う漏えい等の防止 　情報システムの使用に伴う個人データの漏えい等を防止するための措置を講じ、適切に運用しなければならない。	○　メール等により個人データの含まれるファイルを送信する場合に、当該ファイルへのパスワードを設定する

(出典) 個人情報保護委員会資料を基に作成

●マイナンバーガイドライン「（別添）特定個人情報に関する安全管理措置」の中小規模事業者における対応方法（抜粋）

安全管理措置の内容（本則）	中小規模事業者における対応方法
A　基本方針の策定 　特定個人情報等の適正な取扱いの確保について組織として取り組むために、基本方針を策定することが重要である。	同左
B　取扱規程等の策定 　事務の流れを整理し、特定個人情報等の具体的な取扱いを定める取扱規程等を策定しなければならない。	○　特定個人情報等の取扱い等を明確化する。 ○　事務取扱担当者が変更となった場合、確実な引継ぎを行い、責任ある立場の者が確認する。
C　組織的安全管理措置 　事業者は、特定個人情報等の適正な取扱いのために、次に掲げる組織的安全管理措置を講じなければならない。	
a　組織体制の整備 　　安全管理措置を講ずるための組織体制を整備する。	○　事務取扱担当者が複数いる場合、責任者と事務取扱担当者を区分することが望ましい。
b　取扱規程等に基づく運用 　　取扱規程等に基づく運用状況を確認するため、システムログ又は利用実績を記録する。	○　特定個人情報等の取扱状況の分かる記録を保存する。
c　取扱状況を確認する手段の整備 　　特定個人情報ファイルの取扱状況を確認するための手段を整備する。なお、取扱状況を確認するための記録等には、特定個人情報等は記載しない。	○　特定個人情報等の取扱状況の分かる記録を保存する。

安全管理措置の内容（本則）	中小規模事業者における対応方法
d　情報漏えい等事案に対応する体制の整備 　情報漏えい等の事案の発生又は兆候を把握した場合に、適切かつ迅速に対応するための体制を整備する。 　情報漏えい等の事案が発生した場合、二次被害の防止、類似事案の発生防止等の観点から、事案に応じて、事実関係及び再発防止策等を早急に公表することが重要である。	○　情報漏えい等の事案の発生等に備え、従業者から責任ある立場の者に対する報告連絡体制等をあらかじめ確認しておく。
e　取扱状況の把握及び安全管理措置の見直し 　特定個人情報等の取扱状況を把握し、安全管理措置の評価、見直し及び改善に取り組む。	○　責任ある立場の者が、特定個人情報等の取扱状況について、定期的に点検を行う。

D　人的安全管理措置

事業者は、特定個人情報等の適正な取扱いのために、次に掲げる人的安全管理措置を講じなければならない。

安全管理措置の内容（本則）	中小規模事業者における対応方法
a　事務取扱担当者の監督 　事業者は、特定個人情報等が取扱規程等に基づき適正に取り扱われるよう、事務取扱担当者に対して必要かつ適切な監督を行う。	同左
b　事務取扱担当者の教育 　事業者は、事務取扱担当者に、特定個人情報等の適正な取扱いを周知徹底するとともに適切な教育を行う。	同左

E　物理的安全管理措置

事業者は、特定個人情報等の適正な取扱いのために、次に掲げる物理的安全管理措置を講じなければならない。

安全管理措置の内容（本則）	中小規模事業者における対応方法
a　特定個人情報等を取り扱う区域の管理 　特定個人情報等の情報漏えい等を防止するために、特定個人情報ファイルを取り扱う情報システムを管理する区域（以下「管理区域」という。）及び特定個人情報等を取り扱う事務を実施する区域（以下「取扱区域」という。）を明確にし、物理的な安全管理措置を講ずる。	同左
b　機器及び電子媒体等の盗難等の防止 　管理区域及び取扱区域における特定個人情報等を取り扱う機器、電子媒体及び書類等の盗難又は紛失等を防止するために、物理的な安全管理措置を講ずる。	同左
c　電子媒体等を持ち出す場合の漏えい等の防止 　特定個人情報等が記録された電子媒体又は書類等を持ち出す場合、容易に個人番号が判明しない措置の実施、追跡可能な移送手段の利用等、安全な方策を講ずる。 　「持出し」とは、特定個人情報等を、管理区域又は取扱区域の外へ移動させることをいい、事業所内での移動等であっても、紛失・盗難等に留意する必要がある。	○　特定個人情報等が記録された電子媒体又は書類等を持ち出す場合、パスワードの設定、封筒に封入し鞄に入れて搬送する等、紛失・盗難等を防ぐための安全な方策を講ずる。

安全管理措置の内容（本則）	中小規模事業者における対応方法
d　個人番号の削除、機器及び電子媒体等の廃棄 　　個人番号若しくは特定個人情報ファイルを削除した場合、又は電子媒体等を廃棄した場合には、削除又は廃棄した記録を保存する。また、これらの作業を委託する場合には、委託先が確実に削除又は廃棄したことについて、証明書等により確認する。	○　特定個人情報等を削除・廃棄したことを、責任ある立場の者が確認する。
F　技術的安全管理措置 　事業者は、特定個人情報等の適正な取扱いのために、次に掲げる技術的安全管理措置を講じなければならない。	
a　アクセス制御 　　情報システムを使用して個人番号関係事務又は個人番号利用事務を行う場合、事務取扱担当者及び当該事務で取り扱う特定個人情報ファイルの範囲を限定するために、適切なアクセス制御を行う。	○　特定個人情報等を取り扱う機器を特定し、その機器を取り扱う事務取扱担当者を限定することが望ましい。 ○　機器に標準装備されているユーザー制御機能（ユーザーアカウント制御）により、情報システムを取り扱う事務取扱担当者を限定することが望ましい。
b　アクセス者の識別と認証 　　特定個人情報等を取り扱う情報システムは、事務取扱担当者が正当なアクセス権を有する者であることを、識別した結果に基づき認証する。	○　特定個人情報等を取り扱う機器を特定し、その機器を取り扱う事務取扱担当者を限定することが望ましい。 ○　機器に標準装備されているユーザー制御機能（ユーザーアカウント制御）により、情報システムを取り扱う事務取扱担当者を限定することが望ましい。
c　外部からの不正アクセス等の防止 　　情報システムを外部からの不正アクセス又は不正ソフトウェアから保護する仕組みを導入し、適切に運用する。	同左
d　情報漏えい等の防止 　　特定個人情報等をインターネット等により外部に送信する場合、通信経路における情報漏えい等を防止するための措置を講ずる。	同左

(出典) 個人情報保護委員会資料を基に作成

第7章

個人データの第三者提供の制限

Ⅰ　原　則

　個人情報保護法において、個人情報取扱事業者は、あらかじめ[*1]本人の同意を得ないで、個人データを第三者に提供してはならない（個人情報23①柱書）[*2]。なお、特定個人情報については、個人情報保護法23条を適用除外としており、本人の同意の有無等と関係なく、番号法19条各号に該当する場合のみ提供することができるとされている[*3]。

　個人情報取扱事業者が個人データを第三者に提供することは、その後、当該個人データが流通することによって、個人の権利利益に重大な被害を及ぼすおそれがある。そのため、個人情報保護法は、個人データの第三者提供について、原則として本人の同意を必要としているのである。

　このような、事前に本人の同意を得るという方式を「オプトイン」という。

　あらかじめ、個人情報を第三者に提供することを想定している場合には、利用目的において、その旨を特定しなければならない（個人情報18②）。

　ここでいう「第三者」とは、①当該個人データによって特定される本人、②当該個人データを提供しようとする個人情報取扱事業者以外の者をいい[*4]、自然人であるか法人その他の団体であるか、個人情報取扱事業者か否かを問わないとされている[*5]。

　この点、個人情報ガイドライン（通）では、第三者提供に当たる事例として、以下のものが挙げられている[*6]。

＊1　「あらかじめ」とは、当該個人データが第三者へ提供される時点より前までとされている（個人情報ガイドラインQA・A5-6）。
＊2　これに違反して、個人情報取扱事業者若しくはその従業者又はこれらであった者が、その業務に関して取り扱った個人情報データベース等（その全部又は一部を複製し、又は加工したものを含む。）を自己若しくは第三者の不正な利益を図る目的で提供し、又は盗用したときは、個人情報保護法83条により刑事罰（1年以下の懲役又は50万円以下の罰金）が科され得る。
＊3　特定個人情報は原則として第三者提供不可。
＊4　個人情報ガイドラインQA・A5-1。
＊5　宇賀克也『個人情報保護法の逐条解説［第五版］』（有斐閣　平成28年）155ページ。
＊6　ただし、個人情報保護法23条5項各号の場合を除く。個人情報ガイドライン（通）45ページ。

【第三者提供とされる事例】
① 親子兄弟会社、グループ会社の間で個人データを交換する場合
② フランチャイズ組織の本部と加盟店の間で個人データを交換する場合
③ 同業者間で、特定の個人データを交換する場合

　これに対し、第三者提供に当たらない事例としては、同一事業者内で他部門へ個人データを提供する場合が挙げられている[*7]。

　弁護士が個人情報取扱事業者の代理人として個人データを利用する場合や、公認会計士が監査のために個人情報取扱事業者の個人データを利用する場合には、ここでいう第三者への提供にあたらないと解されているので[*8]、税理士が、税務代理や税務書類の作成のために個人情報取扱事業者の個人データを利用する場合についても、ここでいう第三者への提供にあたらないと解される。

　なお、個人情報ガイドライン（通）によれば、「ブログやその他のSNSに書き込まれた個人データを含む情報については、当該情報を書き込んだ者の明確な意思で不特定多数又は限定された対象に対して公開されている情報であり、その内容を誰が閲覧できるかについて当該情報を書き込んだ者が指定していることから、その公開範囲について、インターネット回線への接続サービスを提供するプロバイダやブログその他のSNSの運営事業者等に裁量の余地はないため、このような場合は、当該事業者が個人データを第三者に提供しているとは解されない。」とされており[*9]、また、そのような公開情報を第三者提供しても、提供する個人データの項目や提供の態様によっては、本人の同意があると事実上推認してよい場合もあると解されている[*10]。

[*7]　ただし、利用目的による制限がある。個人情報ガイドライン（通）45ページ。
[*8]　前掲＊5宇賀逐条156ページ。
[*9]　個人情報ガイドライン（通）45ページ。
[*10]　個人情報ガイドラインQA・A5-13。

Ⅱ 適用除外

　次の（1）から（4）までに掲げる第三者提供については、個人データが転々流通することは想定されにくいことに鑑み、確認・記録義務は適用されず、あらかじめ本人の同意を得なくても第三者提供が認められる（個人情報23①各号）。

(1)　法令に基づいて個人データを提供する場合
(2)　人（法人を含む。）の生命、身体又は財産といった具体的な権利利益が侵害されるおそれがあり、これを保護するために個人データの提供が必要であり、かつ、本人の同意を得ることが困難である場合
(3)　公衆衛生の向上又は心身の発展途上にある児童の健全な育成のために特に必要な場合であり、かつ、本人の同意を得ることが困難である場合
(4)　国の機関等が法令の定める事務を実施する上で、民間企業等の協力を得る必要がある場合であって、協力する民間企業等が当該国の機関等に個人データを提供することについて、本人の同意を得ることが当該事務の遂行に支障を及ぼすおそれがある場合

　以上の適用除外事由は、利用目的の制限の例外（個人情報16③。⇒70～71ページ）と同内容である。

Ⅲ　オプトアウト

❶　オプトアウトとは

　個人情報取扱事業者は、個人データの第三者提供に当たり、一定の事項を、あらかじめ本人に通知し、又は本人が容易に知り得る状態に置くとともに、個人情報保護委員会に届け出た場合には、前節で述べた適用除外事由（個人情報23①）にかかわらず、あらかじめ本人の同意を得ることなく、個人データを第三者に提供することができる（同23②各号）。

　このような方式を「オプトアウト」という。

　従来も、本人に通知し、又は本人が容易に知りうる状態に置くこととされていたが、その実効性が疑問視されていたため、平成27年改正により、このオプトアウトにおいて、個人情報保護委員会への届出が必要になる等、規制が厳格化された。

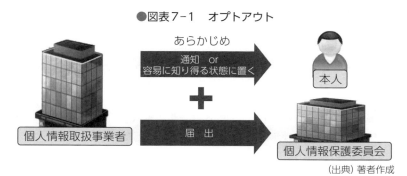

●図表7-1　オプトアウト

(出典) 著者作成

❷　届出事項

　ここで、個人情報保護委員会へ届出をしなければならない事項は、以下の5項目である[*11]。

　このうちのオについては、平成27年改正で追加された事項である。

---

*11　各事例については、個人情報ガイドライン（通）48ページ。

ア　第三者提供を利用目的とすること
イ　第三者に提供される個人データの項目

> 【個人情報ガイドライン（通）に挙げられている事例】
> ①　氏名、住所、電話番号、年齢
> ②　氏名、商品購入履歴

ウ　第三者への提供の方法

> 【個人情報ガイドライン（通）に挙げられている事例】
> ①　書籍（電子書籍を含む。）として出版
> ②　インターネットに掲載
> ③　プリントアウトして交付
> ④　各種通信手段による配信
> ⑤　その他外部記録媒体の形式での交付

エ　本人の求めに応じて第三者提供を停止すること
オ　本人の求めを受け付ける方法

> 【個人情報ガイドライン（通）に挙げられている事例】
> ①　書籍（電子書籍を含む。）として出版
> ②　インターネットに掲載
> ③　プリントアウトして交付
> ④　各種通信手段による配信
> ⑤　その他外部記録媒体の形式での交付

　上記の届出事項のうち、イ、ウ又はオの事項を変更する場合は、変更する内容について、個人情報保護委員会規則で定めるところにより、あらかじめ、本人に通知し、又は本人が容易に知り得る状態に置くとともに、個人情報保護委員会に届け出なければならず（個人情報23③）、また、個人情報保護委員会は、当該届出に係る事項を公表しなければならない（同23④）。

　なお、個人情報保護委員会へ報告する様式については、個人情報保護委員会のウェブサイトに掲載されている。

❸　事前の通知等

　以上の届出事項は、あらかじめ、第三者に提供される個人データによって

識別される本人が当該提供の停止を求めるのに必要な期間をおいて通知等をしなければならない（個人情報則7①一）。

具体的な期間については、業種、ビジネスの態様、通知又は容易に知り得る状態の態様、本人と個人情報取扱事業者との近接性、本人から停止の求めを受け付ける体制、提供される個人データの性質などによっても異なり得るとされている[*12]。

❹ 本人が容易に知りうる状態

次に、「本人が容易に知りうる状態に置く」とは、事業所の窓口等への書面の掲示・備付けやウェブサイトへの掲載その他の継続的方法により、本人が知ろうとすれば、時間的にも、その手段においても、簡単に知ることができる状態をいい、事業の性質及び個人情報の取扱状況に応じ、本人が確実に認識できる適切かつ合理的な方法によらなければならない（個人情報則7①二）。

個人情報ガイドライン（通）では、本人が容易に知り得る状態に該当する事例として、以下のものが挙げられている[*13]。

> 【本人が容易に知りうる状態に該当する事例】
> ① 本人が閲覧することが合理的に予測される個人情報取扱事業者のウェブサイトにおいて、本人が分かりやすい場所（例：ウェブサイトのトップページから1回程度の操作で到達できる場所等）に法に定められた事項を分かりやすく継続的に掲載する場合
> ② 本人が来訪することが合理的に予測される事務所の窓口等への掲示、備付け等が継続的に行われている場合
> ③ 本人に頒布されている定期刊行物への定期的掲載を行っている場合
> ④ 電子商取引において、商品を紹介するウェブサイトにリンク先を継続的に表示する場合

❺ 要配慮個人情報の取扱い

なお、要配慮個人情報（⇒30ページ）については、オプトアウトにより第三者に提供することはできず、提供するに当たっては、前節で述べた適用除外、又は次節で述べる提供先が第三者に該当しない例外に当たる場合以外は、

[*12] 個人情報ガイドライン（通）49ページ。
[*13] 個人情報ガイドライン（通）49ページ。

必ずあらかじめ本人の同意を得る必要がある（個人情報23②括弧内）。

IV　提供先が第三者に該当しないもの

　ある一定の場合の提供先については、個人データの提供先は形式的には第三者に該当するものの、本人との関係において個人情報取扱事業者と一体のものとして取り扱うことに合理性があるため、第三者に該当しないものとされている（個人情報23⑤各号）。

　すなわち、以下の場合には第三者提供には当たらず、本人の同意又は第三者提供におけるオプトアウトを行うことなく、個人データの提供を行うことができる[*14]。

（1）委託先への提供（個人情報23⑤一）

【個人情報ガイドライン（通）に挙げられている事例】
① データの打込み等、情報処理を委託するために個人データを提供する場合
② 百貨店が注文を受けた商品の配送のために、宅配業者に個人データを提供する場合

（2）事業の承継に伴う場合（個人情報23⑤二）

【個人情報ガイドライン（通）に挙げられている事例】
① 合併、分社化により、新会社に個人データを提供する場合
② 事業譲渡により、譲渡先企業に個人データを提供する場合

（3）共同利用をする場合（個人情報23⑤三）

【個人情報ガイドライン（通）に挙げられている事例】
① グループ企業で総合的なサービスを提供するために取得時の利用目的（個人情報法15条2項の規定に従い変更された利用目的を含む。以下同じ。）の範囲内で情報を共同利用する場合
② 親子兄弟会社の間で取得時の利用目的の範囲内で個人データを共同利用する場合

＊14 以下の各事例については、個人情報ガイドライン（通）52～54ページ。

> ③ 使用者と労働組合又は労働者の過半数を代表する者との間で取得時の利用目的の範囲内で従業者の個人データを共同利用する場合

　この共同利用の場合には、共同して利用される個人データの項目、共同して利用する者の範囲、利用する者の取得時の利用目的、その個人データの管理について責任を有する者の氏名等をあらかじめ本人に通知等しなければならない。

　なお、外国の第三者に提供する場合は、委託先等への提供であっても本人からの同意が必要な場合や、オプトアウトが利用できない場合がある（個人情報24。⇒324ページ）。

V　トレーサビリティの確保

❶　トレーサビリティとは

　「トレーサビリティ」とは、一般的には過程を記録することによって後に履歴情報を確認できるようにすることをいう。

　近時、流出した個人情報が名簿業者を通じて転売されるといった事件が起こる等したため、平成27年改正により、第三者提供に際して、提供者・受領者の双方が記録を作成しておくことなどによって、情報の提供ルートの追跡を可能とした[15]。

❷　提供者の義務及び受領者の義務

　提供者及び受領者は、具体的に以下の記録の作成等の義務を負っている。

(1) 提供者の義務

　個人情報取扱事業者は、第三者に個人データを提供する場合には、個人情

---

*15　これにより、取得の経緯が不正であることがわかったにもかかわらず、無視して取得したような場合には、不正の手段による取得禁止（個人情報17）の違反となる。

報保護委員会規則に基づき、受領者の氏名等[*16]を記録し、一定期間[*17]保存しなければならない（個人情報25①本文）。

ただし、提供が第三者提供の例外（個人情報23①、25⑤各号）に当たる場合は、記録作成義務を負わない（同法25①ただし書）。

(2) 受領者の義務

個人情報取扱事業者は、第三者から個人データを受領する場合についても、個人情報保護委員会規則に基づき、提供者の氏名やデータの取得経緯等を確認、記録し、一定期間[*18]その内容を保存しなければならない（個人情報26①）。

この場合、確認を受ける第三者（提供元）は、提供先の個人情報取扱事業者に対して、当該確認事項を偽ってはならない（個人情報26②）[*19]。

ただし、この場合も提供が第三者提供の例外（個人情報23①、25⑤各号）に当たる場合は、記録作成義務を負わない（同法26①ただし書）。

●図表7-2　トレーサビリティの確保

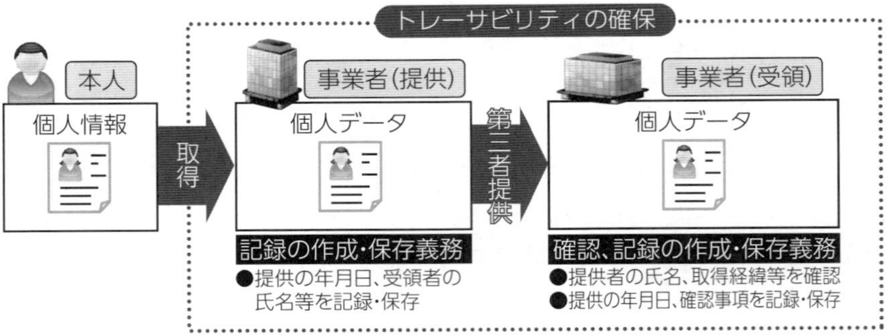

（出典）経産省改正パンフ8ページを基に作成

＊16 詳細は、個人情報保護法施行規則13条に詳しく定められている（個人情報26については個人情報則17）。

＊17 本人に対する物品又は役務の提供に関して作成された契約書等に記録事項が記載されている場合は、最後に提供を受けた日から1年、それ以外の場合は、3年である（個人情報則14、17）。

＊18 この点に関しては、個人情報保護法25条（第三者提供に係る記録の作成等）と同様である（個人情報則18）。

＊19 違反者は10万円以下の過料に処せられる（個人情報88）。

第8章

保有個人データに関する
通知・請求等への
対応における注意点

I 総論

　個人情報保護法では、保有個人データ（⇒36ページ）に関して、個人情報取扱事業者に必要事項の公表義務（個人情報27①）を負わせる一方で、本人の権利として、①利用目的等の通知（同条27②）、②開示（同法28）、③訂正等（同法29）、④利用停止等（同法30）を請求できることを定めている。

　後者の本人の権利については、平成27年改正前は、権利として明確ではなかったものを具体的権利として明文化されたものである。

　ただ、前述のように、税理士等が保有個人データを扱うことはまれであると思われるので、ここでの解説は概略に留める。

II 保有個人データに関する事項の公表等

❶ 保有個人データに関する事項の公表

　個人情報取扱事業者は、保有個人データの利用目的、開示等に必要な手続、苦情の申出先等について本人の知り得る状態に置かなければならない（個人情報27①）。

　ここで、「本人の知り得る状態」に該当する場合について、個人情報ガイドライン（通）は、「事業の性質及び個人情報の取扱状況に応じ、内容が本人に認識される合理的かつ適切な方法によらなければならない。」とした上で、具体例として、以下のものを挙げている[*1]。

> 【本人の知り得る状態に該当する例】
> ①　問合せ窓口を設け、問合せがあれば、口頭又は文書で回答できるよう体制を構築しておく場合

＊1　個人情報ガイドライン（通）62ページ。

② 店舗にパンフレットを備え置く場合
③ 電子商取引において、商品を紹介するウェブサイトに問合せ先のメールアドレスを表示する場合

また、本人の知り得る状態にすべき事項としては、以下のものが挙げられている[*2]。

> 【本人の知り得る状態にすべき事項】
> ① 個人情報取扱事業者の氏名又は名称
> ② 全ての保有個人データの利用目的[*3]（ただし、一定の場合[*4]を除く。）
> ③ 保有個人データの利用目的の通知の求め又は開示等の請求に応じる手続及び保有個人データの利用目的の通知の求め又は開示の請求に係る手数料の額（定めた場合に限る。）
> ④ 保有個人データの取扱いに関する苦情の申出先[*5]

Ⅲ 利用目的等の通知

前述のように、個人情報取扱事業者は、保有個人データに関する利用目的等について、本人の知り得る状態（本人の求めに応じて遅滞なく回答する場合を含む。）に置かなければならない（個人情報27①）。そして、本人から保有個人データの利用目的の通知を求められたときは、原則として、本人に対し、遅滞なく、これを通知しなければならない（同条②柱書本文）。

ただし、例外として、以下のいずれかに該当する場合には、通知は不要である（個人情報27②柱書ただし書、18④一〜三）。

① Ⅱで解説した公表等により当該本人が識別される保有個人データの利用目的が明らかな場合
② 以下に該当する場合

[*2] 個人情報ガイドライン（通）61ページ。
[*3] 利用目的に第三者提供が含まれる場合は、その旨も明らかにしなければならない。
[*4] 「一定の場合」とは、個人情報保護法18条4項の「利用目的の通知等をしなくてよい場合」である。
[*5] 担当窓口名、受付電話番号等である（個人情報取扱事業者が認定個人情報保護団体の対象事業者である場合は、その団体の名称及び苦情解決の申出先を含む。）。

(イ) 利用目的を本人に通知し、又は公表することにより本人又は第三者の生命、身体、財産その他の権利利益を害するおそれがある場合
(ロ) 利用目的を本人に通知し、又は公表することにより当該個人情報取扱事業者の権利又は正当な利益を害するおそれがある場合
(ハ) 国の機関又は地方公共団体が法令の定める事務を遂行することに対して協力する必要がある場合であって、利用目的を本人に通知し、又は公表することにより当該事務の遂行に支障を及ぼすおそれがあるとき。

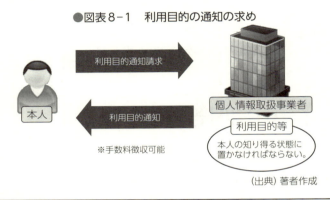

●図表8-1 利用目的の通知の求め

Ⅳ 開示請求等

本人は、個人情報取扱事業者に対し、自身が識別される保有個人データの開示を請求することができる（個人情報28①）。個人情報取扱事業者は、原則としてこの請求に応じて開示しなければならない（同28②本文）。

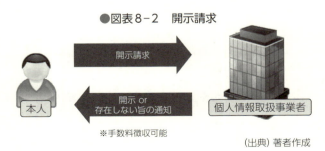

●図表8-2 開示請求

ただし、その例外として、以下のいずれかに該当する場合は、その全部又は一部を開示しないことができる（個人情報28②ただし書）。

① 本人又は第三者の生命、身体、財産その他の権利利益を害するおそれがある場合[*6]
② 当該個人情報取扱事業者の業務の適正な実施に著しい支障を及ぼすおそれがある場合[*7]
③ 他の法令に違反することとなる場合

V 訂正・利用停止の請求

❶ 訂正等

本人は、個人情報取扱事業者に対し、自身が識別される保有個人データの内容が事実でないときは、その保有個人データの内容の訂正、追加又は削除（以下「訂正等」という。）を請求することができる（個人情報29①）。個人情報取扱事業者は、この請求に応じて、内容が事実でないときは、原則として利用目的の達成に必要な範囲内において調査し、訂正等を行ない、その結果を遅滞なく通知しなければならない（同29②③）。

利用目的からみて訂正等が必要ではない場合、保有個人データが誤りである旨の指摘が正しくない場合には、訂正等を行う必要はない。ただし、その場合には、遅滞なく、訂正等を行わない旨を本人に通知しなければならない[*8]。

[*6] 個人情報ガイドライン（通）では、医療機関等において、病名等を患者に開示することにより、患者本人の心身状況を悪化させるおそれがある場合が例として挙げられている（個人情報ガイドライン（通）65ページ）。
[*7] 個人情報ガイドライン（通）では、同一の本人から複雑な対応を要する同一内容について繰り返し開示の請求があり、事実上問合せ窓口が占有されることによって他の問合せ対応業務が立ち行かなくなる等、業務上著しい支障を及ぼすおそれがある場合が、例として挙げられている（個人情報ガイドライン（通）65ページ）。
[*8] 個人情報ガイドライン（通）67ページ。

●図表8-3　訂正等

(出典)著者作成

❷　利用停止等

　本人は、個人情報取扱事業者に対し、自身が識別される保有個人データが①利用目的による制限の規定（個人情報16⇒69ページ）に違反して取り扱われているとき、②適正な方法による取得の規定（同法17⇒72ページ）に違反して取得されたものであるとき、又は③第三者提供制限の規定（同法23①・24⇒292ページ）に違反して第三者に提供されているときは、その保有個人データの利用・提供の停止又は消去（以下「利用停止等」という。）を請求することができる（同法30①・③）。個人情報取扱事業者は、この請求に理由があるときはこれに応じて、原則として違反を是正するために必要な限度で、遅滞なく、利用停止等を行ない、その結果を遅滞なく通知しなければならない（同②本文・④本文・⑤）。

●図表8-4　利用停止等

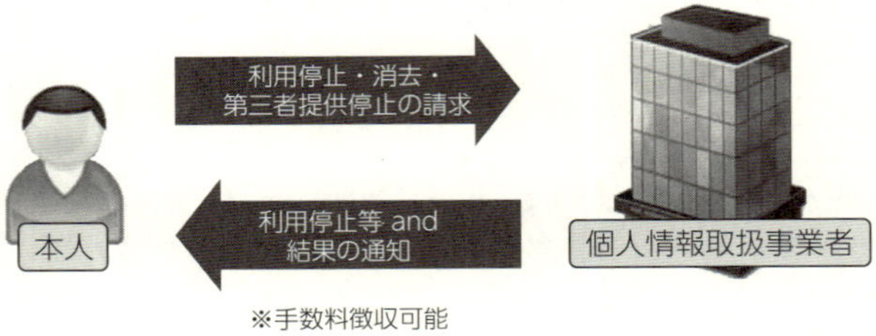

(出典)著者作成

VI 手続等

❶ 理由の説明

　個人情報取扱事業者は、保有個人データの利用目的の通知の求め、又は保有個人データの開示、訂正等、利用停止等若しくは第三者提供の停止に関する請求について、その措置をとらない旨、又はその措置と異なる措置をとる旨を本人に通知する場合は、併せて、本人に対して、その理由を説明するように努めなければならない（個人情報32）。

❷ 開示請求等に対する手続

　個人情報取扱事業者は、利用目的の通知の求め（個人情報27②）又は開示請求（同法28①）、訂正・利用停止の請求（同法29①、30①・③）については、その求め又は請求を受け付ける方法を定めることができる（個人情報32①前段）[*9]。この場合において、本人は、当該方法に従って、開示等の請求等を行わなければならない（同項後段）。

　個人情報取扱事業者は、本人に対して、開示等の請求等に関し、その対象となる保有個人データを特定するに足りる事項の提示を求めることができる（個人情報32②前段）。この場合、個人情報取扱事業者は、本人が容易かつ的確に開示等の請求等をすることができるよう、当該保有個人データの特定に資する情報の提供その他本人の利便を考慮した適切な措置をとらなければならない（同項後段）。

　また、開示等の請求等は、代理人（未成年者・成年被後見人の法定代理人、

[*9] これにより個人情報取扱事業者が開示等の請求等を受け付ける方法として定めることができる事項は、以下に掲げるとおりである（個人情報令10）。
　① 開示等の請求等の申出先
　② 開示等の請求等に際して提出すべき書面（電磁的記録を含む。）の様式その他の開示等の請求等の方式
　③ 開示等の請求等をする者が本人又は代理人であることの確認の方法
　④ 手数料（個人情報33①）の徴収方法

又は開示等の請求等をすることにつき本人が委任した代理人）によってすることができる（個人情報32③、個人情報令11）。

さらに、個人情報取扱事業者は、開示等の請求等に応じる手続を定めるに当たっては、本人に過重な負担を課するものとならないよう配慮しなければならない（個人情報32④）。

❸ 手数料

個人情報取扱事業者は、利用目的等の通知（本章Ⅲ（⇒303ページ））又は開示請求（本章Ⅳ（⇒304ページ））を受けたときは、手数料を徴収することができる（個人情報33①）。ただし、この場合は、実費を勘案して合理的であると認められる範囲内において、その手数料の額を定めなければならない（同条②）。なお、手数料の額を定めた場合には、本人の知り得る状態（本人の求めに応じて遅滞なく回答する場合を含む）[10]に置いておかなければならない（同27①三）。

❹ 裁判上の訴えの事前請求

本人は、開示や訂正等の請求による係る訴えを提起しようとするときは、その訴えの被告となるべき者に対し、あらかじめ、当該請求を行い、かつ、その到達した日から2週間を経過した後でなければ、その訴えを提起することができない（個人情報34①本文）。

ただし、当該訴えの被告となるべき者がその請求を拒んだときは、例外として、2週間経過前でも訴訟を提起できる（個人情報34①ただし書）。

この定めは、仮処分手続にも準用される（個人情報34③）。

❺ 苦情処理

個人情報取扱事業者は、個人情報の取扱いに関する苦情の適切かつ迅速な処理に努めなければならず、また、その目的を達成するために必要な体制の整備に努めなければならない（個人情報35）。

---

[10] 本人の知り得る状態（本人の求めに応じて遅滞なく回答する場合を含む。）については**本章Ⅱ❶**（⇒302ページ参照。）

第9章

漏えい等事案が
発生した場合の対応

I 個人データの漏えい等の事案が発生した場合等の対応について

　個人データの漏えい事案等が発生した場合に講ずべき措置と報告については、個人情報保護委員会から、「個人データの漏えい等の事案が発生した場合等の対応について」（平成29年個人情報保護委員会告示1号。以下「個人データ漏えい告示」という。）が、平成29年2月16日に公表されている[*1]。

　それによると、対象とする「漏えい等事案」を以下のいずれかに該当するものとしている。

(1) 　個人情報取扱事業者が保有する個人データ（特定個人情報に係るものを除く。）の漏えい、滅失又は毀損

(2) 　個人情報取扱事業者が保有する匿名加工情報の作成に用いた個人情報から削除した記述等及び個人識別符号（特定個人情報に係るものを除く。）並びに個人情報保護法36条1項の規定により行った加工の方法に関する情報（以下「加工方法等情報」という。）の漏えい

(3) 　上記(1)又は(2)のおそれ

　そして、以上の漏えい等事案が発覚した場合に、講ずべき必要な措置として、以下のものを挙げ、また、個人情報保護委員会への速やかな報告をするよう努めるべきこととしている。

　① 　事業者内部における報告及び被害の拡大防止
　② 　事実関係の調査及び原因の究明
　③ 　影響範囲の特定
　④ 　再発防止策の検討及び実施

[*1] これは、個人情報ガイドライン（通）の「4 漏えい等の事案が発生した場合等の対応」において、「漏えい等の事案が発生した場合等において、二次被害の防止、類似事案の発生防止等の観点から、個人情報取扱事業者が実施することが望まれる対応については、別に定める」（個人情報ガイドライン（通）79ページ）こととしていることに対応するものである。

⑤ 影響を受ける可能性のある本人への連絡等
⑥ 事実関係及び再発防止策等の公表

II 特定個人情報の漏えい等事案が発生した場合の対応について

　特定個人情報の漏えい事案等が発生した場合に講ずべき措置と報告については、個人情報保護委員会が「事業者における特定個人情報の漏えい事案等が発生した場合の対応について（平成27年特定個人情報保護委員会告示2号。以下「マイナンバー漏えい告示」という。）」を定めている[*2]。
　それによると、企業が取り扱う特定個人情報（委託を受けた者が取り扱うものを含む。）について、漏えい事案その他の番号法違反の事案又は番号法違反のおそれのある事案が発覚した場合には、次の事項について必要な措置を講ずることが望ましいとされている。

① 事業者内部における報告、被害の拡大防止
② 事実関係の調査、原因の究明
③ 影響範囲の特定
④ 再発防止策の検討・実施
⑤ 影響を受ける可能性のある本人への連絡等
⑥ 事実関係、再発防止策等の公表

[*2] これは、マイナンバーガイドラインの「第3－6　特定個人情報の漏えい事案等が発生した場合の対応」において、特定個人情報の漏えい事案等が発生した場合の対応については、別に定めることとされていたことに対応するものである。

Ⅲ 講ずべき具体的措置について

　以上からわかるように、個人データと特定個人情報のどちらの漏えい等事案においても、講ずべきとされる措置はほぼ同様のため、具体的措置について、以下でまとめて述べる。

❶ 事業者内部における報告、被害の拡大防止

　責任ある立場の者に直ちに報告するとともに、被害の拡大を防止する。例えば、外部からの不正アクセスや不正プログラムの感染が疑われる場合には、当該端末等のLANケーブルを抜いてネットワークからの切り離しを行うなどの措置を直ちに行うべきである[*3]。

　このようなことに適切に対応するためには、あらかじめ、組織的安全管理措置（⇒224ページ）の一環として、情報漏えい等の事案の発生等に備えて、あらかじめ、取扱規程等により従業員等から代表者等の責任者に対する報告連絡体制等を整備しておくことが必要である[*4]。

❷ 事実関係の調査、原因の究明

　事実関係を調査し、個人情報保護法若しくは番号法違反、又は違反のおそれが把握できた場合には、その原因の究明を行う必要がある。

❸ 影響範囲の特定

　❷で把握した事実関係による影響の範囲を特定する必要がある。具体的には、例えば、漏えいした個人データ又は特定個人情報の本人の数、漏えいした情報の内容、漏えいした手段、漏えいした原因等を踏まえ、影響の範囲を特定することが考えられる[*5]。

＊3　個人情報ガイドラインQA・A12-2。
＊4　個人情報ガイドラインQA・A12-1。
＊5　個人情報ガイドラインQA・A12-3。

❹ 再発防止策の検討・実施

❷で究明した原因を踏まえ、再発防止策を検討し、速やかに実施する必要がある。

❺ 影響を受ける可能性のある本人への連絡・事実関係、再発防止策等の公表

事案の内容等に応じて、二次被害の防止、類似事案の発生回避等の観点から、事実関係等について、速やかに、本人へ連絡し、又は本人が容易に知り得る状態に置く必要がある。ここで、本人が容易に知り得る状態に置くための手段としては、本人がアクセス（ログイン）できるウェブサイトへの掲載や専用窓口の設置による対応などが考えられる[*6]。

また、事案の内容等に応じて、二次被害の防止、類似事案の発生回避等の観点から、事実関係及び再発防止策等について、速やかに公表する必要がある場合もある。

ただし、事案の内容等によっては、本人への連絡や公表をしない方が良い場合もある。例えば、紛失したデータを第三者に見られることなく速やかに回収した場合や高度な暗号化等の秘匿化が施されていて紛失したデータだけでは本人の権利利益が侵害されていないと認められる場合等には、本人への連絡等や公表を省略することも考えられるので、それぞれの企業において事案の内容等を踏まえて判断すべきである。また、サイバー攻撃による場合等で、公表することでかえって被害の拡大につながる可能性があると考えられることもあり得ることも考える必要がある。

それぞれの事案における公表の要否や公表する場合の手段等については、個人情報保護委員会や専門機関等に相談すべきである。

❻ 関係機関等への報告

個人情報保護法若しくは番号法違反の事案、又は違反のおそれのある事案を把握した場合には、事実関係及び再発防止策等について、それぞれの事業

[*6] 個人情報ガイドラインQA・A12-4。

を所管する個人情報保護委員会等に報告するよう努めなければならない[*7]。

　ただし、この例外として、個人データに関して報告は不要であるとする例として、以下のいずれかに該当する場合が挙げられる[*8]。

　① 　実質的に個人データ又は加工方法等情報が外部に漏えいしていないと判断される場合[*9]
　② 　FAX若しくはメールの誤送信、又は荷物の誤配等のうち軽微なものの場合[*10]

　また、特定個人情報の場合は、以下のいずれかに該当する場合が挙げられる。

　① 　影響を受ける可能性のある本人全てに連絡した場合（本人への連絡が困難な場合には、本人が容易に知り得る状態に置くことを含む。）
　② 　外部に漏えいしていないと判断される場合
　③ 　事実関係の調査を了し、再発防止策を決定している場合
　④ 　特定個人情報の漏えいその他の特定個人情報の安全の確保に係る重大な事態の報告に関する規則（平成27年特定個人情報保護委員会規則5号）2条に規定する特定個人情報ファイルに記録された特定個人情報の漏えいその他の特定個人情報の安全の確保に係る重大な事態に該当しない場合

　なお、個人情報保護委員会へ報告する様式については、個人情報保護委員会のウェブサイトに掲載されている。

[*7] 委託先において漏えい等事案が発生した場合であっても、委託元が漏えい等事案に係る個人データ又は加工方法等情報について最終的な責任を有することに変わりないことから、原則として、委託元が個人情報保護委員会等へ報告するよう努めることになる。ただし、漏えい等事案に係る個人データ等の実際の取扱状況を知る委託先が報告の内容を作成したり、委託元及び委託先の連名で報告するといったことは妨げられない（個人情報ガイドラインQA・A12-9）。
[*8] 個人データ漏えい告示1号3ページ。
[*9] この場合の例として、①高度な暗号化等による秘匿がなされている場合、②第三者に閲覧されないうちに全てを回収した場合等が挙げられる。
[*10] 「軽微なもの」の例として、FAX若しくはメールの誤送信、又は荷物の誤配等のうち、宛名及び送信者名以外に個人データ又は加工方法等情報が含まれていない場合が挙げられる。

❼ 情報提供等に係る罰則

　平成27年改正前は、個人情報保護法に、個人データ全般の不正提供又は盗用に関して直接罰する規定がなく、刑法や不正競争防止法等による処罰しかなかったが、改正により、「個人情報データベース等提供罪」が新設された。

　これは、個人情報取扱事業者若しくはその従業者又はこれらであった者が、その業務に関して取り扱った個人情報データベース等（その全部又は一部を複製し、又は加工したものを含む。）を自己若しくは第三者の不正な利益を図る目的で提供し、又は盗用したときは、1年以下の懲役又は50万円以下の罰金に処するとする行政刑罰である（個人情報83）。

　「不正な利益を図る目的」を要求することで、適法な第三者提供等と区別することになる。

　この条項は、法人の場合にも適用され、行為者との両罰規定である（個人情報87）。

　また、番号法においても同様に、個人番号利用事務等に従事する者又は従事していた者が、正当な理由なく、その業務に関して取り扱った特定個人情報ファイル（その全部又は一部を複製し、又は加工したものを含む。）を提供したときは、4年以下の懲役若しくは200万円以下の罰金に処し、又はこれを併科する、という「特定個人情報ファイル提供罪」が設けられている（番号48。両罰規定は同法57）。

　さらに、上記の者が、不正な利益を図る目的でその業務に関して知り得た個人番号を提供又は盗用したときは、3年以下の懲役若しくは150万円以下の罰金に処し、又はこれを併科するという「個人番号提供・盗用罪」も設けられている（番号49。両罰規定は同法57）。

第10章

匿名加工情報

Ⅰ 匿名加工情報とは

❶ 趣　旨

　「匿名加工情報」とは、個人情報をその区分に応じて定められた措置を講じて特定の個人を識別することができないように加工して得られる個人に関する情報であって、当該個人情報を復元して特定の個人を再識別することができないようにしたものをいう（個人情報2⑨）。

　これは、いわゆるビッグデータなどが脚光を浴びる時代に、個人情報を特定の個人を識別することができないような加工をした上で、さまざまな目的に利用しようとするものである[*1]。

　平成27年改正前においても、そもそも特定の個人を識別することができないいわゆる匿名情報は、個人情報に当たらないものとされていたが、改正により、個人情報を加工して人為的にそのような匿名情報を作り出して利用することを一定のルールの下で認めることになった。

　ただ、税理士等が実際に匿名加工情報を利用することはあまり考えられないため、以下で概略を述べるに留める。

❷ 種　類

　個人情報保護法において、個人情報の匿名性を失わせる方法としての「個人情報の区分に応じて定められた措置」としては、以下の2種類が規定されている（個人情報2⑨各号）。
　① 当該個人情報に含まれる記述等の一部を削除すること。
　② 当該個人情報に含まれる個人識別符号の全部を削除すること。

　　①は、個人識別符号を含まない個人情報（個人情報2①一）を加工する場合であり、②は、個人識別符号を含む個人情報（同項二）を加工する場合である。

＊1　改正前に利用目的の同意なしに第三者提供を受けた個人データの利用もこの方法でなら可能である。

②の場合は、個人識別符号それ自体が個人を特定しうるものなので、全部削除が必要であるが、①の場合は、個人を特定できなければ一部の削除で良いという意味である[*2]。

また、どちらの場合も、「復元することのできる規則性を有しない方法により他の記述等に置き換えることを含む。」とされている[*3]（個人情報2⑨各号括弧内）。

❸ 匿名加工情報の作成

個人情報取扱事業者が匿名加工情報を作成するに当たり、本人の同意は要しない。

しかし、作成に当たっては、特定の個人を識別すること、及びその作成に用いる個人情報を復元することができないようにするために必要なものとして個人情報保護委員会規則で定める基準[*4]に従い、当該個人情報を加工しなければならず（個人情報36①）[*5]、また、その作成に用いた個人情報から削除

[*2] 例えば、生年月日の月日のみ削除し、生年は残すなどが考えられる。

[*3] 例えば、生年月日を「○十代」等に置き換えるなどが考えられる。

[*4] 以下に掲げる措置を全て行なう必要がある（個人情報則19）。
  ① 個人情報に含まれる特定の個人を識別することができる記述等の全部又は一部を削除すること（当該全部又は一部の記述等を復元することのできる規則性を有しない方法により他の記述等に置き換えることを含む。）。
  ② 個人情報に含まれる個人識別符号の全部を削除すること（当該個人識別符号を復元することのできる規則性を有しない方法により他の記述等に置き換えることを含む。）。
  ③ 個人情報と当該個人情報に措置を講じて得られる情報とを連結する符号（現に個人情報取扱事業者において取り扱う情報を相互に連結する符号に限る。）を削除すること（当該符号を復元することのできる規則性を有しない方法により当該個人情報と当該個人情報に措置を講じて得られる情報を連結することができない符号に置き換えることを含む。）。
  ④ 特異な記述等を削除すること（当該特異な記述等を復元することのできる規則性を有しない方法により他の記述等に置き換えることを含む。）。
  ⑤ 以上に掲げる措置のほか、個人情報に含まれる記述等と当該個人情報を含む個人情報データベース等を構成する他の個人情報に含まれる記述等との差異その他の当該個人情報データベース等の性質を勘案し、その結果を踏まえて適切な措置を講ずること。

[*5] 加工が不十分な場合は、原則として個人情報として取り扱うことが適当であり、そのような加工不十分な情報を取得した場合には、速やかに当該情報を削除すること

した記述等及び個人識別符号並びに行った加工の方法に関する情報の漏えいを防止するために必要なものとして個人情報保護法施行規則で定める基準[*6]に従い、これらの情報の安全管理のための措置を講じなければならない（同36②）[*7]。

また、個人情報取扱事業者は、匿名加工情報を作成したときは、個人情報保護法施行規則で定めるところにより[*8]、当該匿名加工情報に含まれる個人に関する情報の項目を公表しなければならず（個人情報36③）[*9]、第三者に提供する場合には、個人情報保護法施行規則の定めるところによりあらかじめ、第三者に提供される匿名加工情報に含まれる個人に関する情報の項目及びその提供の方法について公表するとともに[*10]、当該第三者に対して、当該提供に係る情報が匿名加工情報である旨を明示しなければならない（同36④）[*11]。

そして、個人情報取扱事業者は、匿名加工情報を作成して自ら当該匿名加工情報を取り扱うに当たっては、当該匿名加工情報の作成に用いられた個人情報に係る本人を識別するために、当該匿名加工情報を他の情報と照合して

  が望ましいとされている（個人情報ガイドラインQA・A11-2、A11-3）。
[*6] この基準とは以下のとおりである（個人情報則20）。
 ① 加工方法等情報（匿名加工情報の作成に用いた個人情報から削除した記述等及び個人識別符号並びに個人情報保護法36条１項の規定により行った加工の方法に関する情報（その情報を用いて当該個人情報を復元することができるものに限る。）をいう。）を取り扱う者の権限及び責任を明確に定めること。
 ② 加工方法等情報の取扱いに関する規程類を整備し、当該規程類に従って加工方法等情報を適切に取り扱うとともに、その取扱いの状況について評価を行い、その結果に基づき改善を図るために必要な措置を講ずること。
 ③ 加工方法等情報を取り扱う正当な権限を有しない者による加工方法等情報の取扱いを防止するために必要かつ適切な措置を講ずること。
[*7] 具体的な管理措置については、「個人情報の保護に関する法律についてのガイドライン（匿名加工情報編）」（以下「個人情報ガイドライン（匿）」という。）17ページ別表２参照。
[*8] 匿名加工情報を作成した後、遅滞なく、インターネットの利用その他の適切な方法により行うものとされている（個人情報則21）。
[*9] 利用目的の公表は求められていない（個人情報ガイドラインQA・A11-17）。
[*10] 提供先名及び利用目的の公表は求められていない（個人情報ガイドラインQA・A11-18）。
[*11] 「公表」はインターネットの利用その他の適切な方法により行うものとされ、また、「明示」は、電子メールを送信する方法又は書面を交付する方法その他の適切な方法により行うものとされている（個人情報則22）。

はならず（個人情報36⑤）、また、作成した当該匿名加工情報の安全管理のために必要かつ適切な措置、当該匿名加工情報の作成その他の取扱いに関する苦情の処理その他の当該匿名加工情報の適正な取扱いを確保するために必要な措置を自ら講じ、かつ、当該措置の内容を公表するよう努めなければならない（同36⑥）[*12]。

Ⅱ　匿名加工情報取扱事業者

❶　意　義

「匿名加工情報取扱事業者」とは、匿名加工情報データベース等を事業の用に供している者（国の機関、地方公共団体及び一定の独立行政法人を除く。）をいう（個人情報2⑩）。

匿名加工情報取扱事業者は個人情報取扱事業者に該当することが多いと思われるが、（単に提供を受けた場合等）必ずしも同一ではないため、別な概念として規定されている。

ここで、「匿名加工情報データベース等」とは、特定の匿名加工情報を電子計算機を用いて検索することができるように体系的に構成したものその他特定の匿名加工情報を容易に検索することができるように体系的に構成したものとして政令で定めるものと定義づけられている。そして、ここで政令で定めるものとは、「これに含まれる匿名加工情報を一定の規則に従って整理することにより特定の匿名加工情報を容易に検索することができるように体系的に構成した情報の集合物であって、目次、索引、その他検索を容易にするためのものを有するものをいう。」とされている（個人情報令6）。

[*12] 基本的に匿名加工情報は個人を特定できないため、この安全管理措置等は、通常の個人データの場合とは違い努力義務であるが、個人情報ガイドライン（通）「3-3-2（安全管理措置）、3-3-3（従業者の監督）、3-3-4（委託先の監督）、3-6（個人情報の取扱いに関する苦情処理について）」を参考にして、事業の性質、匿名加工情報の取扱状況、取り扱う匿名加工情報の性質、量等に応じて、合理的かつ適切な措置を講ずることが望ましいとされている（個人情報ガイドライン（匿）18ページ）。

❷ 義　務

　匿名加工情報取扱事業者が、匿名加工情報データベース等を事業の用に供する場合には、以下に掲げる義務を負う。

(1)　匿名加工情報を第三者に提供するときは、あらかじめ、第三者に提供する個人に関する情報の項目及びその提供方法について公表するとともに、提供先に当該情報が匿名加工情報である旨を明示しなければならない（個人情報37）。

(2)　匿名加工情報を利用するときは、元の個人情報に係る本人を識別する目的で、加工方法等の情報を取得し、又は他の情報と照合することを行ってはならない（同法38）。

(3)　匿名加工情報の適正な取扱いを確保するため、安全管理措置、苦情の処理などの措置を自主的に講じて、その内容を公表するよう努めなければならない（同法39）。

第11章

グローバル化に関する規定

I　グローバル化の必要性

　個人情報保護法の改正の契機となった、社会におけるICTの発展や経済全体のグローバル化の状況は、個人情報の国境を越えた利用も促すこととなった。

　そこで、個人情報保護法は、平成27年改正において、そのような状況に応じて、「政府は、（中略）国際機関その他の国際的な枠組みへの協力を通じて、各国政府と共同して国際的に整合のとれた個人情報に係る制度を構築するために必要な措置を講ずるものとする」とし（個人情報6）、これに沿った規定を新設・拡大している。

　その内容としては、以下の4点であるが、本書の主な対象は、国内業務を主とする税理士等であると思われるため、これらの規定についても、以下で概略を述べるに留める。

　①　外国にある第三者への提供の制限（個人情報24）
　②　域外適用される規定の明示（同法75）
　③　外国執行当局への状況提供（同法78）
　④　国外犯処罰の範囲拡大

II　第三者提供の制限

　国内における第三者提供の問題については、既に説明しているが（第7章）、個人情報取扱事業者が、外国にある第三者に個人データを提供する場合には、一定の場合を除き、あらかじめ外国にある第三者への提供を認める旨の本人の同意を得なければならない（個人情報24）。

　改正前の第三者提供に関する個人情報保護法23条は、第三者に対する個人データの提供に関するルールを定めてはいたものの、第三者が外国にある場合について、特に定めていなかったが、平成27年改正により、同法24条が新設されたものである。

本規定の条文上の例外として、以下の3つが挙げられる。
① 当該第三者が、我が国と同等の水準にあると認められる個人情報保護制度を有している国として個人情報保護法施行規則で定める国にある場合*1
② 当該第三者が、個人情報取扱事業者が講ずべき措置に相当する措置を継続的に講ずるために必要な体制として規則で定める基準に適合する体制を整備している場合*2
③ 個人情報保護法23条1項各号に該当する場合

III 域外適用される規定

　個人情報保護法における一定の規定は、国内にある者に対する物品又は役務の提供に関連してその者を本人とする個人情報を取得した個人情報取扱事業者が、外国において当該個人情報又は当該個人情報を用いて作成した匿名加工情報を取り扱う場合についても、適用される（個人情報75）。

　この域外適用される規定とは、個人情報保護法15条（利用目的の特定）、同16条（利用目的による制限）、同18条（取得に際しての利用目的の通知等。ただし、同条②を除く。）、同19条（データ内容の正確性の確保等）から25条（第三者提供にかかる記録の作成等）まで、27条（保有個人データに関する事項の公表等）から36条（匿名加工情報の作成等）まで、同41条（指導及び

---

*1　現時点で規則により定められている国はない（「個人情報の保護に関する法律についてのガイドライン（外国にある第三者への提供編）」（以下「個人情報ガイドライン（外）」という。）2ページ）。

*2　個人情報保護法施行規則11条では、①個人情報取扱事業者と個人データの提供を受ける者との間で、当該提供を受ける者における当該個人データの取扱いについて、適切かつ合理的な方法により、個人情報保護法4章1節（個人情報取扱事業者の義務）の規定の趣旨に沿った措置の実施が確保されていること、②個人データの提供を受ける者が、個人情報の取扱いに係る国際的な枠組みに基づく認定を受けていること、の2つが規定されている。後者の例としては、提供先の外国にある第三者が、アジア太平洋経済協力（APEC）の越境プライバシールール（CBPR）システムの認証を取得していることが該当するとされている（個人情報ガイドライン（外）32ページ）。

助言)、42条1項(勧告)、43条(個人情報保護委員会の権限の行使の制限)及び76条(適用除外)の規定である。

Ⅳ 外国執行当局への情報提供

　個人情報保護委員会は、個人情報保護法に相当する外国の法令を執行する外国の当局(以下「外国執行当局」という。)に対し、その職務(個人情報保護法に規定する個人情報保護委員会の職務に相当するものに限る。)の遂行に資すると認める情報の提供を行うことができる(個人情報78①)。

　この外国執行当局への情報提供は、当該情報が当該外国執行当局の職務の遂行以外に使用されず、かつ、原則として個人情報保護委員会の同意がなければ、外国の刑事事件の捜査等に使用されないよう適切な措置がとられなければならない(個人情報78②)。

Ⅴ 国外犯処罰範囲の拡大

　個人情報保護法82条(個人情報保護委員会の構成員等の秘密保持義務違反)、及び83条(個人情報データベース等提供罪)の規定は、日本国外においてこれらの罪を犯した者にも適用される(個人情報86)。

索　引

〈あ〉

- IC チップ …………………………………… 51
- 青色申告決算書 …………………………… 135
- アクセス制限の手法例 …………………… 243
- あらかじめ本人に対し、その利用目
  - 的を明示しなければならない事例 …… 77
- 域外適用される規定 ……………………… 325
- 委託契約 …………………………………… 270
- 委託先の選定 ……………………………… 270
- 委託先への提供 …………………………… 298
- 委託時に再委託の許諾を得る条件 ……… 274
- 委託を受けた者に対して必要かつ適
  - 切な監督を行っていない事例 ………… 271
- e-Tax ………………………………………… 51
- e-Tax に関する FAQ ……………………… 21
- 一元管理 …………………………………… 55
- 偽りその他不正の手段 …………………… 72
- 遺伝子型情報 ……………………………… 30
- 委任状 ……………………………… 117、174
- 医療等分野における利用範囲等の拡充 … 18
- 医療費控除 ………………………………… 32
- インターネットの専用ページを利用
  - した本人確認 ………………………… 102
- ウィルス対策ソフトウェア ……………… 244
- 運転免許証番号 …………………………… 29
- 越境プライバシールール（CBPR）……… 325
- OECD8 原則 ………………………………… 2
- OECD プライバシーガイドライン ……… 2
- 大家等 ……………………………………… 117
- お知らせ情報表示 ………………………… 57
- オプトアウト ……………………………… 295
- オプトイン ………………………………… 292
- 覚書 ………………………………………… 276
- 親子兄弟会社 ……………………… 293、298
- 音声録音情報 ……………………………… 27

〈か〉

- 海外赴任従業員 …………………………… 156
- 外国執行当局 ……………………………… 326
- 外国人労働者 ……………………………… 47
- 外国にある第三者への提供 ……………… 324
- 開示請求 …………………………………… 304
- 開示や訂正等の請求による係る訴え …… 308
- 会社法人等番号 …………………………… 53
- ガイドライン ………………………… 10、19
- 確認・記録義務 …………………………… 294
- 隔離の手法例 ……………………………… 236
- 加工が不十分な場合 ……………………… 319
- 加工方法等情報 …………………… 310、320
- カルテ ……………………………………… 18
- 関係性確認書類 …………………………… 178
- 勧告・命令権限 …………………………… 64
- 勘定科目内訳明細書 ……………………… 141
- 管理区域 …………………………………… 236
- 管理簿 ……………………………………… 232
- 消えた年金問題 …………………………… 13
- 機器・電子媒体等の削除又は廃棄 ……… 241
- 技術的安全管理措置 ……………………… 243
- 記述等 ……………………………………… 26
- 議事録 ……………………………………… 36
- 基礎年金番号 ……………………………… 29
- 基礎番号 …………………………………… 53
- 基本 3 情報 ………………………………… 52
- 基本 4 情報 ………………………………… 47
- 基本方針 …………………………………… 192
- 基本理念 …………………………………… 11
- 給与支払報告書 …………………………… 158
- 給与所得者の（特定増改築等）住宅
  - 借入金等特別控除申告書 ……………… 149
- 給与所得者の配偶者特別控除申告書 …… 149
- 給与所得者の保険料控除申告書 ………… 149
- 教育資金非課税申告書 …………………… 140
- 行政運営の効率化 ………………………… 17
- 行政機関個人情報保護法 ………………… 8
- 行政機関等 ………………………………… 45
- 共同利用 …………………………………… 298
- 業務契約書 ………………………………… 276
- 業務処理簿 ………………………………… 229
- 業務日誌 …………………………………… 229

共有持分に係る不動産の使用料等の支払調書	167	個人識別事項	86、114
記録作成義務	300	個人識別符号	28
勤務先法人が従業員の遺族の代理人となる場合の本人確認	104	個人事業税	135
		個人住民税	135
苦情あっせん相談窓口	65	個人情報	24、25
苦情処理	308	個人情報委員会へ報告する様式	294
クライアント	20	個人情報ガイドラインQA	12
クライアントから預かっている書類	241	個人情報データベース等	33
クラウドサービス	274	個人情報データベース等提供罪	315
グリーンカード制度	13	個人情報データベース等に該当する事例	34
グループ会社	293	個人情報取扱事業者	38
クレジットカード番号	29	個人情報取扱事業者が不正の手段により個人情報を取得している事例	73
経過等の記録	158、171	個人情報に該当しない事例	28
計算明細書	135	個人情報に該当する事例	27
携帯電話等の電話帳	35	個人情報の取得	72
携帯電話番号	29	個人情報の保護に関する基本方針	63
契約書等	76	個人情報の保護に関する法律についてのガイドライン	11
結婚・子育て資金非課税申告書	140		
ゲノムデータ	30	個人情報の有用性	7
原因の究明	312	個人情報ファイル	45
検査用数字	47、53	個人情報保護3法	8
源泉所得税に関するFAQ	21	個人情報保護委員会	55、62
源泉徴収票	88	個人情報保護委員会へ報告する様式	296
現に番号の提供を行う者	178	個人情報保護指針	65
券面記載事項	51	個人情報保護条例	2
公営住宅（低所得者向け）	18	個人情報保護に関する基本方針	9
公金決済サービス	57	個人情報保護に関する取扱規程等	196
公正な給付と負担の確保	17	個人情報保護法質問ダイヤル	12
公知の情報	27	個人情報保護方針	192
公的個人認証	51、57	個人情報保護法施行規則	10
公的個人認証サービス	177	個人情報保護法施行令	10
公的認証サービス	179	個人情報保護法の目的	6
公的年金等の受給者の扶養親族等申告書	153、154	個人情報漏えい保険	233
		個人データ	32、33、184
公表	76、110、320	個人データの取扱いの委託	270
公表に該当する事例	76	個人データ漏えい告示	310
国外犯	326	個人に関する情報	25
国税関係帳簿の電磁的記録等による保存等の承認申請書	156	個人番号	43
		個人番号カード	49
国税庁告示2号	81	個人番号関係事務	45、107
国税分野における本人確認	19、81	個人番号関係事務実施者	45
国民総背番号制度	13	個人番号提供・盗用罪	315
国民の利便性の向上	17	個人番号の構成	47

個人番号の提供の求めの制限………	59
個人番号の提供を依頼する書類を活用した本人確認………………	97
個人番号の利用範囲………………	43
個人番号利用事務…………………	45
個人番号利用事務実施者…………	45
個人番号利用事務等………………	45
個人番号利用事務等実施者………	46
個人番号を取り扱う事務の範囲………	189
子育てワンストップサービス………	57
雇用関係にある従業員……………	268

〈さ〉

再委託………………………………	272
再々委託……………………………	272
サイバー攻撃………………………	313
再発防止策…………………………	313
削除又は廃棄の記録の保存………	242
J-LIS ………………………………	48
資格証明書…………………………	88
事業…………………………………	38
事業承継……………………………	70
事業の承継…………………………	298
事業の用に供している……………	38
自己情報表示………………………	57
自己と同一の世帯に属する者……	61
自身の個人番号に相違ない旨の申立書……	87
システムログ………………………	233
下請け………………………………	273
執務記録……………………………	229
してはならない……………………	11
指導・監督権限……………………	64
自動更新機能………………………	244
しなければならない………………	11
支払者の個人番号…………………	149
支払調書の写し……………………	170
事務作業内容等の現状の把握………	189
事務所の合併………………………	70
事務スペース………………………	237
事務取扱担当者………………… 189、224	
事務の発生が予想できた時点……	109
氏名、生年月日その他の記述等……	26
指紋…………………………………	28
社員カードのICチップを利用した身分（実在）確認…………	99

社員税理士等………………………	178
社会的身分…………………………	31
社会保障・税番号制度……………	16
社会保障・税番号制度＜マイナンバー＞FAQ	21
社会保障・税番号大綱……………	14
社会保障カード（仮称）…………	13
社会保障番号………………………	13
社会保障番号制度（SSN）………	81
写真なし公的書類…………………	97
社内ネットワークを利用した本人確認……	103
従業員から個人番号の提供を拒否された場合……	158
従業員等の個人番号………………	152
従業員等への監督義務……………	246
就業規則……………………………	247
従業者………………………… 185、268	
従業者に対して必要かつ適切な監督を行っていない事例……	268
収支内訳書…………………………	135
収集…………………………………	59
重大な事態…………………………	314
従たる給与についての扶養控除等申告書………………… 153、154	
住民基本台帳ネットワークシステム…… 3、56	
住民票コード………………………	48
16歳未満の扶養親族 ……………	165
受給者交付用の源泉徴収票………	161
守秘義務……………………… 246、276	
受領者の義務………………………	300
受領者の氏名等……………………	300
シュレッダー………………………	241
障害者控除…………………………	32
少額貯蓄等利用者カード…………	13
小規模取扱事業者…………………	40
焼却…………………………………	241
情報システム上の記録項目………	233
情報照会者…………………………	56
情報セキュリティ規程等…………	196
情報提供者…………………………	56
情報提供等記録開示システム……	57
情報提供等記録表示………………	57
情報提供ネットワークシステム……… 17、55	
情報の提供ルート…………………	299

索　引　　**329**

情報連携……………………………………… 55
情報漏えい等事案…………………………… 233
所在地………………………………………… 52
所得税徴収高計算書………………………… 122
処方箋………………………………………… 18
署名送信……………………………… 177、179
書面提出……………………………………… 174
書類等の削除又は廃棄……………………… 241
書類等の持出し……………………………… 238
人格のない社団等…………………………… 53
申告書添付書類……………………………… 135
人種…………………………………………… 31
信条…………………………………………… 31
心身の機能の障害…………………………… 31
申請書………………………………… 122、143
人的安全管理措置…………………………… 246
信用失墜行為の禁止………………………… 276
正確かつ最新の内容………………………… 184
生存する個人………………………………… 25
生体認証……………………………………… 28
政府CIO法案 ……………………………… 15
税法上告知したとみなされる取引………… 165
税務署提出用の源泉徴収票………………… 165
税務書類の作成……………………… 189、293
税務代理……………………………… 189、293
税務代理権限証書…………………… 174、181
税務代理権限証書データ…………………… 177
税務代理権限証書の提出がないもの……… 176
誓約書………………………………………… 247
税理士ガイドブック………………………… 20
税理士証票…………………… 176、178、180
税理士職業賠償責任保険…………………… 233
税理士等……………………………………… 8
責任者………………………………………… 224
セキュリティ対策ソフトウェア…………… 244
セキュリティワイヤー……………… 237、238
世帯…………………………………………… 61
設立登記法人………………………………… 53
センシティブ情報…………………… 24、31
相続税・贈与税に関するFAQ …………… 21
相続又は遺贈………………………………… 136
贈与税の申告をする者……………………… 138
組織的安全管理措置………………………… 224

〈た〉

第2号被保険者……………………………… 105
第3号被保険者……………………………… 105
第三者………………………………………… 292
第三者提供に当たる事例…………………… 292
第三者に提供される個人データの項目…… 296
第三者への提供の方法……………………… 296
退職所得の受給に関する申告書…… 153、154
対面で個人番号の提供を受ける場合
　の本人確認………………………………… 95
代理権の確認………………………… 88、174
代理送信……………………………… 174、177、179
代理送信用ID ……………………………… 179
代理送信用利用者識別番号………………… 179
代理人………………………………………… 307
代理人の身元確認…………………… 88、174
宅配業者……………………………………… 298
立入調査権限………………………………… 64
チェックデジット…………………… 47、53
チェックリスト……………………………… 225
知覚…………………………………………… 89
知覚による身分（実在）確認……………… 100
逐条解説……………………………………… 19
地方公共団体情報システム機構…… 48、178
仲介業者等…………………………………… 117
中小規模事業者……………………… 40、186
中長期在留者………………………………… 47
通知…………………………………………… 110
通知カード…………………………………… 49
努めなければならない……………………… 11
提供者の義務………………………………… 299
訂正等………………………………………… 305
DNA情報 …………………………………… 28
データ削除ソフトウェア…………………… 241
適用額明細書………………………………… 141
手数料………………………………………… 308
電子証明書…………………… 50、177、179
電子申告……………………………… 174、177
電磁的記録による番号記載帳簿…………… 155
電子媒体等の持出し………………………… 238
問合せ窓口…………………………………… 65
同一世帯の者の個人番号…………………… 181
登記事項証明書……………………………… 93
特定健康診査情報…………………………… 18

特定口座年間取引報告書………………	165
特定個人情報………………………………	44
特定個人情報等……………………………	44
特定個人情報等の範囲……………………	190
特定個人情報の収集制限…………………	59
特定個人情報の提供制限…………………	58
特定個人情報の保管制限………… 60、	239
特定個人情報ファイル……………………	45
特定個人情報ファイル提供罪……………	315
特定個人情報ファイルの作成制限…… 58、	231
特定個人情報保護委員会…………………	62
特定の個人を識別することができるもの…	26
特定優良賃貸住宅（中所得者向け）……	18
特別永住者…………………………………	47
独法等個人情報保護法……………………	8
匿名加工情報………………………… 24、	318
匿名加工情報データベース等……………	321
匿名加工情報取扱事業者…………………	321
匿名情報……………………………………	318
届出書…………………………… 122、	143
取扱区域……………………………………	236
取扱規程等…………………………………	196
トレーサビリティ…………………………	299

〈な〉

内定者………………………………………	109
成りすまし行為……………………………	80
にせ税理士…………………………………	176
日税連………………………………………	19
日税連ICカード ………………… 177、	179
入退室等管理の手法例……………………	234
認定個人情報保護団体……………………	65
納税者番号制度……………………………	13
納付書………………………………………	122
望ましい……………………………………	11

〈は〉

パーソナルデータ…………………………	3
配当、余剰金の分配及び基金利息の	
支払調書…………………………………	165
派遣社員……………………………………	268
パスワード…………………………………	243
罰則…………………………………………	315
番号確認……………………………………	85
番号確認書類の不備………………………	181
番号関連3法案……………………………	15

番号関連4法案……………………………	15
番号記載帳簿………………………………	155
番号生成機関………………………………	48
番号制度概要に関するFAQ ……………	21
番号制度ヒヤリハット事例集……………	20
番号法上の代理人…………………………	177
番号法の目的………………………………	15
犯罪により害を被った事実………………	31
犯罪の経歴…………………………………	31
控え…………………………………………	147
被相続人の個人番号………………………	137
ビッグデータ………………………… 3、	318
必要かつ適切な監督………………… 270、	272
病歴…………………………………………	31
ファイアウォール…………………………	244
復元不可能な手段…………………………	241
複写により控えを作成する場合…………	148
複数の相続人等による個人番号の記載	
………………………………………… 137、	139
不正アクセス又は不正ソフトウェア	
から保護する手法例……………………	244
不正な利益を図る目的……………………	315
不正の手段による取得禁止………………	299
物理的安全管理措置………………………	236
付番時期……………………………………	48
付番の対象…………………………………	47
扶養控除等申告書………………… 60、149、	154
プライバシーポリシー……………………	192
フランチャイズ組織………………………	293
プレ印字…………………………… 114、	157
ブログやその他のSNSに書き込ま	
れた個人データを含む情報……………	293
分散管理……………………………………	55
ペイオフ……………………………………	18
変更届出書…………………………………	155
報告連絡体制………………………………	312
法人事業概況説明書………………………	141
法人事業税…………………………………	141
法人実在確認書類…………………………	178
法人住民税…………………………………	141
法人代理人…………………………………	178
法人の従業員である旨の証明書…………	93
法人番号……………………………………	53
法人番号に関するFAQ …………………	21

法人番号の構成	53	身分証明書等	86、88
法定調書に関するFAQ	21	身元確認	85
防犯カメラ	27	民間送達サービス	57
他の情報と容易に照合	26	民－民－官	46
保険証番号	29	明示	76、320
保守サービス	275	名称	52
保有個人データ	32、36	名簿業者	299
保有個人データの特定に資する情報の提供	307	メールアドレス	27
本人	44、68	メールアドレス帳	34
本人確認に関するFAQ	21	メールにより個人番号の提供を受ける場合の本人確認	101
本人が容易に知り得る状態に置くための手段	313	メッセージボックス	180
本人が容易に知りうる状態に該当する事例	297	持出し・発送記録	239
本人しか持ち得ない書類	91	求め又は請求を受け付ける方法	307

〈や〉

ユーザーID等	243
溶解	241
要配慮個人情報	24、31、297
要配慮個人情報の取得	74
預金保険機構	18
預貯金口座の個人番号の付番	18
予防接種履歴	18

本人に交付する支払調書	170
本人の許諾	246
本人の知り得る状態	308
本人の知り得る状態に該当する例	302
本人の知り得る状態にすべき事項	303
本人の同意	292
本人の同意を得ている事例	69
本人の同意を得ることが困難であるとき	70
本人の番号確認	91
本人から停止の求めを受け付ける体制	297
本人への通知に該当する事例	75
本人への通知又は公表が必要な事例	75

〈ら〉

来客スペース	237
留学生	47
利用	68
利用実績	233
利用者識別番号	177
利用停止等	306
両罰規定	315
利用範囲の制限	58
利用目的	68、110
利用目的の通知	303
利用目的の特定	68
利用目的の変更通知	72
利用目的の明示に該当する事例	77
旅券番号	29
履歴情報	299
連絡先	27
漏えい事案が発生した場合の対応	12
漏えい等事案	310
労働組合	299

〈ま〉

マイガバメント	57
マイナポータル	17、56
マイナンバー	16
マイナンバーカード	50
マイナンバーガイドライン	19
マイナンバーガイドラインQA	21
マイナンバー制度	16
マイナンバー総合フリーダイヤル	20
マイナンバー漏えい告示	311
マイポータル	57
孫請け	273
マスキング	60、239、241
マルチメディア配信	247
マル優	13
店子等	117

著者紹介

青木　丈（あおき　たけし）

税理士、博士（政策研究・千葉商科大学）、青山学院大学大学院法学研究科非常勤講師。

2009年11月から2013年1月まで、内閣府行政刷新会議事務局上席政策調査員、総務省行政管理局企画調整課企画官等を歴任。

【著書】『新しい国税不服申立制度の理論と実務』（ぎょうせい・2016）、『中小事業者のための改正個人情報保護法超要点整理』（日本法令・2016）、『コンパクト版 中小企業のためのマイナンバー実務講座』（大蔵財務協会・2016）など著書多数。

荒木　哲郎（あらき　てつろう）

弁護士、税理士、システム監査技術者。

第一東京弁護士会業務改革委員会第6部会（コンピュータ部会）現部会長、同会総合法律研究所IT法研究部会部会員。システム監査学会会員、日本不動産学会会員

【著書】『デジタル証拠の法律実務Q&A』（共編・日本加除出版・2015）、「企業のためのマイナンバー法実務ハンドブック」（共著・商事法務・2015）、『Q&A マンション管理紛争解決の手引』（共編・新日本法規・2015）など著書多数。

税理士事務所の
個人情報保護・マイナンバー対応マニュアル

平成29年4月17日　第1刷発行

著　者　　青木　　丈
　　　　　荒木　哲郎

発　行　　株式会社ぎょうせい

〒136-8575　東京都江東区新木場1-18-11
電　話　編集　03-6892-6508
　　　　営業　03-6892-6666
フリーコール　0120-953-431
URL：https://gyosei.jp

〈検印省略〉

印刷　ぎょうせいデジタル(株)　　　ⓒ2017 Printed in Japan
※乱丁、落丁本は、お取り替えいたします。
ISBN 978-4-324-10291-6
(5108324-00-000)
〔略号：税理士個人情報〕